도시의
쓰레기
탐색자

도시의 쓰레기 탐색자
소비문화와 풍요의 뒷모습, 쓰레기에 관한 인문학적 고찰

지은이 | 제프 페럴
옮긴이 | 김영배
펴낸이 | 김성실
기획편집 | 이소영·박성훈·김하현·김성은·김선미
교정·교열 | 최은숙
마케팅 | 곽흥규·김남숙
인쇄·제본 | 한영문화사

초판 1쇄 | 2013년 6월 12일 펴냄
초판 2쇄 | 2013년 11월 25일 펴냄

펴낸곳 | 시대의창
출판등록 | 제10-1756호(1999. 5. 11.)
주소 | 121-816 서울시 마포구 연희로 19-1 4층
전화 | 편집부 (02) 335-6125, 영업부 (02) 335-6121
팩스 | (02) 325-5607
이메일 | sidaebooks@daum.net

ISBN 978-89-5940-261-8 (03300)

책값은 뒤표지에 있습니다.
잘못된 책은 바꾸어드립니다.

Empire of Scrounge: Inside the Urban Underground of Dumpster Diving, Trash Picking, and Street Scavenging by Jeff Ferrell
Copyright © 2006 by New York University
All rights reserved.

Korean translated edition copyright © 2013 by Window of Times
Published by arrangement with New York University Press, USA
Through Bestun Korea Agency, Seoul, Korea
All rights reserved.

이 책의 한국어 판권은 베스툰 코리아 에이전시를 통하여 저작권자와 독점 계약한 시대의창에 있습니다. 저작권법에 의해 한국 내에서 보호를 받는 저작물이므로 무단 전재와 복제를 금합니다.

도시의 쓰레기 탐색자

제프 페럴 지음 | 김영배 옮김

시대의창

나는 실제가 아닌 것을 그럴듯하게 보이도록 노력하지 않았다.
뭔가 대단한 칭송거리라도 되는 양 꾸미지도 않았다.
오히려 있는 그대로의 누추함을 강조했고,
그 속에서 묻어나는 위대함을 발견했다.

― 진 게넛, 《좀도둑의 일기》

감사의 말

다양한 정보와 신선한 아이디어로 나를 도왔던 매릴린 멕셰인, 트레이 윌리엄스, 메다 체스니-린드, 밥 영, 베일리스 캠프, 단 필립스, 제프 로즈, 새러 체틴, 피터 루너, 지미 실콕스, 새러 로리, 진 로리, 딕 호킨스, 프랜 호킨스에게 진심 어린 감사를 보낸다. 또한 텍사스크리스천 대학의 사회학과, 범죄정의학과, 인류학과의 동료들, 특히 나를 지적으로 자극하고 진심으로 창작할 수 있도록 좋은 환경을 제공해준 캐럴 톰슨 양께 진심으로 감사의 마음을 전한다.

《도시의 쓰레기 탐색자》는 문화적 지성의 뒷골목에서 묵묵히 빛을 밝히고 있는 다양한 작품 가운데 하나일 뿐이며, 그곳에서 삶을 영위하고 있는 친구들과 동료들로부터 큰 영향력을 받았다는 사실을 밝힌다. 키스 헤이워드, 마이크 프레스디, 조크 영, 웨인 모리

슨, 이본 주크스, 크리스 그리어, 마크 햄, 켄 턴넬, 스티브 링, 스테파니 케인, 미셸 브라운 등 수많은 이들에게 나는 빚을 지고 있다. 뉴욕 대학 출판부와 선택범죄학 시리즈가 출판될 수 있도록 도와준 아일린 칼리시 편집장께 진심으로 감사를 드린다. 그녀는 이 책과 시리즈가 출판될 수 있도록 후원을 아끼지 않았으며 깊은 이해심으로 출판을 독려했다. 마지막으로 《도시의 쓰레기 탐색자》의 단면을 실제로 엿볼 수 있도록 도와준 사진작가 세실 반 드 부르드 씨께 감사를 드린다. 길거리의 제국 속에서 건져낸 그녀의 사진들은 단지 사진자료나 포토저널의 수준을 넘어서 각각의 고유한 작품성과 의미를 전달하고 있다.

차례

감사의 말 · 6

1 누추한 흔적 12

그늘에 서기 19
온갖 촌극이 연출되는 소극장들 36
고상한 흔적들 52
문화범죄학자, 재건을 위한 발자취 59

2 길거리의 삶 64

길거리의 상황 70
꿀벌이 아니라 설탕벌 72
거리를 탐색하라 77
일레인 79
17센트 81
부유한 사람, 가난한 사람 82
짝 맞는 커튼 86

물질문화 90
기니의 신발과 양말 95

신발의 제국 98
부엌에 있는 그거 있잖아요, 알죠? 101
제가 뽑힌 거죠 103
그 낡은 자전거 처분하시게요? 105
술 취한 삶 108

합법과 범죄, 보도블록 112
쓰레기밖에 없어요, 종이 쓰레기요 114
불법 페인트 116
낡은 창고에서 소총을 들고 나오다 117
조국의 안보 119
그녀를 위한 어떤 대책도 생각하지 않았다 120
그냥 확인해보는 것뿐 127
오예, 랑콤이다! 129

3 길거리의 깨달음 132

어떤 깨달음 135
당신의 사고를 자극하라 143
무초스 리브로스! 146
헤이 카우보이 154
쓰레기 분류하기 155

잊힌 삶 159

4 재생의 과정 172

에초 아 마노 180

공구 천국 184
벗겨내기, 분류하기, 뜯기 187
재활용의 세계 191

쓰레기는 나의 학교 196

스파게티와 탄산음료 210
쓰레기 야적장의 펠리니 211
거룩한 도시의 여왕 213
부활 218

5 모으고 보니 222

상부상조 224

병, 자전거, 물 사슴 그리고 폭탄 231

버려진 예술품들 254

길거리 세계의 예술가들 257

6 도시를 구하라 274

매일의 경제와 사회적 변화 277

희망을 수집하라 284

법, 범죄 그리고 도시의 삶 294

도시를 구하라 304

7 선禪의 발견 314

시간 318
공간 327

결론 하루하루 즉흥적인 삶 341
후주 345

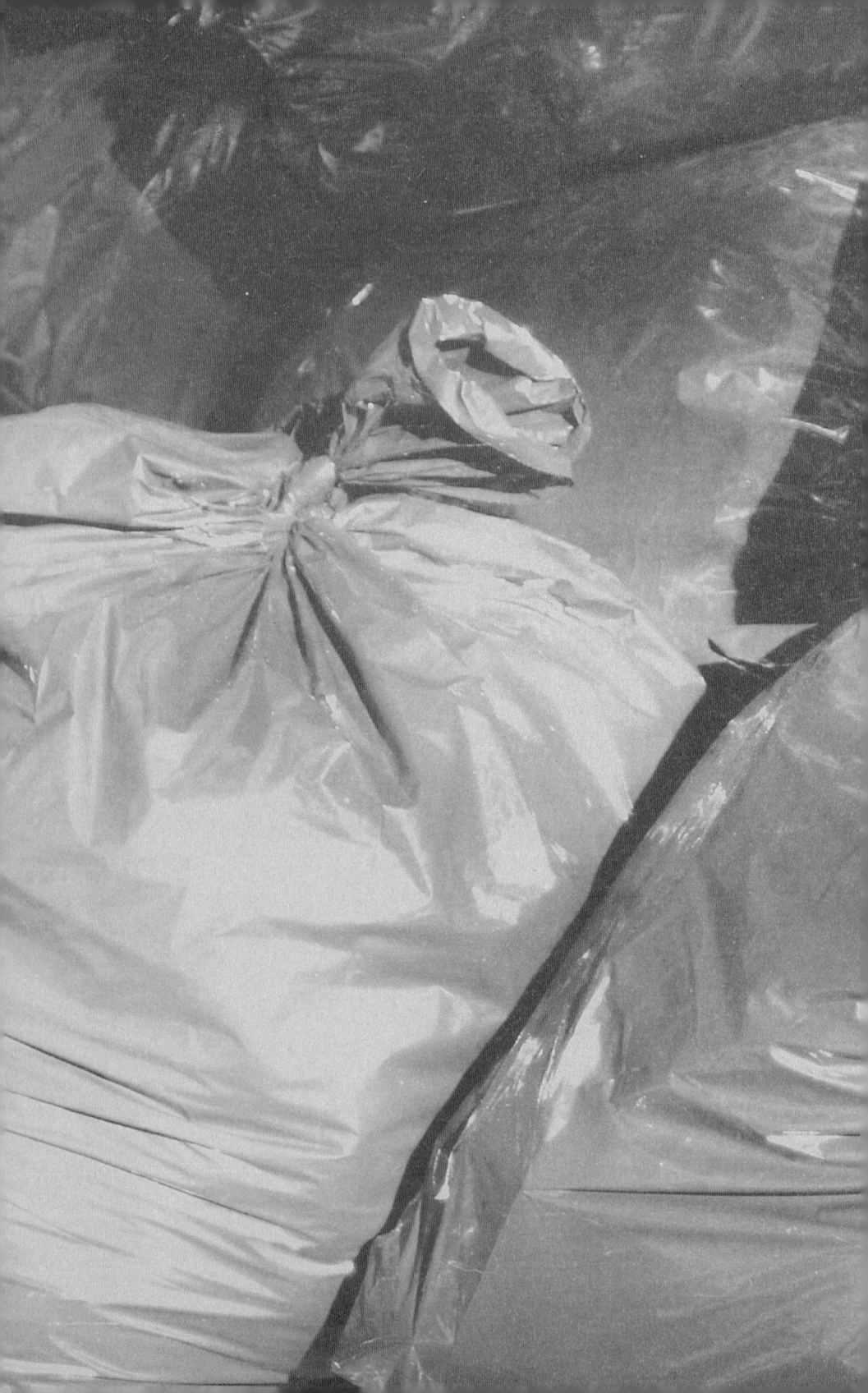

1
누추한
흔적

내가 학교를 그만두던 그날로부터 모든 일이 시작되었다.

2001년 12월 어느 날, 나는 애리조나 대학의 종신교수직을 박차고 나와 텍사스 주 포트워스의 오래된 옛 고향으로 향했다. 8개월간의 공백이 생길 뿐만 아니라 2002년 가을학기에 학교로 복귀할 수 있을지도 확신을 가지지 못하는 상황이었지만, 나는 학교를 떠났다. 학교를 떠난다는 말은 일정한 수입원이 없어진다는 뜻이기도 했다. 그 당시 나의 수입원은 말 그대로 얼마 되지 않는 출판 저작권료가 전부였다. 하지만 동시에 이 8개월은 무엇에도 속박받지 않고 연구를 진행할 수 있는 시간이기도 했다. 물론 경제적 생존이 확보되어야 가능한 일이긴 했다. 짧지 않은 이 기간에 나의 개인적이고 학술적인 관심을 제대로 충족시키기 위해서 때로는 길거리에서 재활용품 수거와 쓰레기 수집 같은 불법적인 활동에도 동참했다. 생존을 위해서도 쓰레기를 뒤지고 수집해야 했다.[1] 현장 연구이면서 동시에 자유로운 형태의 생존 방식에 적응하기 위해 나는 최선을 다했다.

2002년 초엽, 나는 드디어 15달러짜리 스췬^{Schwinn} 자전거를 한 대 장만했다. 낡은 이 자전거 핸들 앞에는 물건을 싣고 달릴 수 있도록 노끈이 묶인 재활용한 바구니가 하나 달려 있었다. 나는 주로 자전거를 타고 다녔지만 괜찮은 물건을 찾기 위해서 걷는 일도 많았다. 자전거를 산 이후로 나의 수집 활동 대부분은 자전거 두 바퀴와 나의 두 다리를 통해 이루어졌다. 환경 파괴적인 자동차 정책에 동의하지 않았던 이유도 있지만 길거리에서 수집하는 것들로는 자동차 유지비용을 충당할 수도 없었다.[2] 몇 달 후 첫 자전거가 망가질 무렵 나는 자동차를 타는 대신 자전거를 다시 구하게 되었다. 물론 이 자전거도 쓰레기더미 가운데서 건진 것으로 기어변속이 되지 않는 BMX였다. 망가진 부품들은 또 다른 쓰레기더미에서 얻은 부품을 사용해 대강 고쳐 사용했다.

어쨌든, 길거리의 세계를 살아가는 나에게 이보다 더 적합한 개인 이동수단은 찾기 힘들 것이다. 전설적인 자전거 디자이너 개리 피셔가 1974년에 고안한 이 자전거는 '이제 고물덩이에서 발견된 가장 괜찮은 철물'이 되었다.[3]

이 기간 동안 나는 물건을 파는 가게에도 방문하지 않았다. 매일매일의 삶을 영위하는 데 필요한 모든 물품은 되도록 길거리에서 구하려고 했다. 앞으로 이 책을 통해 계속 설명해 나가겠지만 음식물 몇 가지를 제외한다면, 이 거리는 내가 삶을 유지하는 데 필요한 대부분의 생필품을 제공해주는 공급처가 되었을 뿐만 아니라 이렇게 얻은 물건 중에는 괜찮은 것들도 상당히 많아서 친구나 노숙자 캠프, 푸드뱅크, 자선단체 등 다양한 사람이나 단체에게 전달해줄 수도 있었다.

포트워스 시내의 이웃들을 순회하면서 살폈던 많은 쓰레기더미와 폐기물처리장, 빈민촌 골목골목에서 나는 도시에서 버려진 풍요를 발견할 수 있었다. 수집한 물건들을 집으로 가져와 정리하고 정돈했다. 자전거를 조금만 타고 가면 될 거리의 집들과 오래된 공장지대, 철로변, 백만장자의 저택, 노동자 거주지, 중산층 거주지, 소규모 상가, 번화한 시내중심가의 비즈니스 구역까지 도시의 다양한 구석에서 번갈아가며 수집한 물건들은 나의 작업과 연구에 큰 도움이 되었다. 거리 탐색에서 조금만 시야를 바꿔보면 세상은 완전히 다른 모습으로 우리에게 다가온다.

길거리 세계에서의 '나의 집'에는 중요한 자격 요건이 요구된다. 이 기간 동안 나는 볼품없는 보금자리에서 생활했고, 시급 9달러 50센트를 받고 주당 35시간을 일하는 파트너도 있었다. 그도 나도 감히 중산층이라고 부르기에는 분명히 자격 미달이었다. 길거리에서 찾은 물건에 의지해 살아가는 8개월의 생활은 그렇게 시작되었다. 이와 같은 노력의 목적은 노숙자처럼 보이고자 함도 아니었고, 그런 척하려는 시도도 아니었다. 단지 내가 할 수 있는 최선을 다해 도시 이면의 세상을 탐험해보고 그 세계와 같이 호흡해보기 위한 노력이었다. 이 책을 통해 자주 언급되겠지만 사실상 또 다른 세계를 살아가는 이들이 모두 집 없는 노숙자나 소위 거지는 아니다. 상당수는 작지만 집이 있었고 정규 직업을 가진 경우도 있었다.

매일 도시를 살피고 내가 수집한 것들에 의지해 생활해가는 가운데 나는 어느새 길거리, 또 하나의 새로운 세계 한복판에 서 있는 자신을 발견하게 되었다. 거기에는 불법 쓰레기 수집인에서부터 노숙자, 금속 수집가, 재활용 운동가, 대안건축물 건축가, 아웃사이더 아티스트에 이르기까지 그 구성원도 다양했다. 선택에 의해서든 필요에 의해서든, 이 대단위의 사회 생태계 속에서 공식적인 폐기업자들과 공중위생 관련 기관들보다 한 발 앞서 나날이 쌓여가는 쓰레기더미를 분류하고, 도무지 가치 있는 것이라곤 없어 보이는 가운데서 새로운 가치를 찾아내는 그들의 역할에 대해 깨닫게 되었다. 이름이 함축하듯 쓰레기 탐색자들의 일은 별로 남는 장사가 아니다. 도시 폐기물을 관리하는 부서의 책임자는 쓰레기를 통해 짭짤한 수입을 올리겠지만 그들은 그럴 수가 없다. 단지 거리에서 살아남기 위해 최소한의 수입을 얻고자 쓰레기를 뒤진다. 생존을 위해서건 가치 있는 물건을 찾기 위해서건, 쓰레기를 뒤지는 이들의 마음 또한 편하지가 않다. 도시의 쓰레기통을 뒤지는 행위는 청결함이나 단정함, 안전, 정상적인 이력과는 상당한 거리가 있기 때문이다.

이들은 공간적으로도 사회의 다른 일원들과는 분리되어 있다. 말 그대로 도시 외곽에 있는 이들의 거주지는 도시 중심부와는 구분되는 변두리로 도시와 도시 사이의 사회적·문화적 틈에 존재한다. 아파트와 같은 공동주택의 경우 각 가정에서 나온 물건들이 더러운 공동 집하장으로 모인다. 이 물건들 가운데 일부가 쓰레기 탐색자들에 의해 재활용되어 원래 주인을 떠나 다른 누군가의 가정으로 흘러 들어간다. 때로는 다리나 고가도로 아래에 마련된 임시 주거지를 꾸미는 데 사용되기도 한다. 재개발지역의 경우 아직까지 번듯하게 사용할 수 있는 물건들이 아무렇게나 쓰레기통에 던져지는 경우가 많다. 그중에는 공짜로 챙길 수 있는 보물도 적지 않다. 상점가는 깨끗하게 진열된 상품들로 변화하겠지만 그 뒷골목은 담배꽁초와 쓰레기더미, 예상치 못했던 상황들이 가득하다. 주거 밀집지역 거리 모퉁이마다, 쓰레기더미와 각 주택 사이의 경계마다 우리가 미처 깨닫지 못한 또 다른 세계가 있다. 주민들이 버린 쓰레기를 처리하는 일이 행정공무원들에게는 골칫거리인지 모르지만 또 다른 누군가에게는 소중한 자원이 된다.[4] 이 사회적·공간적 변두리에서는 준엄한 법의 효력도 협상의 여지를 만든다. 버려진 물건들 더미를 두고 매일같이 사유물과 공무집행, 쓰레기 수집과 도둑질 중 어떤 기준이 적용되어야 할지 갈팡질팡이다.

날이 갈수록 길거리 세계에서는 내 것이 곧 네 것이 되고, 네 것이 곧 내 것이 되는 일이 많다는 사실을 깨달았다. 물론 매일같이 변화하는 복잡한 도시의 리듬 때문에 나의 깨달음이 때에 따라서는 틀린 말이 되거나 조금 빗나간 설명이 될 수도 있다. 버려진 물건들의 세계에서는 즉각적인 소비가 끝나고 난 뒤에야 시작되는 두 번째 추수 작업이 있다. 매일의 삶 가운데 벌어지는 역동적인 이야기가 있다. 저명한 범죄학자이자 사회학자였던 도널드 크레시는 '남의 돈'을 손에 넣는 이 암묵적인 과정에 대해 이미 반세기 전에 논한 바 있다.[5] 그러나 길거리 세계에서는 남의 돈에 대한 문제는 그렇게 중요한 것이 아니다. 문제는 다른 사람의 물건이다. 그리고 다른 이가 버린 그 물건을 어떻게 다시 활용할지에 관한 것이다.

그늘에 서기

남이 버린 물건을 활용하는 법을 배워가면서, 또 생존하는 법을 알아가면서 나는 특별한 발견을 기대하게 되었다. 새로운 여행을 시작하면서 나는 될 수 있는 한 길거리 세계의 쓰레기더미들 가운데서 일어났던 일들을 꼼꼼하게 기록하고자 노력했다. 그렇다고 낡은 자전거를 타고 다니면서, '연구'를 한답시고 포트워스 내 이웃의 쓰레기통을 기웃거리며 도시를 규정하고자 노력하지는 않았다. 대신 내가 보고자 하는 대상에 더 가까이 다가가 보고 듣고 느낀 것들을 면밀히 기록하거나 묘사함으로써 자칫 사라져버릴 수도 있는 것들에 대한 자취만은 남기고자 최선을 다하였다. 물론 거리의 탐색자인 나에게 있어 이는 생존과도 연관된 부분이어서 꼼꼼히 기록했다. 가난하기 때문에 어쩔 수 없이 쓰레기를 뒤져야 하는 사람과 폐품 수집을 좋아해서 뒤지는 사람들에 관한 이야기, 노숙자와 실업자 들이 거리에서 매일같이 주울 거리가 줄어드는 일에 대해 열띤 토론을 벌이는 광경 등을 목격하고 기록했다. 진짜 재활용할 가치가 있는 것은 무엇이며, 버려야 할 물건은 어떤 것인지, 물건의 가치란 무엇이며 누구를 위한 것인지, 주운 물건을 돈으로 바꾸려면 어떻게 해야 하는지에 대해.

또 다른 세계의 이 사회적 상황도 나에게는 큰 관심거리였다. 낡은 자전거에 올라앉아, 여러 사람의 손을 거쳐 지저분할 대로 지저분해진 넝마를 주워 걸치고 나는 되도록 도시의 탐색자들과 같은 상황 속에 있으려고 최선을 다했다. 그런 상황 속에서 나는 자연스럽게 그들과 소통하면서 삶을 관찰하고 또 기록할 수 있었다. 거리에서 보낸 시간이 길어질수록 거리의 삶과 경험을 더 다양하게 축적할 수 있었다. 주택 소유자나 아파트 주민, 경찰관, 집 없는 노숙인 등 셀 수 없이 다양한 가치와 통찰을 찾아 탐색자의 길을 걷고 있는 이들을 만날 수 있었다. 이 책을 통해 계속해서 살펴보겠지만, 이 제국 속에서 우리는 이전에는 인지하지 못했던 사회적 불평등의 고리를 보게 되고 삶과 죽음이 날마다 교차하는 현실적 삶을 만나게 될 것이며 때로는 호소력 있는 아이러니와 통쾌한 유머를 발견하게 될 것이다. 이러한 발견은 탐색자의 세계를 벗어나서는 상상하기 힘든, 이 세계에서만 벌어지는 상황 속에서 이루어진다.

미지의 세계에서 벌어지는 다양한 경험과 이를 성실하게 기록한 것들이 건실히 상호작용하여 마침내 내가 궁극적으로 말하고자 하는 연구의 목적에 이른다. 우리 모두가 체험하고 있는 것처럼 현재 미국 사회는 다른 무엇보다 화려한 진열대 위에서 유혹하듯 넘실거리는 소비지상주의가 이끌고 있다고 해도 과언이 아닐 것이다. 끝없는 소비 뒤에는 무분별한 낭비 문화가 양산되고 있으며, 이러한 순환 구조는 언젠가는 자기 자신의 구조적 모순에 의해서 무너지고 말 것이다. 더욱 슬픈 소식은 이와 같은 소비문화가 미국을 넘어 세계 문화와 경제를 통해 확장되고 있다는 것이다.

월드워치 인스티튜트가 내놓은 자료에 따르면, 2004년 현재 세계의 '소비계층'은 17억(세계 인구 4분의 1을 능가하는 수치다)에 달하는데 이들 가운데 절반 이상이 '개발도상국'에 살고 있다. 이러한 수치를 보고 있자면 세상은 지금 소비지상주의 혁명이라도 일어난 것은 아닌가 하는 생각이 든다. 월드워치 보고에 따르면 더욱 두려운 사실은, 소비주의의 확산은 특정한 자원 고갈을 포함한 환경오염과 동식물의 서식지를 파괴하는 폐기물의 급격한 증가를 동시에 가져온다는 것이다.[6] 소비세계의 챔피언, 미국의 소비지상주의가 전 세계적인 유행을 선도하고 있는 이 시간, 우리가 그리는 세계 환경 파괴의 미래가 어떻게 전개될지에 대해서는 아무도 예측하려 하지 않는다.[7]

소비문화의 확산에 대한—정치적·경제적·환경론적—비판이 여기저기서 쏟아지고 있지만 반세계화 운동에 입각하여 강렬한 실천운동으로 발전하고 있는 사례를 찾기는 쉽지 않다.[8] 이런 주변 상황을 고려할 때, 내가 지난 수개월간 거리의 생활을 통해 보고,

들고, 느낀 바는 또 다른 시각에서 비판점을 제공한다. 비교정치경제학적 관점이 아니라 순전히 개인적인 관점에서 세계 소비주의의 챔피언인 미국 사회가 뱉어내는 쓰레기더미를 뒤지며 몸으로 느낀 바를 기술한 것이다. 이를 통해 현대 소비문화의 현주소를 있는 그대로 보여줌으로써 비판적 시각을 확보해준다. 그뿐만 아니라 우리가 살고 있는 도시 뒷골목의 쓰레기더미와 이를 뒤지는 이들의 삶이 곧 그 총체적 낭비구조의 증거임을 여실히 드러낸다. 나의 희망은 이렇게 드러난 증거가 오늘의 소비문화가 가져오는 우리 환경과 문화를 파괴하는 행위를 만천하에 고발하는 것이다.

다른 지역의 부러움을 샀던 서구 사회의 낭비문화는 이제 세계의 보편적인 현상이 되어버렸다. 특급호텔에서 다양한 방법으로 이루어지는 세계무역기구WTO와 세계은행World Bank의 활동들은 지구적 차원의 파괴를 가속화시키며 환경적·경제적 지속 가능성이 없는 사회적 순환구조에 대한 담론을 확대시키고 있다. 넘쳐나는 비교분석 데이터도 과거에는 상상조차 불가능했던 수준의 낭비가 벌어지는 지금 상황을 적나라하게 입증한다. 나의 역할은, 소매상점을 통해 버려지는 쓰레기나 깡통, 잡다한 물건들을 잘 모으고 정리하여 그 증거를 만드는 것이다.[9]

또 범죄학자로서의 나의 역할 또한 수행하고자 한다. 범죄, 또 이와 관련된 법률의 역학관계를 연구하여, 사회적으로 해가 되는 행위 가운데 어떤 특정한 행위가 위법이 되거나 법적 제재를 받게 되는지, 혹은 오히려 보호를 받게 되거나 장려되는지에 대해 살피고

자 한다. 이때 범죄학자들은 어쩔 수 없이 도덕성과 품위, 정의, 사회적 선의 기준을 어디에 두는가 하는 문제로 논박의 대상이 될 수밖에 없다. 즉, 학문적인 목적 때문에 일종의 아이러니한 상황에 처하기도 하는데, 예를 들어 한 시대의 '범죄'가 시간이 흐르면서 그렇지 않은 것이 될 수 있다는 사실이다. 그래서 범죄학자에게는 범죄가 성립하기까지의 지속적 과정과 합법성, 법과 도덕, 범죄와 희생, 법적 제재와 정치적 억압 사이의 어려운 구분에 대해 치밀한 연구를 계속해야 하며 때로는 사회적 이득이나 해악에 대한 나름의 분석적 결정까지도 도출해야 할 의무가 있다. 나는 '소비와 낭비는 오늘날 우리 사회가 가진 가장 큰 파괴 행위 가운데 하나'라고 잠정적으로 판단한다. 향후 연구를 통해 범죄 여부를 판가름 짓는 기준 설정, 낭비하는 행위나 쓰레기를 수집하는 행위 등의 적법성 여부는 어떻게 변화해왔는지 살펴보고자 한다. 따라서 다음과 같은 문제의식을 안고 이후 이 책은 진행될 것이다. 낭비와 쓰레기 수집을 대하는 범죄학자의 역할이 단지 그 법적·문화적 모호함에 대해 설명하는 것에 그쳐야 할 것인가, 아니면 잠정적 결론을 이끌어낼 것인가?

  길거리, 그 또 다른 세계에서 나는 법과 범죄의 기준 자체가 뒤바뀌어 있다는 사실을 발견했다. 지금도 그 기준은 계속 바뀌고 있다. 심지어는 나를 포함한 많은 사람들이 사용하고 있는 단어들의 의미도 불명확하거나 다양한 의미를 내포하고 있는 경우가 있다. 지난 세기 'scrounge'(이 책의 원제, 'Empire of Scrounge'에서 볼 수 있듯이 동

텍사스 포트워스 리버크레스트맨션의 쓰레기더미, 2004년 4월.

사 'scrounge'의 의미 해석은 상당히 중요하다. '찾아 모으다', '훔치다', '훔치려고 기웃거리다', '뒤지다' 등으로 해석이 가능하다–옮긴이)라는 동사의 의미는 상당히 다양하게 변화를 거듭해왔는데, 한때는 '훔치다'의 의미였다가 좀 더 불명확하게 '훔치기 위해 찾거나 뒤지다', '슬쩍 훔치다' 등의 의미로도 사용되었다.[10] 재미있는 사실은 도덕적·법적 기준이 불분명하던 전쟁 상황에서 군인들이 이 단어의 의미를 모호하게 사용하였고 이를 통해 관련 단어들의 의미와 실제 사용이 불분명해졌다는 것이다. 이런 배경을 바탕으로 옥스퍼드 영어사전은 'scrounge'에 대해 다음과 같이 정의한다. "타인의 소비를 흡수하거나 이를 통해 살아가는 것. 훔치거나 구걸하는 등 일반적이지 않은 방법으로 물건을 획득하기 위해 찾는 것: 수집이나 샅샅이 뒤지기, 좀도둑질 등." 1918년 제1차 세계대전이 한창일 때 발행된 공문을 근거로 다음과 같은 불분명한 의미의 예시도 곁들여져 있다. "육군은 와이어를 찾아 모으는 것에 대해 승인했다." 그러나 1년 후에는 "와이어의 '수집' 행위가 도덕 불감증의 증가 외에는 아무짝에도 쓸모없다"고 발표했다.

제2차 세계대전 당시 미국은 시민들이 금속이나 버려진 물건 등을 수집하여 정부가 재활용하도록 하는 캠페인을 추진한 바 있다. 1939년의 한 신문기사에 따르면, "전쟁 시작 첫 주에 이미 전구를 모두 다 도둑맞은(아니지, 수집된) 남부지방의 철길은 어둡기만 하다." 전쟁이 끝날 무렵, 날카로운 비평이 잇따른다. "원주민들의 '좀도둑질'이나 군인들의 '수집 행위'가 다를 바 없고, 군용 매점에서 판매되는 필리핀 사람들의 훔친 물건도 전혀 다를 바 없다."[11] 1956년, 이스라엘과 이집트의 전쟁이 한창일 때, 유력 시사지인 《타임》의 발행인 프랭크 와이트는 자신의 동료에 대해 다음과 같이 말한 적이 있다. "그는 첫째로 전문적인 사기꾼이며, 둘째로 사진기자"라고 하면서, "두 대의 지프차와 트럭 한 대를 훔쳤으며 '프랑스의 페틴과 메르샤'라는 이름을 장부에 기입하며 기름을 넣었다"고 밝혔다.[12] 전쟁과 관계없이 오늘날에도 이 단어의 사전적 의미는 다양하다. '회수'의 의미에서 '훔치기', '구걸', 가장 일반적으로는 '값을 치르지 않고 무언가를 얻기 위해 찾아 돌아다니기' 등의 의미로 쓰인다.[13]

이처럼 전시 상황이라는 특수한 환경과 단어의 어원적 특성이 만나면서 오랜 기간 동안 법률적으로도 불명확한 의미를 가지게 되었다. 예를 들어 1817년, 뉴욕 주는 아동들이 길거리 등에서 수집한 물품을 거래하는 상행위와 쓰레기 투기 등을 금지하는 법안을 통과시켰다.[14] 1872년, 찰스 로링 브레이스는 법적 논리에 기반하여 다음과 같이 말한 바 있다. "누더기나 뼈다귀 등을 줍고 사는 찢어지게 가난한 사람들은 자신의 낡은 집 안을 온갖 잡동사니 쓰레기로 가득 채우고 산다. 이 위대한 도시를 가득 메우는 …… 이 기괴한 넝마들." 그는 다음과 같은 염려도 덧붙였다. "그들의 자녀들 또한 그들처럼 온갖 음식물 쓰레기와 석탄 찌꺼기를 주워 생활하게 될 것이다. 여자아이들은 소녀의 정숙함이 뭔지도 모른 채 점점 더 나쁜 길로 빠지고 말 것이다."[15] 같은 기간, 떠돌이 행상을 하다가 이후 "19세기 경제와 …… 재활용에서 중심적인 역할을 하게 된" 행인들의 경우 각 지역의 토산품을 다른 지역의 고철, 잡동사니 등과 교환하는 행위를 통해 "배짱 있는 사기꾼이 무엇인지에 대한 고정관념"을 확립시키기도 했다. 시카고아동보호협회가 발간한 책,《쓰레기처리와 아동범죄*Junk Dealing and Juvenile Delinquency*》에 따르면 반세기 후의 미국은 "거의 모든 노동자 계층의 아이들이 쓰레기를 뒤지고 이를 내다 파는" 상황에 이르게 된다. "훔친 물건 등을 팔 수 있는 시장이 형성되면서 아이들은 가정에 보탬이 되기 위해 물건을 줍기보다 자신의 용돈을 벌기 위해 훔치게 되었다"고 이 책은 보고한다.[16]

스튜어드 헨리가 말한 것처럼 이는 '숨은 경제'로서 쓰레기 수집 행위가 얼마나 오랫동안 지속되어왔는지 잘 보여주며, 도덕적·법적 관점에 따른 명확한 판단이 얼마나 어려운지 짐작케 한다. 13세기 영국의 숨은 경제를 파헤치던 헨리는 쓰레기를 뒤지거나 재활용품을 찾는 행위를 일컬어 '범죄의 가장자리' 혹은 '시간제 도둑질' 등으로 불렀다. 그는 "훔치기, 슬쩍하기, 몰래 가져가기, 슬쩍 챙기기, 갈취, 살짝 속이기" 등 "대놓고 범죄라고 말하기는 힘들지만 모든 이들이 매일같이 저지르는 행위"를 통해 "'정직'과 '비정직' 사이의 인위적 구분"은 점차 힘들어지고 있다고 주장했다.[17] 이와 같은 관점으로 쓰레기 수집 행위를 평가한다면, 마치《올리버 트위스트》(19세기 영국 소설가인 찰스 디킨스의 작품-옮긴이)의 한 장면처럼, 우리 모두는 일상의 삶 이면의 또 다른 삶에 노출되어 있다고도 볼 수 있다. 즉, 개인의 소유와 버려진 쓰레기, 법적으로 공인된 자원 간의 경계가 수시로 변화하는 숨은 경제가 지배하는 길거리의 또 다른 세계는 은밀히 존재하고 있는 것이다.

이처럼 경제적 필요와 문화적 관습에 따라 어느 정도 범죄적인 사회 현상이 현재에도 지속되고 있다. 쓰레기 매립장이 넘쳐나고 이를 유지하기 위한 예산이 날마다 늘어가고 있기 때문에 도시의 재정과 경제적 이득이 있는 한 재활용이나 재사용의 미덕은 점차 강조되고 있다. 웬만큼 보수적인 사람이라도 사회복지 혜택도 못 받고 직업도 없는 이들이 길거리에서 쓰레기를 뒤져 음식이나 옷가지, 그밖에 다른 필요한 것을 충당하는 것을 두고 왈가왈부하지는 않을 것이다. 시간이 흐르면서 쓰레기 수집은 점차 경제적 지위가 낮은 사람들에게 필수적인 삶의 수단이 되었다.

재미있는 것은 '검소하고 절약하는' 삶의 미덕을 강조하는 웹사이트나 잡지 등이 이제 할인 쿠폰이나 바겐세일 쇼핑 정보, 전통적인 생활비 절약 전략과 함께 어디에서 쓰레기 수집을 할 수 있는지에 대한 정보까지 제공한다는 사실이다. 괜찮은 물건을 찾을 수 있는 쓰레기장을 소개해달라는 요청을 오랫동안 받아온 한 웹사이트의 운영진은 결국 "조사를 시작하기로 결정"하고 관련 정보를 제공하기 시작한 후에야 잠잠해졌다고 밝혔다. 그들의 조사 결과 중 한 부분을 소개하면 다음과 같다. "대부분의 수집인들은 쓰레기통 안으로 들어가지 않는다. 몸을 쓰레기통에 기댄 채, 긴 막대를 준비해서 물건들을 끄집어 올리는 방법을 쓴다." 물론 나 자신의 경험을 떠올려보면 쓰레기통 안으로 직접 들어간 경우도 적지 않았다. 위의 '발견'은 경험의 정확성을 표현하기 위한 것이라기보다는 근검절약하는 생활을 위한 제언쯤으로 생각해두자. 이 웹사이트는 또한 청결한 쓰레기 수집을 위해 다음과 같이 재미있는 방법도 알려주고 있다. "수집이 끝난 뒤 청결함을 유지하기 위해서 젖은 수건과 안티박테리아 로션을 꼭 휴대하도록 하자. …… 자신의 거주지가 쓰레기 수집 행위를 불법으로 규정하고 있는지에 대해서는 사전에 꼭 파악하도록 하자."[18]

수집 대상이 무엇이든 이미지를 통해 사고하는 근대 이후의 세계에서 통용되는 쓰레기 수집의 이미지는 어떤 모양일까? 손에 큰 비닐봉지를 들고 쓸쓸히 고속도로변을 걸으며 알루미늄 캔을 줍는 모습일까? 혹은 낡은 쇼핑카트를 끌고 이 쓰레기통, 저 쓰레기통을 전전하는 도시의 늙은 부랑자의 모습―상당히 현실적인 모습이다―일까? 최근의 쓰레기 수집은 문학과 대중문화를 통해 새로운 힘을 얻고 있다. 작가인 거투르드 챈들러 워너는 자신의 유년 시절을 그린 작품《화물열차의 4남매》를 1942년에 발표하는데, 철길 근처에 살면서 "깨끗한 화물열차의 조리실에 살고 있다고 믿는" 아이들의 삶이 잘 묘사되어 있다. 이 책은 버려진 화물열차 한 칸에서 생활하면서도 마치 집에서 생활하는 것처럼 부족할 것 없이 독립적인 생활을 하는 네 주인공 남매의 이야기다.

"제시 누나, 우리 뭘 하러 가는 거야?" 베니가 누나에게 물었다.
제시가 대답했다. "글쎄, 베니. 우리는 보물을 찾으러 가는 거야. 여기 화물차부터 시작해서 괜찮은 쓰레기를 찾을 때까지 여기저기를 돌아다닐 거야."
"쓰레기를?" 제니가 되물었다.
"오, 베니!" 바이올렛이 말했다. "그냥 쓰레기가 아니야. 낡은 양철 캔이며 오래된 접시, 유리병 같은 것들을 찾을 거야."
"양철 캔이나 오래된 접시가 왜 보물이야?" 베니가 물었다.
"우리에게는 보물이 될 수 있어." 제시가 웃으며 말했다.[19]

프란츠 리즈의 최근작《고스티 맨》은 쓰레기 수집가를 다룬 또 다른 작품으로 워너의 작품과는 다른 연령의 독자층을 매료시킨 바 있다. 리즈는《고스티 맨》에서 실존했던 서로 다른 두 인물의 삶을 대조하는 방식으로 이야기를 전개하고 있다. 둘 중 더 유명한 인물은 세상을 등지고 은둔 생활을 하는 콜리어로, 수십 년간 뉴욕의 쓰레기와 각종 폐기물을 수집하여 결국 온 집안이 수집품으로 가득 찬 전설적인 인물이다.

다른 인물은 상당한 괴짜로 묘사된 리즈의 삼촌 아서다. 그는 지나는 길에 쓰레기통이 있으면 "절대로 뚜껑을 열지 않고 지나치는 법이 없다."[20] 콜리어와 아서 삼촌은 둘 다 극단적인 방랑자들로서 수집품을 찾기 위해 수 킬로미터를 매일같이 걸었다. 또 둘 다 수집한 폐품이나 재활용품이 지나치게 많아 살고 있는 아파트는 겨우 지나다닐 만한 공간을 남겨놓고 꽉 차 있다. 이들의 작품이 대중적인 인기몰이에 성공하기는 했지만 쓰레기 수집에 관한 작품을 통해 문학상을 수상한 사람은 따로 있다. 라스 아이그너는《리즈베스와의 여행》을 통해 괜찮은 물건을 획득하기 위한 수단이 아닌 매일매일 생존을 위해 노숙자로 살아온 경험을 세련된 문체로 표현하고 있다.[21]

《도시의 쓰레기 탐색자》 또한 이러한 최근의 대중문화가 만들어내는 문학적 지류와 그 방향을 같이하고, 적어도 그러기를 기대한다. 유명한 교육용 TV쇼〈정크야드 워즈Junkyard Wars〉에서는 폐기물처리장에서 수집한 고철을 활용해 기계를 만드는 경기가 중계된다. 최근 방영된 중계에는 포트워스의 한 쇼핑몰에서 벌어진 지역 예선이 나오기도 했다. "아빠를 쇼핑몰로 데려가라, 아버지의 날 선물로 그가 어떤 넥타이를 좋아하는지 물어보라"는 주문으로 시작되어 지역에 있는 한 재활용 센터에서 나온 고철들로 차를 직접 제작하여 쇼핑몰까지 경주하는 내용이었다. 이 경주는 대형 스크린을 통해 쇼핑몰에서 직접 생중계되었고 경기에 참가한 이들의 표정이 잠깐씩 스크린에 비치되기도 했다.[22]

소위 고급 대중문화를 표방하는 프랑스의 포토저널리스트 파스칼 로스테인과 브루노 모론은 최근 '스타 쓰레기Star Trash' 전시회를 열었다. 쓰레기로 버려진 마돈나, 톰 크루즈 등의 인기 스타를 모델로 한 사진이나 기념품 등을 모아 전시한 것이다. 두 사람은 "자본이 이끄는 21세기의 소비문화와 스타에 열광하는 오늘의 문화가 만나는 접점을 표현하고자 했다"고 말한다. 어찌 됐건, 그들은 다음과 같이 주장했다. "이 유명인들과 관련된 쓰레기를 수집하는 것은 전혀 위법이 아니다. 성적인 물건이나 의료기구 등과 관련된 쓰레기라면 모를까……."[23]

자신들의 변호사 혹은 마돈나, 톰 크루즈의 변호사도 그렇게 이야기하는지는 모르겠다. 그러나 확실한 사실은 아이들이 너무나 좋아하는 이야기책에서부터 문학상을 받은 책, 괜찮은 TV쇼와 격조 있는(?) 전시회 등 다양한 문화적 흐름이 우리가 논하고 있는 이 거리의 또 다른 왕국(쓰레기 수집의 세계)이 불법이라는 목소리를 점점 높이고 있다는 것이다. 점점 더 많은 지방정부가 수많은 노숙자의 생활을 불법으로 규정하고 있으며, "공적 장소에서의 쓰레기 수집 행위"를 제한하고 있다.[24] 1988년, 미국 연방 대법원은 도로변에 버려진 생활 쓰레기에 대해 헌법상 허가 없이도 "동물이든, 아이들이든, 폐품 수집인이든, 거지든, 공적 구성원이면 누구든지 접촉할 수 있는 것"으로 규정한 바 있다.[25]

그러나 아이러니하게도 수많은 도시들이 도로변에 버려진 쓰레기(및 쓰레기에 포함된 재활용품)는 각 지방행정부나 쓰레기 취급 기관 소유가 된 것으로 규정하여 이에 대한 임의적 취급을 제한하고 있다. 예를 들어 포트워스 근교의 한 마을에서는 쓰레기 집하장 근처의 "재활용 가능한 물품, 재사용 가능한 물건, 가정용 집기, 각종 쓰레기"를 줍거나 옮기거나 열어보거나 할 경우 2,000달러까지 과태료를 부과하도록 하고 있다.[26] 뉴저지 뉴워크에서는 도시의 쓰레기 수집 행위를 전면적으로 '없애기' 위해, 시장이 직접 "지역 주민의 안전을 위협하는 중대한 국가적 문제"라고 언급하기에 이르렀다.[27] 물론, 불법 가택침입 등의 명목으로 부과되는 벌금의 위협에도 도시의 뒷골목과 공터, 쓰레기통, 주택 앞마당의 쓰레기더미 등을 찾는 이들의 숫자는 오히려 늘고 있다.

범죄로 규정하거나 법적인 제재를 가하는 것으로는 이들의 행위를 막을 수 없다. '폭탄 대신 식량을'Food Not Bombs'은 "미국에서만도 먹을 것이 없어 죽어가는 이들에게 필요한 분량 이상의 음식물이 날마다 버려지고 있다"고 주장하며 노숙자 및 다양한 계층의 사람들에게 건강한 음식을 제공하기 위해 버려진 음식물을 줍는 활동을 하고 있다. 물론 각 도시의 행정부는 '폭탄 대신 식량을'이 공공장소에서 음식물을 나눠주는 것을 불법으로 규정하고 있으며 공권력을 투입해 이에 동참하는 이들을 체포하고 있다.[28]

쓰레기 수집을 통해 얻은 물품들을 집 앞마당에 내놓고 파는 것 또한 예전과 달리 상당한 제재를 받고 있으며 심지어는 이를 광고하는 것조차 불법으로 몰리고 있다. 예를 들어 포트워스 시에서는 조례로 1년에 단 두 번의 앞마당 세일을 허가했는데, 세일 때마다 신고해야 한다. 광고물은 자신이 손수 만든 것이어야 하고, 집 앞마당에서만 할 수 있도록 규제하고 있다. 포트워스에 인접한 리버오크스의 경우도 마찬가지로 앞마당 세일을 하려면 허가를 받아야 하며 "세일 마지막 날 일몰 후 1시간 이내" 세일을 한다는 광고를 내려야만 한다는 항목이 추가되어 있다. 이 책에서 계속 살펴보겠지만, 이를 어길 경우 엄청난 벌금이 부과되거나 구류 처분을 받을 수도 있다.[29]

금속 폐품을 수집하는 이들에 대한 법적 제재와 체포가 이어지면서 쓰레기 매립장은 철, 알루미늄, 구리 등으로 넘쳐나게 되었다. 금속 수집이 어려워진 사람들은 옷이나 작은 잡동사니류, 소비재 등으로 수집 종목을 바꾸어 이를 자신의 앞마당 세일이나 벼룩시장을 통해 판매하지만, 여전히 알루미늄 캔이나 구리, 놋, 각종 주물 등의 금속류를 주워다가 암시장에서 거래하는 이들도 있다. 나중에 계속해서 소개되겠지만 낡은 쇳조각을 찾아 처리장 등을 헤매는 일이나 앞마당 세일에서 온갖 잡동사니를 파는 일 모두 나의 주요 일과로 자리 잡게 된다. 그 와중에 알게 된 사실은, 40파운드(약 18킬로그램)가 넘는 구리나 알루미늄을 현금화하기 위해서는 사진이 들어 있는 신분증이 필요하다는 것이다. 다른 말로 하자면 구리와 알루미늄—쓰레기를 통해 얻을 수 있는 가장 가치 있는 두 종류의 금속—을 수집하는 것에 법적 제한을 두어서 수집이 아니라 절도 행위로 만들겠다는 것이다. 여기에 대해 사람들은 정부의 정책을 비아냥거리는 농담을 주고받는다. 즉, 수집한 금속을 받고 돈을 건네는 사람은 파는 사람의 신분증을 확인하고 그 아래에다 서명을 해야 하는데, 만약 금속의 무게가 40파운드 이하인 경우에는 반대로 정부 측 담당자가 자신의 사진이 박힌 신분증을 보이고 '정말 담당자가 맞는지'를 증명하도록 하자는 것이다.[30]

이처럼, 쓰레기 수집 행위에 대한 법적·문화적 인식은 아직까지 상당히 모호하다. 아이들이 너무나 좋아하는 이야기책의 주인공들은 현실에서라면 벌금 수천 달러를 물고 체포되어야만 할 것이며, 그 문학적 성취 이면에는 주인공들이 겪는 뼈저린 가난이 숨겨져 있다. 거리에서 노숙하는 이들에게는 넘쳐나는 쓰레기더미가 생존을 위한 전략이지만, 동시에 '훔치는', '사회에 대한 공격적 행위'라는 이미지를 벗지 못한다. 쓰레기 수집 행위를 불법화하고 이를 제한하는 다양한 규제들 또한 기존의 혼돈을 가중시키고 있다. 결국 도시의 쓰레기 수집가들은 사회 경제의 변두리에 속해 있을 뿐 아니라, 도덕과 법적 관점에서도 어두운 그늘을 벗어나지 못하고 있는 것이다.

쓰레기 수집 장면, 플로리다 템파, 2004년 6월.

온갖 촌극이 연출되는 소극장들

이와 같이 해결되지 못한 모호함으로 가득 찬 길거리 수집가들의 세계는 불확실함과 부조리로 가득 찬 소극장 무대와 같다. 무대 곳곳에서는 각종 편법과 적법성의 경계를 넘나드는 대본들이 연출된다. 로마는 트레비 분수에 사람들이 던진 동전을 건지고 경찰 수사에 비협조적이었다는 이유로 로버트 커셀레타를 절도와 공무집행방해 혐의로 구속한 바 있다. 며칠 후 커셀레타 사건 관련 보도를 접한 여성이 또다시 관광객이 던진 동전을 줍다가 구속당하기도 했다.[31] 한편 영국에서는 다이빙 복장을 착용하고 레이케이스터 골프장을 지나던 존 콜린슨이 구속되는 사건이 있었다. 그는 이 골프장의 다섯 번째 홀에 있는 악명 높은 워터헤저드 릴리 연못에서 1,100개의 골프공을 건져내던 중이었다. 절도 혐의로 기소된 콜린슨은 "일단 물에 빠진 골프공은 그 누구의 것도 아니다"라고 말했다. 또 다른 수집가들과 달리 자신은 건져 올린 골프공에 대한 세금도 지불했다고 주장했다. 그러나 이 사건을 담당한 리처드 브레이 판사의 마음을 움직이지는 못해 징역 6개월 형을 판결받았다. 이 판결을 두고 프로 골퍼인 콜린 몽고메리와 영국의 골프공 재활용 회사인 레이크볼의 CEO 가빈 듀넷 등은 물에 빠진 골프공은 현실적으로 "줍는 사람이 임자"일 뿐 아니라 "버려진 소유물"에 다름없다며 콜린의 주장에 힘을 실어주었다. 몇 개월 후 뒤이은 두 번의 항소심에서 판사들은 6개월 실형을 선고했던 초심을 뒤엎고 앞

으로는 '부정한' 다이빙을 하지 말 것을 경고하며 콜린에게 2년의 집행유예 판결을 내렸다.[32]

쓰레기 수집과 관련된 다양한 극 중에서는 직접적인 비극도 심심치 않게 연출된다. 베트남 하노이 정부는 6,000명의 '수집가와 중개상'을 지원해준다. 그러나 베트남 등지에는 전쟁 당시 폭발하지 않은 수류탄이나 지뢰, 포탄 등이 너무 많아서 금속류를 주워 생계를 유지하는 사람 중 매년 많은 수가 희생된다. 키르기스스탄에서는 도시의 한 쓰레기장에서 금속 폐품을 줍던 사람들이 쓰레기더미에 깔려 한꺼번에 아홉 명이나 목숨을 잃기도 했다. 북러시아에서는 핵연료 시설에 고용된 네 명의 고철 처리반원들이 발전설비의 뚜껑을 잘못 여는 바람에 방사능에 노출되는 사고가 있었다. 두 명은 심각한 화상과 함께 방사능 관련 질병으로 병원에 후송되었고 다른 두 명은 감옥에 갔다.[33]

아르헨티나에서 벌어지고 있는 비극은 당장의 죽음이나 상해보다 경제적인 것과 더 관련이 깊다. 아르헨티나에는 호세레온수아레스 근방의 가난한 지역에서 출발해 부에노스아이레스까지 매일 운행하는 특별 열차가 있다. 유령열차로 유명한 이 열차는 오로지 카르토네로스cartoneros(판자촌 사람들)만을 위한 열차다. 이들은 부에노스아이레스의 버려진 캔이나 신문지, 음식물 등 온갖 종류의 쓰레기를 처리하는 일을 한다. 이들이 타는 열차는 다른 '존경받을 만한' 승객들이 타는 열차와는 상당히 거리를 두고 달리는데, 한 달에 5달러만 내면 겨우 몸체만 남은 이 달리는 게토에 오르는 특권을 누릴 수 있다. 꽤 괜찮은 조건이지 않은가? 어쨌든, 일자리에서 쫓겨난 경험이 있는 대부분의 다른 카르토네로스와 같은 처지인 리디아 퀸테로스도 "이게 바로 우리 직장입니다. 우리가 살아가는 방법이지요"라고 말한다. 그들은 "자동차 바퀴를 철제 프레임에 연결해 한 사람이 500파운드에 이르는 고철을 끌고 갈 수 있도록 고안한 장치"를 끌며 자신들의 새로운 직업과 환경에 철저히 적응해 살아가고 있다.[34]

그러나 내가 진정으로 발견한 사실은, 이 또 다른 길거리의 제국을 만나기 위해 꼭 로마나 레스터(영국 레스터시르의 주도—옮긴이), 하노이, 부에노스아이레스 혹은 더 먼 곳까지 갈 필요는 없다는 사실이다. (일정한 직장이나 보수, 아무런 지침도 없이 길거리의 쓰레기더미를 뒤지는 신세에 그런 곳을 가볼 능력은 없다.) 오히려 내가 살고 있는 바로 이곳에도 같은 종류의 촌극이 넘쳐나는 작은 극장들이 많다. 매사추세츠 출신의 잭 케루악Jack Kerouac(1922~1969, 미국의 문학가이며 《길 위에서On the Road》가 대표작—옮긴이)은 자신의 작품 《외로운 여행자》를 통해 50년 전의 한 거리를 이렇게 담아내고 있다. "밤이 되자 난 깔끔한 아파트와 멋진 집들이 즐비한 거리 너머로 버려진 깡통과 맥주병을 찾아 나섰다. 늦은 밤, 조금이라도 더 돈을 벌기 위해 나는 한 병에 5센트 하는 폐품들을 열심히 찾아다녔고 메고 온 가방에 연신 주워 넣었다."[35] 할리우드 근처에서 노숙자 생활을 하다가 이후 오스틴의 거리로 거처를 옮긴 라스 아이그너의 경우 쓰레기 수집―혹은 그가 더 좋아하는 표현으로 '청소'―을 하는 그만의 경험과 이론을 책으로 남겼다. 아이그녀는 음식의 안전성을 판가름하는 자신만의 노하우를 계발—봉인이 잘된 캔 음식과 채소는 따로 보관하기, 돼지고기와 가금류는 피하라, "왜 이것을 버렸을까?"를 항상 생각하라 등—했을 뿐 아니라 나에게 여유 있는 물건은 또 다른 이들을 위해 남겨두라는 등 노숙자 윤리에까지 관심을 기울였다. 그는 어떤 쓰레기통에서 괜찮은 물건을 얻을 수 있는지 알게 되었고, 그런 쓰레기통을 찾을 때는 심지어 "프롤레타리아라도 된 기분"을 느끼기도 했다. 이후에는 다른 노숙자들이 "도저히 스스로를 참을 수 없을 정도의" 초짜에서 프로(?)가 될 때까지 실전적인 가르침을 주기도 했다. "다이버(적극적인 쓰레기 수집가를 일컫는 말)여, 마지막에 웃는 것은 바로 그대다. 그는 좋은 것을 얻을 수 있는 모든 방법을 터득했다. 그를 비웃는다면 그건 비웃는 사람이 바보이기 때문이지 그가 비웃음의 대상이어서가 결코 아니다."[36]

《탈출》이라는 책을 쓴 익명의 작가 또한 부조리한 현실에 대해 비슷한 관점을 피력한 바 있다. 미국 각지를 떠돌던 당시, 작가 자신이 여기저기 쓰레기통을 옮겨 다니면서 "우리의 사회적 삶이 어떻게 변질되었는지, 우리가 버린 것들 위에 세워진 번영"의 실체가 무엇인지 보았고, "미국 사회가 먹을 수 있는 음식을 쓰레기통에 버리는 행위는 소를 사육하는 문화와 결코 동떨어지지 않았다"는 것을 깨닫게 된다. 그리고 곧 "보호받고 있는 비밀"이 있다는 사실에 대해 다음과 같이 말한다. "CNN이 말하는 부유한 이들의 '구매력'이 무엇을 의미하는지 아는가? '구매한' 물건을 집으로 들고 가서 풀었다가는 다시 쓰레기통에 던져버리는 것이다! 절대 그 잘못의 대가를 내가 치르지는 않을 것이다."[37]

나 또한 남들이 저지른 잘못의 대가를 대신 치를 마음이 없다. 라스 아이그너, 《탈출》의 저자, 또 그들의 동료들과 나는 길거리의 또 다른 세계에서 어떻게 올바른 방법으로 물건을 얻는지에 대해 알고 있으며, 또 매일의 삶 가운데 넘쳐나는 소비문화의 극단적인 낭비, 부조리를 몸소 체험하며 느꼈다. 사실은, 바로 이것이야말로 온갖 쓰레기더미들과 폐기장을 찾아다니면서 내가 가장 첫 번째로, 또 가장 인상적으로 발견하게 된 사실이기도 하다. '쓰레기'로 버려진 그것들은 아무리 나쁘게 보려 해도 절대 '쓰레기'가 아니었다. 너무나 쓸모 있는 물건들이었으며, 멀쩡할 뿐 아니라 오히려 가지고 싶은 것들도 많았다. 한 번도 쓴 적이 없거나 심지어는 포장도 뜯지 않은 물건들이 즐비했다. 쓰레기통, 쓰레기더미, 도시의 길거리에 넘쳐흐르는 이 풍요로움의 다양성에 나는 진정으로 매료되어 그 리스트를 만들어보기로 했다. 50여 쪽에 이르는, 쓰레기와 발견에 관한 한 편의 긴 서사시. 그래 이렇게 시작해보자.

장식이 멋진 알루미늄 식기와 은세공한 어린이 컵, 라디오시계, 골프채.
낡은 램프와 새 램프.
비디오카메라, 비디오테이프, 포르노물, 수많은 CD와 카세트테이프.
아기 인형 신발, 은촛대들.
앤티크 거울과 앤티크 사진액자, 낡은 가족사진첩, 오래된 구식 공구

쓰레기 수집의 왕국, 터키 앙카라, 2004년 4월.

와 신식 전동공구, 스케이트보드.

손목시계, 보석류, 쟁반들.

야구공, 소프트볼공, 농구공, 테니스공, 플라스틱으로 만든 부활절 달걀.

방수 처리된 크리스털 시계와 크고 검은 커피머신.

그리고 돈―대부분 동전, 분수대를 휘저을 필요가 없다.

동전과 1달러, 5달러짜리 지폐는 길거리, 하수구에서 얻는다.

대중교통 등에서 여전히 사용할 수 있는 페니 동전들.

낡은 여행가방에서 나온 라이베리아 공화국 지폐와 가나 은행의 지폐.

쓰레기 가방 틈새에 낀 10센트짜리 은화와 25센트짜리 동전, 길모퉁이 낡은 옷장 서랍에서 나온 오래된 지갑.
카메라: 쓰레기 가방 바닥에서 나온 19세기 중반의 낡은 가죽 케이스에 들어 있는 포트론 III 올림푸스 카메라.
망원렌즈와 필름 상자.
우리의 보금자리에서 나와 내 친구들, 또 다른 이들이 입을 옷.
네이먼 마커스 스웨터, 조그만 실크 스카프,
폴로 정장과 헨리 그레텔 드레스 셔츠, 청바지, 신발.
아이들을 위한 장난감.
서류 상자, 터키 의자, 버몬트 메이플 시럽과 술 한 병.
유리로 만든 문손잡이와 마르디 글라스 빵, 총알 한 상자.
서적—시시한 페이퍼백, 천으로 장정한 초판본.
1907년 이탈리아에서 보석으로 장식해 만든 책.
1949년 텍사스와 1969년 미시시피에서 발행된 면허증.
낚싯대, 낚시용 릴, 낚시용 올가미, 작고 푸른 티파니사의 상자.
내가 집으로 도저히 가져갈 수 없을 만큼의 장난감…….

다음에 언제 같이 시원한 맥주라도 마실 기회가 있다면 내 기꺼이 더 많은 리스트를 암송해드리도록 하겠다. 어쨌든, 이 시에서 빠진 부분 중 상당수는 이어지는 이야기 가운데 자주 등장시킬 계획이다. 이렇게 몇 줄 안 되는 수집가의 글일지라도 그 가운데는 다양한 물건이 뒤섞여 있고 그 각각은 또 서로 다른 삶을 살아가는 사람들의 다양한 면모를 반영하고 있다. 낡은 은 컵과 알루미늄 캔, 사무용품과 스포츠용품 등 오랜 세월의 흐름만큼이나 다양한 갖가지 물건들이다. 이 모든 수확물들을 쉽게 분류할 수 없다면, 이렇게 복잡한 쓰레기들이 나오는 도시 그 자체가 바로 오늘날의 특징일 것이다. 사실, 아이그너와 마찬가지로 나도 오랜 길거리의 생활을 통해 거리를 살피다가 만나게 되는 각종 상황과 환경에 대해 분석하는 나 자신만의 이론을 개발하게 되었다.[38] 그리고 내가 생활하는 바로 이 공간이 몇 개의 촌극이 동시에 벌어지는, 수많은 극장이 공존하는 곳이라는 사실을 깨닫게 되었다. 각 극장은 뭔가 부족한 것이 사실이지만, 그래도 주인공이 있고 스토리가 있으며 드라마틱한 구석이 넘친다.

이 극장에서 벌어지는 이야기는 쓰레기통이나 쓰레기더미 가운데서 나오는 것이 아니라 이들을 향해 걸어가는 여정에서 나온다는 사실을 깨달았다. 물론 걷거나 자전거를 이용할 경우에 말이다. 걷거나 자전거를 이용하면 비용이 거의 들지 않는다는 장점도 있지만, 쓰레기 수집가를 거리에 더욱 밀착시킨다는 데 더 큰 의미가 있다. 걷거나 자전거를 타는 동안 주의 깊게 살펴보면, 도시의 거리는 동전, 자동차 바퀴, 작은 자동차 부품, 누가 분실한 공구, 음악 CD, 알루미늄 캔, 구리 파이프와 와이어 등 황금은 아니어도 도시의 온갖 파편으로 덮인 것을 발견하게 될 것이다.

이처럼 거리에 존재하는 다양한 물건을 찾기 위해서는 다양한 종류의 이동수단을 활용해야 하며 때로는 좀 어려운 방법으로 자전거를 타야 한다. 또 무심히 달리는 자동차를 피해 거리와 빈민가 구석까지 세밀히 뒤질 수 있는 집중력이 요구된다. 동전, 공구, 무게추 등 일단 괜찮은 것을 발견했을 때는 기꺼이 기뻐할 마음의 준비를 한 후, 순간적으로 주위의 교통상황을 파악한 다음, 재빨리 몸을 둥글게 숙이고 그것을 낚아채야 한다. 나는 길에서 주운 BMX 자전거를 타고 다니면서 수집 활동을 했는데 자전거를 타고 수집을 계속하려면 또 다른 차원의 노련함이 요구된다. 땅에 딱 붙어서 갈 수 있도록 작게 만들어진 이 자전거를 타고 나는 거리의 아주 미세한 부분까지도 놓치지 않을 수 있었다. 그런데 낡은 브레이크에 문제가 좀 있어서 동전 한 닢을 보고 멈추기라도 할라치면 한쪽 다리로 바닥을 질질 끌어야 했고 사람들은 이 기괴한 광경에 발걸음을 멈추곤 했다. 물론 걷고 있을 때는 이렇게 덮치듯 낚아채는 즐거움은 없겠지만, 아리스토텔레스라도 부러워할 깊은 사색에 잠기는 여유를 누릴 수 있다.

쓰레기 수집을 위한 소극장이 많지만, 길거리야말로 수없이 많은 이들이 잃거나 버리고 간 물건들로 넘쳐나는 공간이며 그런 이유로 다른 장소들과 특별히 구별된다. 그중에서도 골프 코스 주변은 또 다른 매력이 있다. 우리 집에서 자전거를 타고 다닐 만한 거리에 꽤 많은 공설·사설 골프장이 있어서 나는 종종 존 콜린슨처럼 골프장 경계까지 다가가 떨어진 골프공들을 줍곤 했다. 그러나 콜린슨과 다른 점이 있다면, 골프공을 주우면서도 법적인 곤란을 겪지 않았다는 것과 북텍사스 지역의 환경 덕분에 워터해저드에 굳이 잠수하지 않아도 되었다는 것이다.

콜로니얼 컨트리클럽의 골프 코스는 가시덤불로 그 경계가 쭉 이어져 트리니티 강까지 이른다. 자전거를 잠시 놓아두고 낮은 강둑을 따라 강 반대편에 있는 둑 제방에 이르면 둑 경계가 끝나는 지점까지 골프공이 넘쳐난다. 한번은 페칸밸리 골프 코스를 따라 같은 방법으로 골프공을 주운 적이 있는데, 등에 멘 가방 한가득 공을 주울 수 있었다. 물론 반바지 아래로 드러난 맨살을 찔러대는 가시덤불은 만만한 상대가 아니었다. 트리니티 강가에 있는 또 다른 골프 클럽, 록우드 골프 코스에도 강줄기를 따라 홀들이 들어서 있다. 그런데 이곳의 물은 너무 깊고 더러워서 골프공을 줍기에 적당하지 않다. 대신 강 너머의 잔디밭까지 날아온 골프공들이 마치 부활절 달걀마냥 길게 자란 잔디 사이로 촘촘히 둥지를 틀고 있는 것을 볼 수 있다.

이 모든 것들이 촌극을 연출한다. 동전 하나를 주우려고 도로로 뛰어들기도 하고 골프공을 얻으려고 (주운) 반바지가 다 찢어지도록 가시밭을 헤맨다. 그러나 또 우리가 이미 다 알고 있듯이, 그 속에는 하찮아 보일지언정 재미와 기쁨, 모험이 있다. 맥도날드에서 최저임금을 받으면서 고생하는 것이나 매일같이 똑같은 일상이 반복되는 도시의 삶과 비교해보라. 이것이 바로 합법과 불법 사이의 모호함이 주는 즐거움이며, 부족하게 살아가는 삶의 매력이 아닐까 생각한다.

앞으로 더 많은 경험을 나누겠지만, 나의 두 번째 극장은 바로 길모퉁이 쓰레기더미들이었다. 길모퉁이 쓰레기더미들은 두 종류로 나눌 수 있는데 하나는 일반적인 쓰레기더미들이고 다른 하나는 그렇지 않은 것들이다. 내가 거리에서 생활하던 몇 개월 동안 포트워스 시의 쓰레기 수집 시스템은 거주민들이 일주일에 딱 이틀만 쓰레기를 버릴 수 있도록 허가했다. 쓰레기를 버리는 날이 정해져 있었기 때문에 주민들의 쓰레기 버리는 습관은 물론 시 정부의 수거 일정도 그에 따라 일정하게 움직였다. 물론 나를 포함한 다른 쓰레기 수집가들도 그 일정에 따라 움직였는데 주로 쓰레기를 막 버리기 시작하는 저녁이나 시에서 수거해가기 직전 시간이었다.

일반적인 쓰레기더미들이 위와 같다면 일반적이지 않은 쓰레기더미들은 이와는 달리 상당히 복잡하다. 이는 주로 이혼, 별거, 사망, 자녀의 유학, 거주지 이전 등과 같이 삶의 급격한 변화를 겪는 이들이 남긴 흔적이다. 일주일에 두 번씩 정기적으로 나오는 생활쓰레기와는 달리 이런 종류의 쓰레기더미에는 갑작스러운 비극이나 변화 때문에 일상적인 사회생활이 끊김으로써 길거리로 쏟아져 나온 누군가의 과거가 담긴 물건들이 엄청난 양으로 쌓여 있다. 그 중에는 빛바랜 아기 신발, 학위증, 결혼사진, 티켓 영수증, 오래된 신문 스크랩 등과 같이 한 사람에게 있어서 중요한 의미를 지녔거나 감성을 자극하는 물건도 포함되어 있다. 괜찮은 옷가지나 신발, 전자제품, 스포츠용품 등을 주웠다고 다른 친구에게 두 번 이상 자랑하면 "그래, 그 사람 이제야 그 쓰레기 갖다 버렸군!" 하며 혀를 차기도 했다.

나중에 다시 이야기하겠지만, 이렇게 누군가가 삶의 극적인 시점에 버린 물건들에는 그 사람의 인간관계나 개인적 성취 등과 관련된 물건이 많다. 물론 이 쓰레기들은 개인정보와 같은 민감한 부분을 내보이기도 하며, 이 때문에 또 다른 법 조항이 만들어지기도 한다. 한번은 한적한 주말 오후에 회원제로 운영되는 한 골프클럽을 마주하고 있는 주택가를 지났다. 맨션 뒤편으로 난 좁은 길을 따라 쓰레기가 가득 찬 종이상자와 검은 플라스틱 쓰레기봉투들이 정돈되어 있었다. 나는 해야 할 일을 하기 시작했고, 파티 장소를 꾸미는 데 쓰인 많은 물건들을 발견하게 되었다. 온갖 장식들과 선물 포장지, 종이로 만든 일회용 접시와 컵, 비싸 보이는 아기 선물 등이었다. 그중에 많은 숫자가 아직 포장조차 뜯지 않은 상태인 걸로 봐서 출산 기념 파티를 위해 형식적으로 전달한 선물들 같았다. 나는 이 쓰레기더미에서도 다른 때와 마찬가지로 최대한 빨리 작업했다. 길거리에 버려진 물건들이 법적으로 누구의 소유인지에 대해 대법원이 명확하게 규정한 바는 없지만, 사유지에 있는 쓰레기를 비록 길거리라고 할지라도 앉아서 뒤지거나 하는 것은 그렇게 바람직하지 못하다.

   그런 이유로 나는 이런 쓰레기들을 대할 때 나의 존재가 최대한 드러나지 않도록 노력한다. 특히 한 가정의 불화나 나쁜 상황 때문에 나온 물건들이라면 그런 그들의 감정과 불화에 대해 세심히 알려 하지 말고, 또 그런 물건을 들여다보고 있는 상황 자체를 피하는 것이 상책이다. 내가 주로 사용하는 방법은 일단 그런 쓰레기더미가 있으면 최대한 빨리 훑어보고 괜찮은 것 한두 개만 챙긴 후 속히 자리를 뜨는 것이다. 가능하면 먼저 자전거로 쓰레기봉투나 상자를 통째로 한두 블록쯤 옮긴 후에 쓸 만한 물건을 찾아본다. 가끔은 그 내용물의 사이즈와 무게 때문에 통째로 옮기는 것이 불가능할 때가 있다. 이런 경우에는 자전거로 몇 번씩 왔다 갔다 하거나 드물게는 트럭을 가져와서 싣고 가기도 한다.

  쓰레기 수집의 다양한 방법 중 하나라고 하기에는 다소 부족한 면이 없지 않지만, 대형 쓰레기통들이 바로 그 세 번째 극장이 되겠다. 이 쓰레기통들은 쓰레기 수집이라는 세계에서는 일종의 영원한 공급처를 상징한다. 소비자나 쓰레기 수집가 모두 항상 찾는 집합지이며 각종의 쓰레기가 들고 나는 장소이다. 쇼핑몰 뒤로, 아파트 주차장 너머로, 상가의 화물 집하장 옆으로 열을 지어 서 있는 이 쓰레기통들은 경제적 요구 때문에 당연히 거기에 있어야만 한다. 각 지역의 규정과 규례 등에 따라 상점과 같은 경제단위들은 이 크고 네모난 쓰레기통들을 눈에 잘 띄지 않는 곳에 비치하게 되어 있다. 어떤 경우는 거주지 이전이나 이혼, 건물 리모델링 등의 이유로 쏟아져 나오는 쓰레기들이 거리가 아닌 이런 쓰레기통으로 가곤 한다. 따라서 이 쓰레기통들은 결코 변하지 않는 탐색의 대상이며 괜찮은 물건들이 쏟아지는 쓰레기 수집가들의 보고가 된다. 나는 겉에서 쓰레기통을 훑어보는 대신 주로 그 속으로 기어 들어가서 내용물을 직접 살펴보는 편이었다. 그러려면 때에 따라 큰 물건 몇 개는 일단 꺼내고 봐야 할 때도 많다. 나에게 쓰레기통들은

쓰레기통 속의 숨겨진 세계, 플로리다 탬파, 2005년 2월. 쓰레기 무단 투기 시 벌금 500달러라는 문구가 적혀 있다.

마치 숨겨진 미지의 세계, 쓰레기로 만들어진 또 다른 우주, 도시 한가운데 서 있는 큰 선물상자와도 같아서 이 글을 읽는 당신이 믿거나 말거나 불쾌함보다 큰 기쁨이 된다. 예를 들자면 우리 동네에 있는 '빅토리아의 비밀' 쓰레기통이 그중 하나다.

이 숨겨진 세계 중에서도 특히 '이동식' 쓰레기통들은 또 다른 매력을 가진다. 일반적인 쓰레기통과는 달리 바퀴가 달려 있기 때문에 공사장 주변이나 리모델링 현장에 임시로 설치되는데, 큰 직사각형 모양으로 생긴 철제 상자로 대개 뚜껑이 없으며 2.5~3.5미터 정도의 깊이다. 심하게 굽은 철제 사다리가 달려 있거나 측면 바퀴에까지 긴 막대가 달려 있어 기어 올라갈 수 있는 구조인데 어떤 식이든 "이 쓰레기통에 올라가거나 안으로 들어가지 마시오"라는 경고문을 지나 그 넓은 통 속으로 들어가면 이동식 대형 쓰레기통만의 환경을 만끽할 수 있다. 이동식 쓰레기통은 텍사스의 작열하는 태양 아래서는 편안한 그늘을 제공하고, 살을 에는 겨울바람에는 아늑한 피난처가 된다.

일단 안으로 기어 들어가면 청량음료의 당분을 모으기 위해 날아든 꿀벌 떼를 만날 수도 있고, 밖에서 던진 물건에 맞는 위험한 상황이 연출되기도 하며, 바닥에 고인 빗물 때문에 괴로울 수도 있다. 그러나 이동식 쓰레기통은 들어가다가 베이거나 멍들거나 벌에 쏘이는 위험 정도는 감수하고라도 들어갈 만한 가치가 있다. 특히 구리 와이어나 구리 파이프, 알루미늄 조각, 각종 자재, 공구, 고물 비품, 문이나 창틀, 잔디깎기 등 없는 것이 없다. 기어 오르내리면서 그 물건들의 사이즈를 재고 있노라면 도시의 쓰레기를 채취하는 비공식적 고고학자라도 된 기분이 든다. 한 발로 끌며 자전거를 세우고는 거리의 노획물을 낚아채는 기분과는 또 다른 맛이다.

나도 아이그너와 마찬가지로 마치 '프롤레타리아'라도 된 것 같은 기분에 젖어든다. 이는 감성적 측면이라기보다는 쓰레기통 속 내용물의 가치에 대한 만족감을 의미한다. 찾아갈 때마다 어쩜 그렇게도 끊임없이 다양한 물건들로 가득 차 있는지 꼭 마술이라도 보는 것 같다. 종종 건물을 증축하거나 개축하는 공사라도 진행되면 목재며 못이며, 드라이버, 각종 공구, 옷가지, 배관, 조명 자재 등이 하루에도 몇 번씩 쏟아져 나온다. 만약 그 쓰레기통이 두 공급처 경계지점에 있기라도 할 경우, 두 장소에서 한꺼번에 버려지는 물건들로 특별히 풍성하다. 골동품 상점들이 늘어선 골목 끝에는 맞은편에 주택 리모델링 가게와 부동산 가게가 있는 곳에 쓰레기통이 하나 있는데 나는 그것을 내 최고의 보물창고로 여기게 되었다. 좀 먼 곳에 있는 또 다른 쓰레기통의 경우 한 빌딩 뒤편에 위치해 있었는데, 근처 주택가에서 많은 쓰레기를 그 쓰레기통으로 몰래 갖다 버리곤 했다. 꽃병, 접시, 음식, 조리기구들, 진흙항아리, 사무용품, 편지봉투, 디자이너용 선글라스, 전원장치 등의 물건들이 어찌나 끝도 없이 쏟아져 나오던지, 나는 내 자전거에 가득 싣고 몇 번씩이나 실어 날라야 했다. 심지어 케이스에 곱게 들어 있는 비디오카메라도 본 적이 있다.

이처럼 쓰레기들로 이루어진 길거리 세계는 나름의 질서와 체계를 가지고 있다. 8개월 동안 자전거를 타고 길거리의 쓰레기더미와 쓰레기통, 이동식 쓰레기통 들을 열심히 뒤지고 다니면서, 나는 어떤 상황이 어떤 자원의 필요를 가져오는지, 또 어떤 소극장이 특정한 부조리나 모험을 만들어내는지 깨닫게 되었다. 프랭크 존슨(4장에서 그에 대한 구체적인 이야기를 다룰 것이다) 식으로 말하자면, 쓰레기를 수집하는 길거리는 바로 나의 학교였다.

고상한 흔적들

다른 이야기를 더 하기 전에 한 가지 고백을 하겠다. 사실 나는 2002년, 생존을 위한 8개월간의 쓰레기 수집 생활을 하기 훨씬 전에 이미 쓰레기 수집이 무엇인지, 어떻게 하는 것인지 배운 적이 있다.

어린 시절, 내 친구 브렛과 나는 돈으로 바꿀 수 있는 유리병이며 자동자 부품, 갖가지 고철 등을 주우러 고속도로 갓길을 따라 자전거를 달리곤 했다. 여름이면 어머니 가족들이 있는 중부 텍사스 지역에 머무는 동안 에이제이 삼촌과 픽업 트럭을 타고 다니면서 온갖 병이며, 깡통을 줍기도 했다. 오스틴의 고등학교를 졸업하면서는 할리데이비슨을 타고 다녔다. 그러나 주말에는 쓰레기를 수집하러 가방을 많이 매단 오토바이를 타고 다녔다. 콘서트나 축구 경기, 혹은 다른 큰 행사가 끝나고 난 후에 '버려진 것들'은, 진심으로 얘기하건대 나에게 환상의 세계를 제공해주었다.

진학 때문에 거주지가 바뀔 때마다 나의 쓰레기 수집처도 바뀌었다. 덴버에서는 인구밀도가 높았던 캐피톨 힐의 풍요로운 거리를 자전거로 누볐다. 당시 덴버의 북서지역에서는 중심지에 위치한 오래된 집들에서 시작해 주거지 고급화 열풍이 한창 진행되었고, 한편으로는 힙합 그래피티 문화가 거리의 벽들을 스텐실로 장식하고 있었다. 런던에서는 걷거나 버스를 타고 다니면서 장신구, 동전 등을 주웠는데 심지어는 집을 꾸미는 데 쓸 만한 낡은 포스터 하나도 그냥 지나치는 법이 없었다. 플래그스태프에 있을 때는 도시가 너무 심심해서 한적한 숲길을 달리며 알루미늄 캔이나 낡은 병 따위를 주웠고, 뉴질랜드에서는 주택가에 버려진 벌목공들의 낡은 도구 따위를 주웠다.

그 모든 모험이 포트워스에서 지난 8개월간 생존을 위한 쓰레기 수집에 비한다면 밀도가 많이 부족하지만 충분한 준비 기간이었을 뿐만 아니라 길거리에서의 다양한 경험을 쌓는 기회였다. 예를 들어 시골의 철길을 따라 하이킹하면서 직류애자^{insulator}를 주운 적이 있다. 두껍게 유리 코팅 처리된 애자가 혹시라도 떨어졌거나 인접한 전화국 등에서 버린 것이라도 있나 하여 철길을 따라 걷던 경험은 나에게 인내심과 발견의 과정을 배우는 최상의 수업되었다. 운수 좋은 날이면 망가진 애자 100개쯤 발견한 후 온전한 애자 하나를 건지기도 했는데, 그 비율이란 3~4킬로미터를 걸어야 겨우 하나를 얻을 수 있을까 말까 한 수준이었다. 걸어갔던 그 길을 되돌아오면서 내내 누렸던 그 즐거움은 아직도 잊을 수 없다.[39]

또 고속도로를 따라 쌓여 있는 자동차 휠 커버의 세계 또한 마찬가지다. 이동할 때면 언제나 이 휠 커버를 수집했지만, 플래그스태프에 살면서 66번 도로를 달리던 그때가 진짜 그 맛을 알게 된 순간이었다. 66번 도로는 플래그스태프의 동서를 가로지르는 낡고 오래된 도로인데 아무도 신경 쓰지 않기 때문에 길가에는 휠 커버를 비롯해 자동차 부품이 많이 떨어져 있었다. 애리조나 셀리그먼이 내려다보이는 언덕길을 따라가다가 1940년대 시보레 자동차의 반짝이는 휠 커버를 발견한 순간을 나는 잊을 수 없다.[40] 포트워스의 골프 클럽에서 주운 골프공에 대해서도 궁금한가? 어린 시절 이미 시캐모어 개울을 따라 골프공을 주워 모은 경험이 있으며, 나이가 좀 들어서는 콜로라도 리조트타운에 있는 바위가 많은 클럽들에서 골프공을 주운 경력이 있다.

나는 지금도 열심히 쓰레기를 수집하고 있으며 이 책의 뒷부분에서 지난 8개월간 경험한 모험에 대해 더 많은 이야기들을 풀어놓을 것이다. (최근에는 이미 언급한 빅토리아의 비밀 쓰레기통에서 무려 열두 개의 마네킹을 얻었다.) 그러나 오래전부터 시작된 쓰레기 수집과 지난 8개월간의 생존을 위한 기간을 거치면서 나는 이 길거리 세계의 주변성에 대해 더욱더 알아가게 되었다. 이 세계는 집과 같은 개인적 공간과 사회적 삶이 이루어지는 공적 공간의 경계에 위치하며 각 개인과 공동체의 자원을 구분 짓는 역할을 한다. 떠나는 것과 머무는 것 사이의 긴장, 정착하는 것과 움직이는 것 사이의 변화는 떠돌이 노동자나 주택 소유자 할 것 없이 모두에게 있는 경험이며 이 긴장된 환경 속에서 쓰레기 수집이 가능한 환경이 형성된다. 쓰레기를 수집하는 많은 사람들은 이런 긴장된 환경이 제공하는 얄팍한 기회를 통해 음식이나 옷, 혹은 다른 물건들을 얻어서 사용하고, 팔고, 물물교환한다. 그리고 그 환경 속에서 나는 수많은 종류의 인간 군상을 보았다. 술 취한 사람부터 노숙자 부부, 폐품 수집인, 그들의 쇼핑카트나 다 부서진 트럭들, 그들은 모두 다양한 사회적 필요에 따라 적절히 반응하여 살아가고 있었다.

이 세계는 또 합법과 불법의 경계를 가로지른다. 이후 계속 소개하겠지만, 정치적 권위나 일반 시민들은 이에 동의하지 않을 수도 있다. 절도, 사유지 침범, 마약, 불법 폐기물, 개인 정보 유용, 서명 위조 등은 쓰레기더미를 통해 얻은 물건이나 이를 얻는 과정에서 충분히 저질러질 수 있는 문제다. 문제는 이렇게 명백한 불법적 행위가 가능하다는 이유만으로 모든 쓰레기 수집을 불법화할 수 없기 때문에 생기는 합/불법 사이의 혼돈이다. 훔치기와 쓰레기 수집의 차이는 "버려진 물건이 누군가의 것인가, 아니면 누구의 것도 아닌가"라는 질문에 대한 대답의 미세한 차이에서 기인하며, 이는 어느 도시를 가든지 어쩔 수 없이 항상 고민의 대상이 된다. 쓰레기더미 혹은 쓰레기 집하장에 대한 각 도시의 법을 인지해야 하고, 또 어떤 길모퉁이에서는 어디까지 내가 발을 들여놓고 버려진 물건들을 만질 수 있는지 항상 생각해야 하는 것이다.[41]

다양한 쓰레기 수집의 세계에서 지나친 소비문화가 남긴 낭비의 흔적들을 수집해가는 동안 나는 또 희망을 수집할 수 있었다. 떠돌이 부랑자나 노숙자 부부, 깡통 수집가, 취미로 쓰레기를 수집하는 사람 등 수많은 이들이 불공정한 사회적 지위의 밑바닥에서 쌓여가는 파편들로부터 자신의 생존이나 만족을 찾아내 누리고 있다는 사실을 발견한 것이다. 또 이 세계를 살아가는 이들은 매일의 삶 속에서 변화를 이끌어내고, 아무도 제공하지 않은 곳에서 가능성을 찾으며, 쓰레기를 보물로 변화시키는 능력을 가지고 있다. 그들은 분노와 저항보다는 존엄과 유머로 넘쳤고 자신의 일을 즐겼다. 그럴 여유가 있어서라기보다는 아마도 그럴 수밖에 없기 때문일 것이다.

하루는 나의 30년 된, 거의 천국에 가기 직전 상태인 픽업트럭을 몰고 쓰레기 처리장으로 갔다. 한 노인이 폐품을 가득 실은 트럭을 몰고 왔는데, 그 트럭의 뒤 범퍼에는 다음과 같은 내용의 낡은 스티커 한 장이 붙어 있었다. "내 직업이 최고다. 내 직장 상사도 최고다. 나는 자영업자다." 어쩌다 알게 된 노숙자 하나는 개조한 자전거를 갖고 있었는데 스타일을 내려던 게 아니라 쓰레기를 더 많이 수집하려고 수납공간을 늘리기 위해 개조한 것이었다. 또 다른 한 젊은 친구는 전동 휠체어를 끌고 다녔는데 휠체어 양 바퀴 옆에는 큰 바구니가 달려 있어서 포트워스의 서쪽 도로를 따라 열심히 알루미늄 캔을 주워 담고 다닌다. 앞으로 소개하겠지만, 셀 수 없이 많은 '아웃사이더' 예술가들이 쓰레기를 모아 거대한 조형물이나 체스판, 회전목마를 만들어내기도 한다.

나는 그들이 그 모든 쓰레기와 박탈감 가운데서도 웃는 이유를 알고 있다. 이는 그들 앞에 있는 세상이 버린 것들 가운데서 가치 있는 것을 찾아내고 그것을 누리는 자신의 선택에 대한 기쁨 때문이다. 자신이 시작한 모험이며, 목적과 열정이 있는 여정이기에 나 또한 이런 목적과 열정 때문에 쓰레기 수집을 계속하고 있다. 말하자면 텍사스 헌트빌 교도소의 교수대가 드리우는 어두운 그림자 곁일지라도 웃을 수 있게 만드는 원동력이라고나 할까, 그런 것이 이 세계에는 있다.

단 필립스라는 유명한 하우스 디자이너가 있다. 그는 직접 집을 짓는데 그가 지은 건축물의 질과 혁신적 아이디어는 상당한 인기를 얻고 있으며 《파인 홈빌딩》과 같은 잡지에도 소개되곤 한다.[42] 놀라운 사실은 단이 짓는 집은 모두 버려진 목재나 각종 산업 쓰레기를 자재로 한다는 것이다. 고미술품 복원, 댄스를 공부하고 가르치던 경험을 살려 단은 자신이 가진 모든 예술적 기술을 조합하였다. 또 욕조를 뒤집어놓은 듯한 모양의 집과 땅콩 모양의 부엌서랍, 드럼맥주 꼭지처럼 생긴 싱크대 장식 등을 통해 그의 톡톡 튀는 유머 감각을 엿볼 수 있다. 그러나 그는 부유한 구매자를 위해 집을 짓기보다 자신의 즐거움을 위해 열심히 짓는다. 단은 자신이 지은 집들이 끝없이 쓰레기를 버리기만 하는 이 사회에 대한 눈에 보이는 반박을 의미한다고 말한다. 그뿐만 아니라 이렇게 집을 지으면서 많은 사람들에게 일자리를 제공하고, 좋은 집을 싸게 지어 많은 이들이 안식처를 얻을 수 있기를 바란다. 예를 들어 짐 툴로스와 같은 사람을 위한 집들이다. 단은 첫 번째 집을 지을 때 짐을 고용했다. 집을 짓는 동안 짐은 평범한 목수보다 훨씬 뛰어난 기술을 배울 수 있었고, 집이 완성되자 단은 그 집을 짐에게 팔았다.

"단은 정말 멋진 사람이에요." 한번은 내가 헌트빌에서 지내는 동안 단의 세계를 보고 싶어서 그가 새로 짓는 집을 방문한 적이 있었다. 짐과 단과 나는 반쯤 지은, 쓰레기로 만든 아름다운 목조 건물 거실에 서서 대화를 나눴다. 그 집은 단에게는 마지막 공사 프로젝트였고, 짐이 감독을 맡았다.

"제가 저기서 일을 하고 있었는데요, 단이 묻더라고요. '깡통 같은 거 재활용은 잘하나, 짐?'"

"아, 별로 잘 안 해요." 짐이 대답했다.

"재활용 열심히 해야 해."

"그래요, 단. 이제부터는 재활용 잘할게요." 그 이후 짐은 이전의 모습을 천천히 벗어버리기 시작했다.

짐은 또 단이 도시의 수많은 쓰레기 가운데 어떻게 자신에게 필요한 것만을 선별하는지 설명해주었다고 말했다. "쓰레기 수집으로 수백 달러나 벌었지요, 다 털리기 전까지는요", "우리 집에는 그래서 감시 카메라가 세 대나 있어요!", "감시 카메라가 그 정도는 있어야 훔칠 맛이 나지요. 그래도 감옥 가기는 싫습니다." 우리는 농담을 주고받으며 쓰레기 수집 경험담을 서로 풀어놓았다. 모두 크게 웃었다. "그러게 말입니다." 짐 툴로스가 기분 좋게 웃으며 말했다. "저도 그러고 싶지는 않네요."

이제 막 반쯤 지은 집 안에 서서 우리는 한참을 웃었다. 주위에는 곧 누군가의 포근한 안식처에 재료로 쓰일 버려진 물건들이 쌓여 있었고, 나는 몸소 짐을 가르친 단의 자상함과, 짐이 받은 실제적 교육, 쓰레기 수집가의 사회적 지위, 자전거와 자동차 휠 커버 등에 대해 생각했다. 그리고 법과 사회의 가장자리에 존재하는 쓰레기 수집의 세계와 쓰레기를 가지고 건물을 짓는 것이 마치 빛나는 광채처럼 여겨졌다. 또 자기 안에 실재하는 실존주의적 부족의 세계를 설명하는 글을 통해서 자기 스스로를 떠돌이 좀도둑이자 추방자로 묘사한 진 게넛을 떠올렸다.

"나는 실제가 아닌 것을 그럴듯하게 보이도록 노력하지 않았다. 뭔가 대단한 칭송거리라도 되는 듯 꾸미지도 않았다. 오히려 있는 그대로의 누추함을 강조했고, 그 속에서 묻어나는 위대함을 발견했다."[43]

문화범죄학자, 재건을 위한 발자취

길거리, 그 속에 존재하는 또 다른 세계로 더 깊은 여행을 떠나기 전에 고백하고 싶은 사실이 하나 더 있다. 쓰레기 수집 생활을 하기 전에 이미 비슷한 경험을 했다고 앞에서 소개했는데 그것 말고도 특이하고 누추한 경험이 또 있다.

약 15년 전, 나는 언더그라운드 문화인 힙합 그래피티에 흠뻑 빠진 적이 있었다. 여기서 시작된 관심은 통제되고 규율 잡힌 모든 것들에 대한 비판적 관점과 문화 연구, 진보적 회의로 발전하여 5년 후에는 《범죄, 스타일을 입다: 도시의 그래피티 문화와 범죄의 정치학》이라는 책을 썼다. 이 책을 쓰려고 나는 과장된 그림으로 온 도시의 벽을 장식하고 다닌 불법 예술가(그래피티 페인터)들을 열심히 쫓아다녔다. 그리고 그들 안에서 다양한 문화적 요소가 조화롭게 어우러지는 것을 보고 놀랐다. 상징과 스타일, 갈등 등이 범죄적 외형 속에서 철저히 혼합되는 광경을 본 적 있는가? 혹시 그들의 자취를 추적해본 사람이 있는가? 그래서 나는 하워드 벡커와 같은 전통적인 범죄학자들과 딕 헵디지, 스탄 코언, 스튜어트 홀과 같은 영국 학자들의 경계를 넘어 이 문제에 관해 좀 더 폭넓은 조사를 시작하기로 마음먹었다. 이후 클린턴 샌더스를 포함한 대학 동료 교수들의 도움으로 마침내 책을 펴냈는데, 바로《문화범죄학》이다.[44]

1990년대 남은 기간 동안 이러한 범죄학상의 재건 작업이 계속되었다. 마크 햄과 나는 기존 범죄학자들이 주장하는 범죄 상황에 대한 평가와 범죄 심리에 대해 반박하는 글을 썼다. 문화범죄학이 주로 현장의 경험에 입각하여 쓴 책이라면,《벼랑 끝에 선 민족학》에서는 역동적인 매스미디어를 통해 바라본 '문화'의 개념화를 총체적으로 정리하고자 했다. 같은 방법으로 나는 닐 웹스데일과 함께 미디어에 비친 스토리텔링과 하위문화, 문화정책을 총체적으로 분석한 책,《문제 일으키기》를 편집하기도 했다. 그 기간 나는 또 화물열차 그래피티 작가들과 집단으로 자전거를 타는 사람들, 인라인 스케이트족, 야마카시, 라디오 지하방송, 길거리 음악가 등 거리 여기저기의 문화, 범죄, 정치의 연결점에 서서 현실을 꼬집어대는 이들의 세계에 대한 연구를 시작했다. 또 다른 나의 책,《도시를 해부하라》에서는 이와 같은 대안적 문화의 역사를 살펴보기 위해 많은 노력을 기울였다.[45]

그 모든 거리의 현상은 결국 쓰레기 수집의 세계와 연결되어 있다는 사실을 밝히고자 했다. 사실 문화범죄학이 나로 하여금 종신 교수직을 버리고 도시의 쓰레기 수집가로 변모시킨 것은 아니었다. 그렇다고 변화를 막지도 않았다. 문화범죄학은 모험과 존재론적 자율성으로 나아가는 첫 번째 밑거름이 되었고, 오늘날의 세계를 통찰하는 창으로서의 문화적·현상학적 현실로 출발하는 시발점이 되었다.[46] 쓰레기 수집의 세계에서는 한편으로 지나친 낭비와 물질적 풍요를, 또 다른 한편으로 버린 것들을 통해 살아가는 방법이 공존하고 있다는 사실을 발견했다.

계속 이야기하겠지만, 온갖 종류의 물건들로 넘쳐나는 쓰레기통을 통해 미국의 문화적·경제적 소비가 모두 쓰레기로 버려진다. 끊임없이 구매하고, 어제 구입한 물건을 오늘은 버리며, 참을성 없는 탐욕으로 내일의 구매와 소비를 준비하게 만드는 오늘의 소비문화! 결국 사회의 특권 소비계층민들은 매일같이 이루어지는 낭비를 통해 스스로를 다른 이들과 격리시키고, 도시의 쓰레기 매립지들은 거의 사용도 하지 않고 버린 수많은 쓰레기들 때문에 이제는 쇼핑몰만큼이나 커져가고 있다. 쇼핑몰 너머로 수많은 쓰레기 더미들이 꼭대기부터, 그 속 깊은 곳에서부터 오합지졸이나마 재건을 위한 군대가 나오기 시작했다. 도시의 쓰레기 수집가들은 쇼핑몰에서부터 쓰레기 매립지까지 직행하던 무자비한 소비환경 속에서 고물 쇼핑카트나 자신이 직접 고안한 리어카를 끌고 복잡한 도시의 새로운 문화를 일구어냈고 현대 미국 사회가 처한 실패를 극복할 밑거름을 준비하고 있다. 그럼에도 그들의 사회 구원 활동에는 많은 문화적·사회적 오해가 따르며 때때로 법적인 제재까지 가해지곤 한다. 법이나 정치경제적 문제들이 거기에 더해지면 단순히 무엇이 옳고 그른지를 판단하기가 쉽지 않다. 다만 도시의 쓰레기 수집인으로서 경험을 통해 각 도시의 소비 형태와 쓰레기를 배출하는 각 공동체의 기준에 대해, 또 쓰레기를 재활용하기 위해 실제적으로 디자인된 체계란 사실상 없다는 것을 알게 되었다.

《도시의 쓰레기 탐색자》를 통해 증명하고 있듯, 그와 같은 세계에서는 단순히 통계학적인 수치나, 이론적인 추상성을 넘어서는 세심한 대답이 요구된다. 길거리에 존재하는 또 하나의 세계는 인간의 진보와 다양한 삶의 현장으로부터, 다양한 정체성과 감정의 혼합 속에서부터, 다양한 문화와 경제의 상호작용으로부터 매일 조금씩 형성되어왔기 때문이다. 그 대답 가운데는 쓰레기를 줍는 이들에 대한 법, 문화에 의해 드러나는 뉘앙스에 대한 정밀한 분석 또한 포함되어야 할 것이다. 여기서 범죄학적 관점이 요구되며, 이를 위해 나는 먼저 길거리의 탐색자로서 살아남는 경험을 몸소 체험하고자 했다. 동시에 범죄와 통제, 정의와 불법의 차이, 길거리 생활에 대한 범죄적 관점에서의 명확한 이해를 얻고 싶었다.

나는《도시의 쓰레기 탐색자》를 통해 문화적 범죄의 가능성을 지적하고 싶었다. 도시의 쓰레기 수집가로서 직접 경험한 것들과 마주했던 상황들을 이 책에 기록함으로써 나는 이 세계의 해학과 그들이 만들어내는 재건의 움직임을, 그 의미와 상징을, 그들의 감정을 나누고자 했다. 묘사의 많은 부분은 문예소품^{vignette}과 같은 형식으로 써서 각 상황이 그려내는 역동성과 현장감을 있는 그대로 전달하고자 했다. 더불어 물질주의적 소비사회의 쓰레기를 대안적 사회와 사람의 생존, 사회적 변화, 심지어는 길거리의 예술로 변천시키기 위해 노력하는 개인의 노력, 집단적 시도를 면밀히 기술했다. 마지막으로 낡은 법과 경제적 가치를 넘어서서, 실재로 존재하는 현재의 삶에 부합하는 새로운 법과 경제적 가치를 이끌어내는 대안이 될 수 있다는 사실을 지적하고자 했다. 이 책 곳곳에는 사진과 예술작품들이 소개된다. 책 내용에 반하거나 그 의미를 무색케 하는 것도 있을 것이다. 이 모든 것들을 통틀어 《도시의 쓰레기 탐색자》는 새로운 문화적 가능성에 대한 모두의 열린 체험을 도모하고자 하였다.

　《도시의 쓰레기 탐색자》는 저만의 호흡과 리듬을 갖고 있다. 각 장의 구성이나 제목, 특정 용어 등은 지혜롭게 사용되었을 수도, 그렇지 않을 수도 있으나 이 책에서 전달해야만 하는 모든 요소를 가감 없이 표현하기 위한 의도로 사용했음을 밝힌다. 이 글에 쓰인 용어와 문체 스타일에는 단지 현실적인 문제에만 국한되는 것이 아니라 범죄학적 관점을 넘어 문화범죄학이라는 관점에 서서 총체적인 문화의 변화를 꾀하고자 하는 내 소망이 담겨 있다.[47] 버려진 가능성과 되찾은 가능성 사이에 흐르는 재건에 대한 가능성이 이 책 전체를 통해 흐르고 있다.

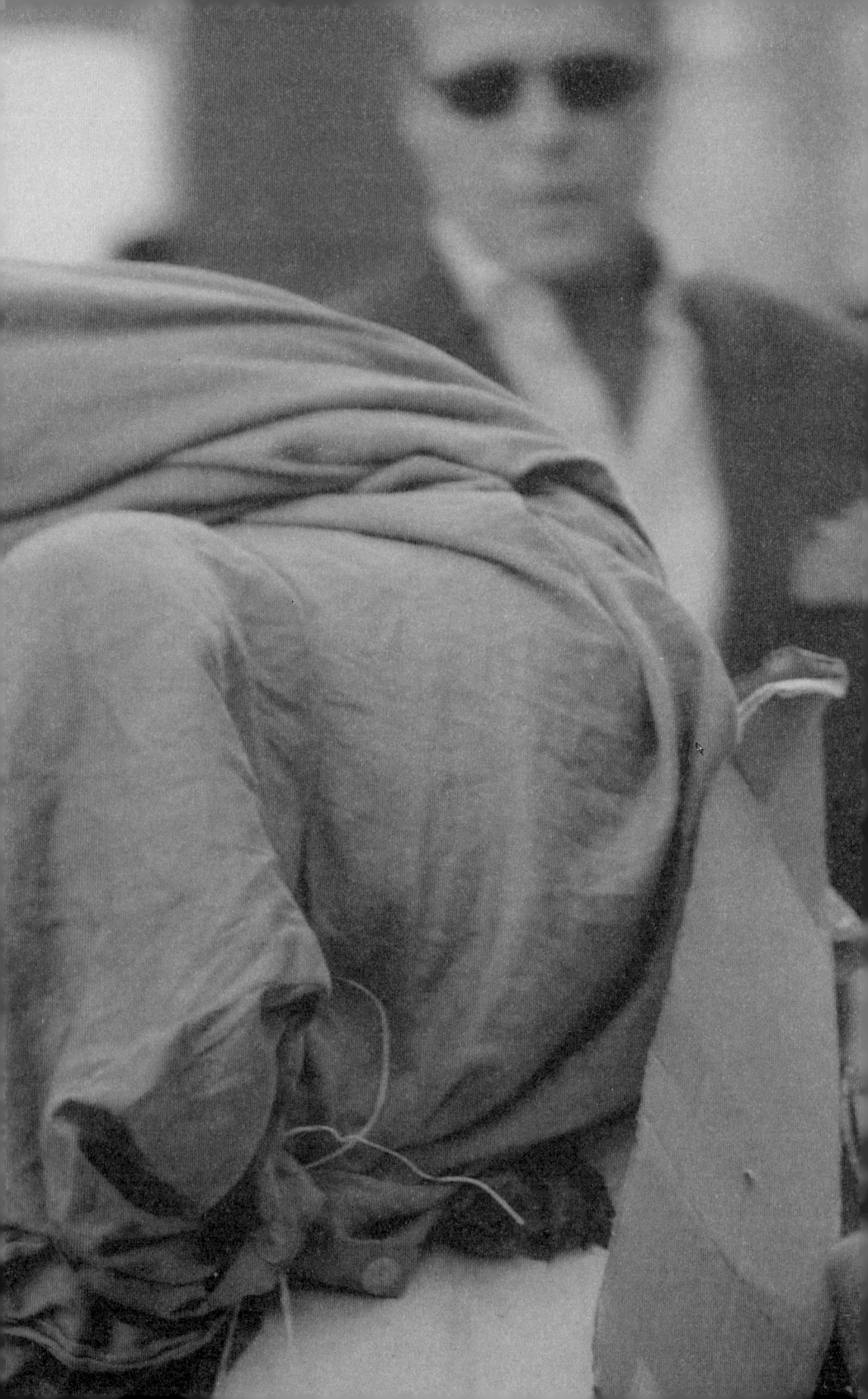

길거리의 삶

2

서문에서 이미 여러 차례 언급한 것처럼 이번 장에서는 전통적인 사회과학 조사 방법이 아니라 직접 몸으로 겪고 느낀 실제 상황과 경험을 쏟아보고자 한다. 종신교수직은 이미 버렸고, 언제 되돌아가겠다는 계획도 없었고, 책을 쓰겠다는 계약을 하지도 않았고, 학자로서의 관점에 얽매이지 않아도 되는, 매일매일 떠도는 삶을 누린 나의 기록이다. 도시의 쓰레기 수집인으로서의 경험이 언제 책으로 출판될지 기약이 없었지만, 현장 기록을 남기는 것은 오랜 기간 현장 연구에 익숙해진 나의 습관에 따른 것이다. 이렇게 모든 것이 불확실한 환경 속에서 나는 사회학자에게는 익숙하지 않은 한 가지 결심을 의도적으로 했는데, 길거리에서 만나는 누구든 멍석을 깔고 인터뷰를 하지는 않겠다는 것이었다. 대신에 자연스럽게 그들과 소통하며 대화를 나누는 방법을 고수하기로 했다. 또 나의 존재가 그들에게 같은 쓰레기 수집가이기보다 연구자의 느낌으로 다가갈 때는 오히려 적극적으로 그들과 소통할 기회를 피하기도 했다. 가끔은 거리의 뒷골목이나 대형 쓰레기통 뒤에서 위험한 상황에 처할 때도 있었다. 그럴 때는 얼른 그 자리를 피해 달아났다. 이런 상황은 말 그대로 실제적인 생존의 문제였다. 쓰레기를 뒤져 그 수확물에만 의지해 살아가는 나에게 화난 가게 점원이나 예리한 눈길의 경찰관이 다가오나 항상 확인하는 것도 만만한 일은 아니었다. 열심히 쓰레기를 수집하다 보면 사회 조사나 인류학 따위의 이슈는 깡그리 잊어버릴 때도 많았다.

따라서 앞으로 묘사할 많은 순간도 내가 직면했던 일련의 순간이나 상황 그 자체에 대한 나열이 적지 않을 것이다. 나는 내가 직접 경험한 것과 현실 자체가 동질이라고 믿는다. 도시의 골목골목을 다니면서 만났던 수많은 쓰레기 수집인들, 예상치 못했던 곳에서 만난 쓰레기더미며 이를 둘러싼 이야기들을 통해 길거리의 숨은 세계가 내 앞에 펼쳐졌다. 또 온갖 경험들을 통해 질서 잡히지 않은 길거리 세계만의 질서를 발견하게 된다. 예를 들자면 쓰레기 집하장이나 시에서 운영하는 유리병 재활용 센터가 바로 살아 있는 학교며 교육이다. 나를 포함한 도시의 쓰레기 수집가들에게는 일상적인 경험을 통해 항상 만나는 순간들이다.

매일의 삶에서 겪고 느낀 것을 여과 없이 기록하면서 나는 결국 은유를 넘어서는 무언가를 완성하게 됐다. 나는 분명한 의도를 가지고 도시의 구석구석을 탐험했다. 쓰레기와 재생의 의미를 재발견하고 쓰레기 수집 왕국의 구조와 숨겨진 의미를 들추어 재구성하고자 했던 것이다. 또 이를 위해서는 조심스럽게, 분명한 의도를 가지고 대상물을 분석하는 전통적인 고고학 연구법이 요구되기도 했다. 1장에서 이미 밝혔듯이 두 연구 방법이 서로 분리된 것만은 아니다. 학문적 연구법을 바탕으로 하되 하루하루를 지탱하기 위한 실제적 필요에 충실하게 반응하여 도시의 쓰레기를 열심히 파헤칠 때 유용한 정보—물질문화와 물질문화의 자기모순을 밝히는 갖가지 책, 잡지, 설명서 등을 포함하여—의 구체적인 성과들이 나왔다.

나는 실제적인 필요와 지적인 관심 두 가지 목적으로 8개월이라는 기간 동안 매일같이, 또 그 이후에도 2년여 간 거의 매일 최선을 다해 도시의 구석구석을 누벼 우리 집은 길거리에서 주운 물건들로 넘쳐나게 되었다. 놀랄 만큼 다양한 물건들에 대한 세세한 묘사가 소개되기도 할 터인데 부디 독자 여러분이 너무 귀찮게 여기지 않았으면 한다. 아마 많은 분들이 내가 이 책에서 묘사할 수 있는 것보다 훨씬 많은 내용이 누락되었다는 사실을 알고 있을 것이다. 그러나 나는 이 책에 가능한 한 내가 경험한 모든 것들을 담으려고 최선을 다했다. 매일같이 도시에서 쏟아져 나오는 쓰레기는 저마다 크기와 범위가 워낙 다양하다. 내가 집으로 물건을 나를 때마다 도저히 자전거에 실을 수 없어서 또는 필요가 없어서 수백 수천의 물건을 남겨두어야만 했다. 그렇다면 포트워스와 다른 도시에서 배출되는 수많은 쓰레기 중에서 얼마나 많은 부분이 나나 다른 쓰레기 수집인들이 손조차 못 댄 채 매립지로 향하고 있는 것일까? 내 경험에 따르면 아무리 돌아다녀봐도 쓸 만한 물건 하나 제대로 못 건지거나 알루미늄 캔과 납 몇 조각 찾기도 힘든 날이 있다. 그러나 걷거나 자전거를 타고 길거리로 나서면 대부분 천지에 널린 버려진 물건들 안에서 또 다른 우주를 경험하거나, 온 거리와 골목을 가득 채운 쓰레기로 장식된 쇼핑몰에 이르거나, 이제는 물질적 망각 상태에 이른 소비주의의 행렬에 다다르곤 했다.

따듯한 3월이었다. 추적추적 비가 내리는 날이었기에 나는 멀리 나가지 못하고 가까운 거리를 걸어다닌 끝에 우스울 만한 결과를 얻었다. 알루미늄 캔과 납덩이 하나씩, 플라스틱 장난감 바퀴 네 짝, 작은 철제 도구 하나가 전부였다. 그런데 집으로 향하는 마지막 블록 모퉁이를 도는 순간 가는 빗발 사이로 한 무더기의 버려진 물건들을 발견했다. 낡았지만 세 개의 아름다운 저울과 수많은 철제 조립기구들, 압력계, 스위치 상자, 꺾쇠 두 개, 자기로 만든 서랍장 여섯 개, 문고리와 손잡이 세트, 나무 손잡이가 달린 빗자루, 가죽 띠 세 개, 꽃 장식이 달린 후크 두 세트, 코르크건 세 개, 절연 테이프 한 통, 기름 램프와 버너 접시, 문 고정 장치, 장식이 있는 옷걸이 두 세트, 가게용 전등, 구리 전선, 낡은 리버사이드 주립은행 가방, 다용도 후크 그리고 마지막으로 그 물건들을 담고 날랐던 큰 냄비 하나.

내가 무슨 말을 하고자 하는지 알겠는가? 당신이 주의를 기울이지 않는다면, 당신이 지나간 그 자리에는 셀 수 없이 많은 물건들이 보도블록 그 자리에 그대로 방치되고 말 것이다.

길거리의 상황

도시의 쓰레기 수집인들에게 길거리 삶이란 일련의 실용적 기회들과 만나는 기회의 장과 같다. 그러나 그 기회의 장은 지속적이지 않으며, 주위에 아무도 없다 하더라도 그 기회가 금방 사라져버릴 수 있다는 사실을 곧 깨닫게 되었다. 12월의 어느 토요일이었다. 동네를 걷다가 한 지점에서 크고 상태도 괜찮은 액자 두 개를 발견했다. 적어도 그 액자 속에 들어 있던 소프트 포르노물보다는 좋은 작품을 넣어 쓸 수 있겠다는 생각에 우선 하나를 집까지 들어 옮겼다. 그리고 이튿날 일요일에 다른 하나를 가지러 갔을 때, 이미 그 액자는 간 곳이 없었다. 일요일 오후에는 자전거를 타고 가다가 버려진 유리잔과 알루미늄 사다리를 발견했는데 이튿날 트럭을 몰고 갔을 때는 이미 그 물건들도 찾을 수 없었다. 서둘러 집으로 방향을 돌리다가 한 집 앞에서 쌓아놓은 물건들을 보게 되었다. 물론 나중에 걸어서 다시 가지러 갔을 때는 이미 다 사라진 후였다. 쓰레기를 수집하는 시간이 길어질수록 나는 쓸 만한 쓰레기통과 괜찮은 물건을 건질 만한 쓰레기더미들에 대한 중요한 사실을 더 많이 배우게 되었다. 그것은 바로 어떤 물건이 언제 사라지는지 포착하는 기술로 길거리 세계만의 기회와 획득의 타이밍에 관한 것이다. 때에 따라 이 리듬은 다른 방향에서 작동하기도 한다. 한번은 내가 수집한 물건들 중에서 필요 없게 된 것들이 있어 집 앞 길가에 내다버린 적이 있었다. 첫 번째 무더기를 내놓고 나서 두 번째 무더기를 가지러 집에 들어갔다 나오는 그 잠깐 사이에 먼저 내놓은 물건들이 다 사라진 적도 있었다. 이렇게 빠를 수도 있다는 말이다.

물건을 버리는 사람들은 버리는 물건 자체를 통해 자신들이 인식하고 있는 것보다 훨씬 많은 표식을 남기게 된다. 그러나 쓰레기를 줍는 사람도 가져가는 물건의 종류와 그 물건을 얼마나 빨리 가져가는지를 통해 표식을 남기게 된다. 버리는 사람이나 줍는 사람이나 가치에 대한 선호를 가지고 있으며, 거리라는 매개를 통해 다 함께 기브앤테이크$^{give-and-take}$의 관계를 맺어나간다. 이들은 모두 길거리의 세계를 형성하는 구성원이며 그 관계를 통해 길거리 세계의 리듬과 속도가 유지된다. 만약 우리가 도시의 골목과 거리를 한 번에 관찰할 수 있는 현미경을 가지고 있다면, 도시 가장 높은 곳에서 모든 도시의 구석구석을 관찰할 수 있다면, 어떤 쓰레기더미가 사람들로부터 버려지고 해체되는지, 또 밀물과 썰물처럼 들고 나는지를 한 번에 파악할 수 있을 것이다.[1]

물론, 쓰레기 수집인들의 세계를 표시하는 길거리의 표식들이 항상 가난한 수집인들을 위한 것만은 아니다. 좀 전에 설명한 월요일에 나는 개를 데리고 빗속을 걷고 있었다. 그리 멀지 않은 곳에서 나는 한 할머니가 짧은 모자를 쓰고 1990년대 중반에 생산된 미국산 차에서 내리는 것을 보았다. 보도블록에서 할머니는 원기둥 형태로 생긴 오렌지색 정수기를 집어 들고는, 차로 걸어 돌아가, 운전석 쪽 뒷문을 연 뒤, 정수기를 집어넣고선 횡하니 사라졌다. 나는 그 할머니가 차에서 내리기도 전에 이미 쓰레기를 줍기 위해 온 사람이라는 사실을 알았다. 차를 운전하는 방법을 보고 안 것인데, 이렇게 차를 타고 쓰레기를 수집하는 사람들은 아주 잠깐만 차를 세우기 때문에 천천히 주위를 돌아다니다가 차를 쉽게 뺄 수 있는 곳에 주로 차를 세운다. 그 할머니의 차가 떠나자마자 나도 나머지 쓰레기더미로 가서 혹시라도 쓸 만한 것이 없나 살펴보았지만, 수확은 없었다.

매일매일 길거리의 세계에서 쓰레기 수집인들은 우연히, 혹은 세밀한 관찰을 통해 물건들을 얻을 수 있는 표식을 발견한다. 때로는 다른 이들과 직접 대화를 하는 중에 알게 되기도 한다. 할머니 사건이 있은 지 일주일 후 내가 직접 경험한 대화를 통해서 설탕벌이나 휠체어가 쓰레기 수집인의 인생에서 어떤 역할을 할 수 있는지에 대해 알게 된 것처럼 말이다.

꿀벌이 아니라 설탕벌

하루는 쓰레기를 수집하러 길을 나섰는데, 일반적인 쓰레기통이나 쓰레기더미가 아닌 무언가가 내 앞을 가로막았다. 보도블록 위에서 나를 막은 것은 바로 전동 휠체어였다. 왼편 손잡이에 걸린 비닐봉투에 더러운 알루미늄 캔이 몇 개 들어 있고, 팔걸이에 5갤런들이 플라스틱 용기가 하나 걸쳐 있었다. 주위를 둘러보다가 근처 빈 공터에서 휠체어의 주인으로 보이는 사람의 뒷모습을 발견했는데, 그 순간 이전에도 같은 휠체어를 본 적이 있다는 것을 깨달았다. 다만 그때는 휠체어가 비어 있었고 주인은 보지 못했다. 나는 자전거에서 내려 그가 있는 공터로 다가갔다. 그는 갈고리 같은 도구를 이용해 공터의 거친 바닥에 떨어져 있는 물건들을 줍고 있었는데 다른 한 손으로 나무 몸통에 고무를 덧댄 지팡이를 짚고 있었다. 그 곁에 길가에서 보았던 5갤런들이 플라스틱 용기가 놓여 있었다.

나는 자신을 알루미늄 캔 따위를 줍는 사람이라고 소개하고 휠체어를 타고 쓰레기를 줍는 사람은 처음 봤다고 말했다. 그는 돌아서서 숨을 몰아쉰 후 오른팔로 앞머리를 가린 채 힘겹게 내뱉었다. "겨우 먹을 수 있게 된 후부터 이 일을 시작했어요."

숨을 고르며 그가 말을 이었다. 알루미늄 캔을 줍는 일이 그가 하는 하루 일과의 대부분이며, 구리나 알루미늄 캔을 주로 줍지만 그중에서도 알루미늄 캔에 집중한다고 했다. "구리는 찾기가 쉽지 않거든요." 그건 맞는 말이다. 그렇다고 휠체어를 타고 온 도시를 다니는 사람은 드물다. 최근 그는 도시 외곽의 쓰레기통을 뒤지려고 픽업트럭에 휠체어를 싣고 나간 적이 있다고 했다. "얼마나 알루미늄 캔이 많은지 상상이나 돼요?" 그가 물었다. "바로 여기서만 5갤런들이 상자 두 개와 비닐봉지 몇 개를 가득 채웠다니까요, 글쎄."

이렇게 말하는 그에게서 만족스러움이 묻어 나왔지만 한때는 그도 어려운 시간을 보냈다. 그가 처음으로 알루미늄 캔을 수집하기 시작했을 때 그는 경찰이 무서웠다고 한다. "음주법이나 뭐 그런 거 잘 알잖아요."(Open Container Law. 버지니아 주, 조지아 주 등 7개 주를 제외한 미국의 거의 대부분의 주에는 공공장소나 자동차 등에서 마개가 개봉된 주류를 소지하면 처벌하는 주류 취급 관련법이 있다—옮긴이) 나로서는 전혀 신경도 쓰지 않는 음주 관련 법안에 대한 얘긴데, 알루미늄 캔 등을 수집하다 보면 그 속에 소량의 내용물이 남아 있을 수 있으니, 공공장소에서 뚜껑이 열린 주류를 소지했다고 처벌받을 수도 있는 일이었다. 그러나 그는 나보고 이제 더 이상 그 법안에 관해서는 염려하지 말라고 했다. 한번은 경찰에게 직접 물어봤더니 "첫째 당신이 술 취해서 운전하는 것도 아니고, 둘째 공적 서비스와 환경 보호에 앞장서고 있으니" 괜찮다고 말해줬다는 것이다.

캔 나부랭이를 주우면서 우리는 한참 동안 함께 있었고, 그는 우리가 서 있던 공터에 관해 많은 얘기를 했다. 특히 자신이 그 공터에 워낙 자주 가기 때문에 이제는 거기서 일하는 인부들조차 그를 잘 알고 있으며, "어, 또 캔 주우러 왔나 보죠"라며 인사까지 한다고 했다. 나는 친근감 있게 맞장구를 쳤다. "그러게요, 이제는 소리 지르는 사람이 많이 줄었나 보군요." 그가 말했다. "네, 진짜 그래요."

그런데 그에게 더 큰 문제는 따로 있었다. "설탕벌요, 꿀벌이 아니라 설탕벌이 문제지요." 탄산음료 캔이나 깡통 속에 남아 있는 달달한 맛이 근처의 벌들을 불러 모으기 때문에, 쓰레기 봉투의 다른 음식물들과 합쳐져서 곤혹스런 상황을 일으킬 때가 많다. 그는 벌침 알레르기 반응이 심각해서 처음 알루미늄 캔을 모을 때 걱정이 많았다. 그러나 경찰에 대한 걱정과 마찬가지로 이제는 그 문제도 해결된 것 같다. "알고 보니 벌들이 저를 쏘지는 않더라고요."

철제 도구를 사용해 캔을 줍고서 발로 밟아 납작하게 만들면서 그는 충분히 발에 힘을 싣지 못했다. 휠체어와 지팡이를 사용해야만 하는 이유가 있었을 것이다. 집에 캔을 압축하는 장비가 있지만 적어도 집까지 가져가려면 조금이라도 찌그러뜨려야 했다. 대신 깡통 캔을 밟아주면서 나 또한 그 말을 충분히 이해한다고 말했다. 두 바퀴가 달린 의자건, 두 바퀴가 달린 자전거건 중요한 것은 우리가 거리에서 얻은 교훈이 같다는 것이다.

나는 그를 통해 나름대로는 최선을 다하여 물건이 있을 법한 곳을 찾아다니지만 어쩔 수 없이 여기저기를 헤매는—인정하기는 싫지만, 나 자신을 포함한—쓰레기 수집인의 전형적인 모습을 발견할 수 있었다. 그는 그다지 편하지 않은 휠체어를 타고 공터란 공터는 다 뒤지고 다녔으며, 쓰레기통과 고물 무더기를 하나도 놓치지 않았다. 하루에 적어도 온 동네를 한 번씩은 돌았는데, 젖어 있거나 반쯤 진흙이 차 있어서 나로서는 줍기 꺼리는 깡통까지도 그는 다 수거했다.

이제 보도블록에 세워둔 휠체어로 돌아간 그는 방금 모은 것들을 휠체어 오른편 팔걸이에 있는 통에다 부어서 단단히 고정시키고는 떠날 채비를 마쳤다. 그는 거의 비어 있는 말보로 레드 담뱃갑에서 담배 한 개비를 꺼내 불을 붙이고는 휠체어 발판에 두었던

2. 길거리의 삶

1리터들이 닥터페퍼 병을 꺼내 벌컥벌컥 들이켰다. 그런 그의 셔츠에는 "두려움이란 없다"는 문구가 앞뒤로 찍혀 있었고, 뒷면에는 "벼랑 끝에 서게 되거든 뛰어들라"는 글이 써 있었다. 말보로 담배를 피우면서 닥터페퍼를 마시는 이 사내의 셔츠에 쓰인 문구를 읽는 동안 나는 미소가 절로 났다. 얼마 전에 높은 건물이나 다리 등을 점프하는 불법 스포츠를 즐기는 젊은이들을 만난 적이 있다. 문자 그대로 목숨을 내건 그들은 "두려움이란 없다"는 문구를 "두려움을 알라"라고 바꿔 부르곤 했다. 반면 "두려움이란 없다"가 인쇄된 셔츠와 가방을 멘 작고 깡마른 여기 내 친구는 전동 휠체어를 타고 나무 지팡이를 짚고 다니며 매일 움직이는 반경이 뻔한 60대의 노인이다. 아마도 두려움을 알게 되는 방법이나 그 두려움에 직면하는 장소와 방법이 결코 하나이지만은 않은 것 같다.

그는 떠나기 직전, 나에게 두려움과 직면한 자신의 현실에 대해 좀 더 말해주었다. 그의 아내는 침대에서 일어나지도 못할 만큼 노쇠하고, 그 또한 마음껏 쓰레기를 수집하러 자주 나서지는 못한다고 했다. 그리고 "좀 늦었다"며 말을 맺었다. 매일같이 움직이는 일정이 정해져 있는데 나와의 대화 때문에 늦어진 것이다.

그를 만나기 조금 전에 나는 약국에서 판촉용으로 나눠주는 휴대용 화장품 케이스 두 개를 주웠다. 케이스에 각각 "발트렉스, 발라사이클로빌 HCI 500mg, 1000mg 캐플릿"이라고 인쇄되어 있었다. 그중 하나를 그에게 건네며 아내한테 쓸 만할 거라고 말했다. 그는 내 친절에 감사하다며 "꼭 다 쓸게요"라고 말했다. 혹시 나중에라도 도움이 필요하면 도울 테니 전화번호를 알려달라고 했지만 그는 사양했다.

천천히, 전동 휠체어를 몰고, 서쪽으로 멀어져가는 그를 보면서 나는 자전거를 타고 동쪽으로 방향을 잡았다. 멀찍이 가다가 뒤 돌아보았더니 그가 길모퉁이에서 전동 휠체어의 방향을 꺾고 있었는데 나에게 더 많은 이야기를 하고 싶어서 그런 걸까 싶었다. 그러나 그는 바닥에 떨어진 알루미늄 캔을 줍고 다시 서쪽을 향해 갔다.

나는 그 알루미늄 캔을 안다. 레드불 에너지 드링크였는데 차에 여러 번 치여서 아주 납작해진 놈이었다. 아까 약 한 시간 전에 내가 그의 전동 휠체어를 발견하고 유턴할 때 바닥에 떨어져 있는 것을 본 터였다.

2002년 12월 16일

거리를 탐색하라

내 창고가 온갖 알루미늄, 구리, 청동, 주물들, 납 등으로 가득 차서 금속 야적장으로 옮기느라 분주하다. 게다가 어제는 망가진 알루미늄 창틀과 문틀, 막대기와 차양막까지 주워와 양이 만만치가 않다. 드디어 이 거대한 물건들을 좀 더 다루기 쉬운 형태, 즉 돈으로 바꿔야 할 때가 온 것이다. 그러지 않으면 집이 온통 수집한 물건들로 넘쳐날 판이다. 갖가지 물건들을 정리하면서 나는 그중 일부를 자선 해비타트 운동을 위해 기금을 마련하는 재활용가게에 기증하기로 결심했다. 지난 며칠 동안 나는 반으로 접히는 접이식 문짝을 포함하여 자기 싱크대와 바닥 타일 세 상자, 목재 창틀 여덟 개, 유리문 고정대 네 개 등 다양한 건축자재를 수집했다.

포트워스 남부의 온 거리를 휘돌아 재활용가게에 도착했다. 가져간 물건들을 내려놓고는 가게 지배인과 즐거운 대화를 나눴다. 전에 그와 나는 다 쓰러져가는 건물들을 해체하여 쓸 만한 물건들을 채취하는 프로젝트에서 함께 호흡을 맞춘 적이 있었다. 그는 문짝이라면 언제든지 활용가치가 있다고 했고 나는 앞으로도 버려진 쓰레기더미와 쓰레기통을 뒤지다가 쓸 만한 물건이 있으면 기증하겠노라고 약속했다. 바로 지난주에도 나는 그렇게 고급은 아니지만 쓸 만한 싸구려 문짝 네 개를 수집해서 우리 집 다락방의 수납 공간을 조금 넓히는 데 썼다.

빈 트럭을 몰고 집으로 가는 길에 친구인 마크 햄이 보내준 테이프를 들었다. 토네스 반 잔트$^{\text{Townes van Zandt}}$가 부른 〈레이싱 인 더 스트리츠$^{\text{Racing in the Streets}}$〉를 듣다가 나는 작은 집 앞에 쌓인 쓰레기더미를 발견했다. 맨 위에 장식 칠이 된 문짝이 하나 있었다. 재활용가게에서 활용하기 적당한 수준이 아니고, 문고리와 불필요한 장식도 붙어 있었다. 좀 더 자세히 보려고 차를 세우니 문짝에 금색이 엷게 덧칠되어 있었다. 재빨리 트럭에 싣고는 집에 돌아가자마자 덧칠을 벗겨냈더니 지저분한 페인트 밑으로 고풍스러운 놋쇠 몸체를 볼 수 있었다.

그런데 문짝을 빼내는 동안, 내 앞으로 큰 셰비 트럭 한 대가 정차하려는 것을 보았다. 나이 든 아프리카계 백인 한 명이 차에서 내렸다. 절뚝거리며 다른 보도블록 위의 쓰레기를 뒤지던 그는 곧 금속 쓰레기만 골라 트럭에 싣기 시작했다. 아마 가까운 시일에 그를 쓰레기 집하장에서 볼 수 있으리라.

아니면 다음에 그와 마주치면 의기투합해서 함께 온 도시의 쓰레기를 수집하며 다닐지도 모를 일이다.

2003년 1월 6일

일레인

내 파트너인 카렌과 개들을 데리고 쓰레기 수집에 나섰다. 한번 뒤져보고 싶게 생긴 쓰레기더미를 발견했는데 그 집 현관에는 쓰레기를 더 내놓으려는 아주머니가 서 있었다. 별로 달갑지 않게 집주인을 마주치기도 했거니와 개도 세 마리나 있어서 나는 가던 길을 계속 가기로 했다. 고개를 까딱하며 미소 띤 얼굴로 "안녕하세요?" 하고 인사하자 그녀도 미소를 지었다. 이 집은 사실 먼젓번에도 눈여겨 보았던 곳이다. 우리 집에서 네 블록 떨어져 있고, 현관에 마네킹이 서 있으며, 근방의 다른 쓰레기 수집인들도 자주 무언가를 얻곤 하는 집이다.

다른 보도블록에서도 제법 괜찮은 침대 세트를 발견해서 카렌과 나는 곧장 집으로 돌아가 트럭에 큰 상자를 싣고 다시 갔다. 노숙자 단체와 지역 동물보호소에 나눠줄 계획이었다. 쓰레기더미에 도착하니 혼다 시빅을 몰고 온 한 아주머니가 노련한 쓰레기 수집인답게 차를 세우고는 절도 있게 물건을 싣고 있었다. 보도블록에서 약간 떨어진 곳에 세운 차의 보조석 문을 열어둔 채였다.

우리가 트럭에서 내려 쓰레기 수집인들만의 예의를 차리며 물건들을 봐도 괜찮겠냐고 묻자, 그녀가 조심스럽게 "좋아요"라고 대답했다. "저도 여러분과 같이 쓰레기를 뒤지고 있는걸요." 그때 카렌이 무언가를 깨달은 듯 물었다. "잠깐만요, 아주머니, 좀 전에 우리가 지나면서 인사할 때 저쪽 집 현관에 서 계시던 분 아니세요?" 그랬다. 그녀의 이름은 일레인Elaine이었다.[2] 우리는 대화를 시작했고 각자의 쓰레기 수집 경험담을 나눴으며, 곧 서로에게, 또 그 상황에 편안해졌다.

"저는요, 미쳤어요. 쓰레기를 뒤지는 데 완전히 빠졌지요." 일레인이 웃으며 말했다. 일레인은 포트워스의 유복한 가정에서 자랐다. 오랜 친구들은 그녀가 쓰레기 줍는 일을 그만두었으면 했지만, 결국 시 정부에 체포될 때까지 그만두지 못해 집 마당을 깨끗이 정리하라는 명령도 받았다. 이야기를 많이 나눴는데, 카렌과 나는 특히 일레인이 주운 쓰레기를 가지고 장식하는 이야기를 듣고 큰 감명을 받았다. 크리스마스나 할로윈데이, 추수감사절 같은 명절 때면 길거리에서 주운 물건들을 활용해서 현관에 있는 마네킹이나 나무 등을 꾸민다고 했다. 아, 한 가지 더 있다. 그녀는 내년에 작은 혼다 자동차를 팔고 쓰레기를 줍기 안성맞춤인 차를 장만할 예정이다.

침대 세트를 싣고, 예정대로 작은 임무를 완수하고 돌아오는 길에 나는 길가에 내놓았던 휴대용 텔레비전이 사라진 것을 알았다.

몇 주 전 쓰레기더미에서 발견한 물건인데 내 실력으로는 고칠 수가 없어서 중요한 부품이나 장식만 떼어두고 다시 내놓은 것이다. 나는 카렌에게 물었다. "화면이 나오지 않던데, 전원 코드도 없고 부품도 몇 개 빠진 그놈을 도대체 누가 가져갔을까?" "일레인." 카렌이 대답했다.

2003년 2월 3일

17센트

불러바드 대학가를 따라 갭, 빅토리아 시크릿, 해럴즈, 포트리, 반, 스타벅스 등 상점이 줄지어 늘어선 쇼핑가 뒷골목에 무엇이 버려졌는지 살피려고 자전거를 타고 나갔다. 1장에서 언급했듯, 2년 후 나는 이 자리에서 빅토리아 시크릿 마네킹 열두 개를 얻는다. 그러나 오늘은 길거리의 부랑자 한 명을 만났다. 그는 화물열차에 뛰어오르려고 열차가 오기만 기다리고 있었다. 포트워스의 서부를 달리는 유니온 퍼시픽 열차가 우리가 있던 그곳에서 500미터도 안 되는 거리를 지나기 때문에 부랑자들이 화물열차로 뛰어오르는 일이 잦았다. 그들은 법적으로 기소되거나 구속되는 것을 별로 개의치 않았다. 어쨌든 우리는 길거리의 쓰레기통을 사이에 두고 마주 앉아 대화를 나눴다. 그는 동부 텍사스의 피니 숲과 리틀록, 아칸소 등지를 거쳐 동부 해안에 있는 자기 집으로 이제 돌아가는 길이라고 말했다. 한참을 떠들던 그는 말을 멈추고 커피 한 잔 마실 잔돈이 있냐고 물었다. 나는 영광스럽지만 없다고 대답했다. 사실 나는 내 일, 쓰레기 수집을 하는 동안에는 아주 소중한 기회들을 혹시라도 놓치지 않으려고 돈이나 신분증을 소지하지 않는다. 그 순간, 오늘 자전거를 타고 쓰레기 수집을 나선 이후 1.5킬로미터도 채 못 가서 안경집과 자전거용 반사경, 무게추용 납, 장식용 접시 그리고 17센트를 주운 게 기억났다. 나는 17센트를 그에게 주었고 그는 일어나 골목으로 사라졌다. 거리에서 거리로, 나 역시 또 다른 장소로 향하기 위해 일어났다. 길거리, 쓰레기 수집의 세계에서는 가는 것이 곧 오는 것이다.

2002년 2월 12일

부유한 사람, 가난한 사람

나는 트럭을 몰고 철제 야적장으로 가는 중이었다. 거리에서 수집한 알루미늄이며 구리, 동, 공구들, 다리미, 자동차 배터리, 양철 등으로 짐칸이 가득 찼다. 그뿐 아니라 동물들이 보금자리로 쓸 만한 담요와 침구류도 많아서 일단 야적장에 철제 물건들을 내리고 나서 동물보호소에 들를 계획이었다. 야적장으로 가려면 포트워스 서부의 부유한 동네인 몬티첼로를 가로지르는 공원 도로를 지난다. 몬티첼로의 맥맨션을 지나다가 나는 괜찮아 보이는 쓰레기더미를 발견했다.

아니나 다를까 쓰레기더미에는 꽤 부유한 사람들이나 쓸 법한 물건들이 있었다.[3] 그중에서 나는 거의 새것으로 보이는 사진액자와 레이밴 선글라스, 귀고리(크리스마스트리 모양으로 생긴 큰 귀고리였다), 칼집, 브로치, 윤이 나는 검은 브라운 커피메이커, 리큐어 몇 병, 랑콤 화장품 세트, 포장도 뜯지 않은 창문 청소기구, 대형화분 받침대, 응급구조기구 두 개, 아주 좋은 와인 오프너('르네상스 호텔, 리조트'에서 훔친 것이 틀림없다) 등을 빼냈다. 그중에서도 고품질의 양탄자와 촘촘히 짠 솔 담요들은 진짜 마음에 들었다. 결국 이 물건들은 부유한 자들에게서 버림받고 가난한 자들에게로, 능력 있는 사람에게서 필요한 사람에게로 흘러가게 된 것이다.

내 트럭 짐칸은 어딜 가나 차게 마련이지만, 오늘은 특히나 개 담요며 위스키며 액자며 보석 등으로 가뜩이나 작은 짐칸이 터질 지경이 되었다. 이제 이 물건들은 가난한 사람에게로, 고물상으로, 또 다른 주인에게로 갈 것이다.

나는 북쪽 메인 지역에 있는 고물상으로 향했다. 사람들이 내가 수집해온 금속 재활용품의 무게를 다는 것을 보다가 약 35세쯤 되어 보이는, 모호크족처럼 머리를 풀어헤친 건장한 백인 남자와 대화를 나눴다. 그는 텍사스의 뜨거운 태양 아래서 땀을 뻘뻘 흘리고 있었다.

"잘 지내죠?"

"네, 뭐 그럭저럭······." 그는 웃었다. 그러고는 뭐라고 말을 하는데 쨍하는 기계 소음 때문에 알아들을 수 없었다. 몇 분 후 물건 값을 받는 곳에서 나는 다른 사람과 인사를 나누었다. 몰골이 꾀죄죄했지만 덩치가 크고 인상이 좋은 백인 사내였다. 대금 지급 창구의 여직원에게 배터리 값도 잊지 말라고 말하는 것을 옆에서 들은 그가 내게 유용한 정보를 주었다. "저 너머 스티브네 가게에서는 배터리 하나당 1달러 50센트를 쳐줘요." 그러고는 카운터 너머에 있는 고물상 주인을 턱짓으로 가리키며 낮은 목소리로 말했다. "모자 쓴 저 양반 보이죠? 백만장자예요."

돈을 받아들고, 남은 양철과 고철 따위를 다른 곳에 팔기 위해 차로 향하다가 문득 지금 가려는 쓰레기 처리장에서는 값을 안 쳐줄 것 같다는 생각이 들어 다시 걸음을 돌렸다. 이때 세 번째 친구를 발견했는데, 역시 덩치가 큰 백인이었다. 그는 웃통을 벗은 채 더러운 청바지를 걸치고, 목은 벌겋게 탄 데다 머리는 헝클어진 전형적인 텍사스 노동자 차림이었다. 그러고 보니 나처럼 비쩍 마른 쓰레기 수집인도 없는 것 같다. 잠시 후 소매 없는 카우보이 셔츠 사이로 드러난 내 I.W.W 문신을 그가 쳐다보는 게 느껴졌다. 문신에 대해서는 다음에 얘기하자. 어쨌든 옷이며, 문신이며, 트럭 모델 등등은 큰 문제가 아니다. 지금은 땀, 고물 쇠붙이, 돈이 문제다.

두 번째 돈을 받고 트럭으로 돌아갔다. 현금과 영수증을 구겨 넣고서 길을 조금 내려가다가 한 옆에 있는 낡은 편의점 앞에 서서 오늘 받은 영수증을 두 번, 세 번 확인했다. 38달러 60센트. 근처에서 깡마른 체격에, 중절모를 쓰고, 티셔츠와 더러운 청바지를 입고 빈 쇼핑카트에 기대며 다리를 절고 있는 회색 수염의 노인을 보았을 때, 나 스스로 '백만장자에는 조금 못 미치는군' 하는 생각이 들었다. 북쪽 메인 지역을 벗어나 다른 곳에서 쓰레기를 수집하면서, 좌우에 알루미늄 캔 따위로 꽉 찬 비닐봉지를 매단 쇼핑카트를 세워두고 건물 그늘에서 쉬고 있는 늙은 흑인을 보았다. 쇼핑카트에는 고물이 가득 차 있었다. 그를 지나치는 순간, 마치 R.E.M.이 〈오토매틱 포 더 피플Automatic for the people(너를 위해 나는 오늘도)〉[4]을 노래할 때처럼, 생각보다 젊어 보이는 그 흑인이 팔을 꺾고 손을 흔들며 나를 향해 미소 짓는 게 보였다. 아주 잠깐 사이의 일이었다.

　20분 후, 남부 공업지대에서 큰 이동식 쓰레기통을 발견했다. 거의 3미터 깊이에 12미터 넓이 정도 되는 쓰레기통이었다. 옆에 차를 세우고 기어올라 쓰레기통에 뛰어들었다. 쓰레기통 안 한쪽에는 물건이 꽤 쌓여 있고 다른 쪽은 텅 비어 있었다. 일단 소변을 좀 보고(쓰레기 수집의 세계에는 화장실이 별로 많지 않다) 작업을 시작했다. 대부분 누군가의 마당에서 벼룩시장을 하고 남은 물건들로 보였다. 손으로 쓴 가격표가 많이 붙어 있고 가정용품이며 개인 사물도 많이 보였다. 이것저것 뒤지다가 나는 책 몇 권과 존슨사의 낚시릴 하나, 장난감 자동차 열한 개를 챙겼다. 장난감 차 중에서 특히 하나가 마음에 들었는데 물건을 집어 올리는 기능이 있는 쓰레기 운반차였다. 그 외에도 다양한 장난감이 많았지만, 어린 시절 쓰레기통을 뒤지다가 장난감을 발견했을 때 느꼈던 기쁨을 떠올리면서 이 지역의 꼬마들이 나와 같은 기쁨을 누리는 것을 상상하며 두고 나왔다. "와, 이거 봐! 공짜 장난감이야!"

　내 아지트로 물건을 옮기고 난 후 집으로 돌아오는 길에 한 손에 쓰레기 가방을 들고 걸어가는 흑인 노인 한 명을 봤다. 신호에 걸려 멈춰섰을 때 나는 그가 무엇을 할지 알았다. 춤추듯이 허리를

알루미늄 캔을 '낭비하지 마세요', 플로리다 탬파, 2004년 6월.

구부려 알루미늄 캔을 줍고 가방에 넣는다.
　너를 위해 나는 오늘도······.

2002년 7월 17일

짝 맞는 커튼

어제 찾은 물건들을 오후에 정리하고 나서, 불러바드 대학의 쇼핑가에서부터 콜로니얼 컨트리클럽 근방 언덕에 있는 호화로운 저택들을 지나 북동쪽의 겨우살이 숲길 공원까지 크게 한 바퀴를 돌았다. 트리니티 강가의 깎아지른 절벽을 뒤로하고 돌아오는 길에 한 집 앞에 깨끗한 물건들이 잔뜩 버려져 있는 걸 발견했다. 벌써 두 명이나 붙어서 열심히 무더기를 뒤지고 있었는데, 길 한복판에 반쯤 찬 쇼핑카트가 서 있었다.

자전거를 세우면서 인사를 건넸다. 나이 들어 보이는 남자―백인에 혈색이 좋으면서 좀 취한 듯했고 뚱뚱했다―가 쓰레기를 계속 헤집으면서 인사를 받았다. 걸걸한 목소리였지만 별로 기분이 나빠 보이지는 않았다. 여자―나이 든 백인으로 머리는 군데군데 회색빛이었다―가 대화에 끼어들었다. "어지르지 않는 범위 안에서 살펴도 괜찮다고 한 거니까 그렇게 아세요." 아마 집주인이 한 말인 것 같았다. "공정한 거래네요." 내 대답에 그녀가 답했다. "그래요." 이번에는 남자가 걸걸하지만 불쾌하지 않은 목소리로 물었다. "그렇지, 그런데 정리는 누가 하려나?" "다 보고 나면 제가 하죠, 뭐." 그렇게 말한 나는 나중에 정말 정리를 했다.

여자는 이미 옷가지며 코트를 많이 찾아냈는데, 그중에서 미국 해병대의 양털 유니폼과 옷가지 몇 개를 내게 선물로 주었다. 감사한 마음으로 내가 말했다. "필요하지 않은 거면 감사히 받겠습니다만, 아주머니가 먼저 오셨잖아요." 그녀는 내가 가져야 한다고 강하게 말하면서 계속 내게 어울릴 법한 옷들을 꺼내 건네주었다. "혹시 찾는 물건을 알려주시면 저도 찾아볼게요." 예의를 차려 그녀에게 물었다. "아까 찾은 커튼과 짝이 같은 커튼을 찾고 있어요." 그녀가 내게 말했다. "한쪽은 찾았는데, 분명히 여기 나머지 한쪽도 있을 텐데 안 보이네요." 색상을 물었더니 갈색 줄무늬가 있는 커튼이라고 했다. 우리는 같이 열심히 찾았지만 성과는 없었다.

그때 길에서 엷게 선탠을 한 시보레 SUV 한 대가 나타났다. 큰 차였는데 중년의 백인 사내가 차창 너머로 우리를 내다보았다. "여보, 당신 카트가 길 한복판에 있어요." 여자가 남편에게 말했다. "저 차 갈 길을 막고 있다고요." 그래도 남자는 꿈쩍도 하지 않아 SUV는 차를 돌려 쇼핑카트를 지나 언덕을 내려갔다.

몇 분이 지나 남자는 떠날 준비가 되었다. "젠장, 여보, 우리 온실에 늦겠는걸." 그가 아내에게 말했다. 내 기억으로는 그가 온실이라고 말한 것 같다. 노숙자 보호소나 혹은 노숙자를 위한 저녁식사가 아닐까 싶었다. 그게 뭔지 안다면 이렇게 답답하진 않을 텐데……. "알았어요, 가요." 말은 그렇게 하면서도 그녀는 일어설 줄을 몰랐다. 여전히 물건 사이를 뒤적이면서, 자신이 찾은 것들을 내게 보여주고 이야기하며 커튼을 찾고 있었다. 이 늙은 부부를 보며, 나는 거리야말로 항상 모든 것을 싸게 세일하는 쇼핑몰이 아닌가 하는 생각이 들었다.

이제 남자는 여자에게 빨리 가자고 재촉하면서 카트를 몰고 길을 내려가기 시작했다. 여자도 커튼 찾기를 포기하고 남편을 쫓아 내려갔다. "행운을 빌어요." 내가 말하자 "당신도요." 그녀가 대꾸했다. 1분쯤 지나 그들이 길모퉁이에서 사라졌지만 여전히 남자가 여자를 재촉하는 소리가 들려왔다.

쓰레기더미로 돌아온 나는 작업을 계속했다. 잠시 후 아까 그 시보레 SUV가 다시 모습을 드러냈다. 창을 내리고선 "쓸 만한 물건 좀 있습니까?" 하고 운전자가 부드러운 목소리로 물었다. "음, 잘 모르겠네요. 대부분 부서진 것들이에요." 가난해 보이지 않는 그를 향해 말했다. 솔직히 말하면, 그는 쓰레기보다는 내게 더 관심이 있어 보였다.

잠시 후에는 좋은 조깅복과 조깅화 차림의 나이 든 여자 한 명이 달려왔다. 아마도 매일같이 뛰는 시간이었으리라. 나는 곧 불쾌감을 맛볼지도 모른다고 생각했다. 의외로 그녀는 웃으면서 "날씨 너무 좋죠?" 하고 인사를 건넸다. 그러고 보니 그랬다. 걷기에도 쓰레기를 수집하기에도 너무나 청명한 날씨였다. "네, 너무 좋은데요."

오늘 그 쓰레기 무더기에서 얻은 것만 해도 정말 엄청났다. 자전거에 한가득 실었지만, 등에 짊어진 가방의 무게도 적지 않았다. 아까 노인이 준 해병대 유니폼을 포함하여 사인이 있는 은빛 장식 접시며 캐딜락 자동차의 장식, 여덟 곡이 수록된 테이프와 《45》 싱글 CD, 카뮈의 《이방인》과 헤세의 《싯다르타》, 선글라스, 1970년산 여성용 가죽재킷, 니만 마커스 상표의 흑백 줄무늬 스웨터, 14가지 색의 플라스틱 병마개, 32개의 빛나는 은장 총알 등이다.

짐을 잔뜩 싣고 8킬로미터를 달려 다리가 후들거릴 때쯤, 쓰레기와 쓰레기 수집의 역사에 관해 쓴 수전 스트라서의 책 한 구절이 생각났다. 창틀이나, 창문용 도르래 추, 철제 창틀, 환풍기, 납추, 긴 스탠드, 오래된 수동 타자기, 놋쇠나 구리로 만든 갖가지 공구 등을 자전거에 싣고 달릴 때 자주 생각하던 구절이다. "거리의 행상들이나 탐색자들이 가끔은 철을 줍기도 했다." 스트라서는 19세기의 쓰레기 수집인들에 대해 썼다. "일단 재활용이 가능한 물건을 주우면 모조리 등에 짊어지거나 말에다 실어야 했기 때문에, 그들은 구리나 동, 그중에서도 특히 납과 같이 값어치 있는 물건에 집중하는 경향이 있었다."5

나는 아까 그 큰 쓰레기더미에서 자신에게 꼭 필요한 물건 외에는 모두 나에게 준 그 아주머니가 생각났다. 손주에게 줄 물건을 찾기 위해 누군가의 창고 세일을 기웃거리는 할머니가 생각났다. 길거리 쓰레기더미를 뒤지는 노숙자 할머니가 생각났다. 중부 텍사스의 농장 아낙으로, 가정용품이나 버려진 옷가지를 집으로 가져가고 길 잃은 동물들을 돌보던 우리 할머니도 생각났다. 그들은 오래전에 잊힌 사람들이며 동시에 지금도 내 주위를 맴도는 사람들이다.

2002년 3월 12일

물질문화

커튼, 카뮈, 캐딜락 장식 등 'ㅋ'으로 시작되는 단어만 해도 끝이 없다. 이 세계의 버려진 물건들은 그 범위가 놀랄 만큼 넓으며 품종도 다양해서 소비자의 다양한 욕구를 충족시킬 뿐만 아니라 역사 또한 수년, 수세기에 이르는 문화적 범위를 자랑한다. 1800년대 책과 전통적인 장식품에서 말 그대로 어제 구매한 물건까지 없는 것이 없다. 결과적으로 한때 쓰레기로 버려진 물건들 때문에 길거리의 또 다른 세계는 물질문화의 풍요로움을 맛보게 된다. 수천 개의 쇼핑몰과 전통물품 상점, 소매점 등에서 끊임없이 배출되는 쓰레기가 바로 이 세계에 정착하면서 잃어버린 것들의 물질세계를 재구축한 것이다. 1장에서 짐 툴로스와 내가 나눈 대화처럼, 이 세계에는 감옥 갈 위험을 감수하지 않더라도 공짜로 쇼핑할 기회가 얼마든지 있다. 물론 그러려면 쓰레기더미에서 괜찮은 물건과 그렇지 않은 것들을 잘 구분해야 하며, 플라스틱 재활용품을 찌그러뜨리거나 커다란 이동식 쓰레기통 정도는 기어 올라야 할 것이다. 그러면, 시간이 지나면서 내가 깨달았듯 물건 각각의 진정한 값어치를 발견하는 기쁨에 동참할 수 있을 것이다. 예를 들어, 한번은 길가의 큰 쓰레기더미 속에 파묻힌 스티로폼 용기 바닥의 검은 비닐봉지에서 스테인리스 스틸로 만든 사발 두 개와 필립스사의 전기 드라이버 두 개, 펀치 한 세트, 절단기 한 세트, 조절 나사가 있는 렌치, 노키아 휴대전화를 발견한 적이 있다.

참 많은 경우에 이처럼 많은 보물들이 전혀 그렇지 않아 보이는 쓰레기 속에 묻혀 있다. 지난번 거리의 부랑자에게 준 17센트만 해도 누군가의 잃어버린 동전에 불과했던 것이 나를 통해 그 의미를 되찾은 것이다. 1센트 동전, 5센트 동전이 차곡차곡 모여 보통 20~30센트가 되고, 그보다 더 많이 모이는 날도 있다. 하루는 길거리에 버려진 상자들을 뒤지다가 구리와 알루미늄 도구들, 은색 주방기구, 아동도서, 사탕 상자, 문 손잡이, 드라이버, 각종 공구 등이 바닥에 깔린 상자를 건졌다. 미화 동전은 물론이고 라이베리아 공화국의 5달러 지폐 아홉 장, 가나 통화까지 2,000세디를 발견했다. 하수구에서 말끔히 반으로 접힌 10달러짜리 지폐를 주운 적도 있다. 하루는 자전거를 타고 한 바퀴 돌면서 6달러 2센트를 주운 적이 있는데, 처음 1페니는 하수구에서 줍고 쓰레기더미에서 1달러 지폐, 근처 하수구에서 5달러 지폐, 마지막으로 길 한복판에서 1페니 동전을 주웠다. 한번은 어디선가 주운 커비사의 진공청소기가 말을 안 들어 분해를 했는데 그 안에서 1977년도와 1986년도에 주조한 1페니 동전을 찾기도 했다.

또 귀중한 물품에 대해 소개하겠다. 수집한 금속 상자에 갖가지 싸구려 손목시계가 들어 있었는데, 그중 괜찮은 것을 손목에 차고 다니기도 하고, 특히 괜찮은 물건들 — 엘긴, 베루스, 타이멕스, 워즈워드, 골동품 어린이 시계 등 — 은 검은 '바니스 뉴욕' 상자에 고이 넣어 사무실에서 보관중이다. 물론 그 상자도 길에서 수집한 것이다. 보석류 대부분을 다른 곳으로 넘겼지만, 금팔찌나 마르디글라스 구슬 같은 것들은 내 책장에 진열해두었다. 브로치나 머리장식, 팔찌 등도 주운 케이스 안에 고이 넣어두었다. 유달리 예쁜 은팔찌는 언젠가 쓰레기더미 깊숙한 곳에서 건졌는데 나는 지금도 그걸 차고 있다. 워터포드의 유리컵 모양 시계는 약간 이가 나갔지만 완벽하게 고쳐서 아버지께 선물했다. 스테인리스 스틸로 만든 오래된 접시와 함께 은으로 만든 나이프, 포크, 스푼 등 다양한 식탁용품도 수집했다. 이렇게 쓰레기더미와 쓰레기통에서 많은 골동품을 수집해온 것이다.

8월의 무더운 어느 날에는 고풍스럽고 너무나 아름다운 크롬 장식의 샤워꼭지를 찾았는데 우리 집에서 쓰고 있는 것보다 세 배는 컸다. 나는 이 꼭지를 행운의 전조로 삼고 집으로 가져와서 원래 쓰던 꼭지와 바꿔 끼웠다. 그리고 오랫동안 쓰레기 수집을 하면서 쌓인 피로를 새 꼭지에서 나오는 소방호스 수준의 세찬 물줄기로 깨끗이 씻어냈다. (이 샤워꼭지는 오래지 않아 조절장치가 달린 유럽 스타일의 샤워꼭지로 바뀌었는데 물론 이것도 길거리에서 수집한 것이다.) 동이나 구리, 크롬 장식의 집기들은 가정집을 리모델링할 때 자주 나오는 것으로 쓰레기 수집을 하다 보면 어디서든 볼 수 있는데 주방용품 등과 함께 내가 가장 좋아하는 수집 품목 중 하나이다. 금속은 대부분 분해해서 고물상에 내다 팔지만 일부는 우리 집 수리에 사용하고 친구들에게 나눠주기도 한다. 그러나 1930~40년대 혹은 그보다 더 오래전에 생산된 수도꼭지 등의 동, 구리 제품들은 잘 보관해둔다. 또 다른 예로 텍사스의 뜨거운 여름날, 리모델링 중인 한 학교의 쓰레기통에서 크롬으로 만든 네 갈래 꼭지가 달린 골동품 수도꼭지와 비누받침대를 수집했다. 또 시내 주변의 한 빌딩 쓰레기통에서는 동으로 만든 1940년대 수도꼭지를 얻었다. 그 결과 우리 집 구석구석에는 오래된 수도꼭지와 갖가지 손잡이, 샤워꼭지, 마개류 등이 대롱대롱 매달려 있는데 마치 배관공의 작업실처럼 되고 말았다.

　버려진 세계의 물질문화에서 또 다른 특별한 면은 셀 수 없이 많은 장난감에 있다. 누구나 다 어린 시절을 보냈을 테니 잘 알겠지만, 아이들은 새로운 장난감도 금방 싫증 내게 마련이고, 이렇게 버려진 장난감들이 쓰레기통마다 상자로, 비닐봉지로 넘쳐난다. 밀리터리 액션 피규어나 총 같은 것들은 따로 떼놓지만, 나머지는 공간이 허락하는 한 챙기는 편이다. 이렇게 챙긴 물건들은 친구의 아이들에게 주거나 앞마당 세일을 하는 사람들에게 나눠준다. 이렇게 하면 장난감이나 아이들 모두에게 새로운 즐거움을 줄 수 있다.

그러나 때로는 버려진 장난감이 오래된 이야기를 풀어놓기도 한다. 한번은 2월이었는데, 길거리의 커다란 쓰레기더미에서 잘 포장된 꾸러미를 뒤지다가 책과 공구류, 디안샤인 구두 광택제와 함께 한 무더기의 장난감을 얻었다. 내 어린 시절을 떠올릴 만큼 오래된 장난감들이 많았고 일부는 그보다 훨씬 오래된 것도 있었다. 오래된 구슬, 나무로 만든 장기 세트, 낡은 꼬마 양말, 철제 범선, 비행기, 장난감 손목시계, 나무 도장, 쌓기 놀이를 하는 빛바랜 나무 블록, 청동 주물로 만든 나뭇가지와 다람쥐, '레드라이더'에서 만든 오래된 검붉은 야구 글러브, 나무로 만든 작은 볼링 핀, 나무 지휘봉, 플라스틱 동전, 겉에 "오이 우유, 아주 맛있다"라고 써 있는 낡은 연필 등이었다.

이 길거리 세계의 물질문화가 너무나 풍요로워서 가끔 나는 그 문화에 흠뻑 취하게 된다. 12월의 어느 날을 예로 들면, 하루 종일 쓰레기를 수집하다가 우리 집을 너덧 블록 남겨두고 발걸음이 딱 멈췄다. 멋진 집 앞이었는데, 집 앞 도로에는 새로 뽑은 레인지로버 SUV가 주차되어 있고, 그 모퉁이에는 값비싼 골프채 세트와 CD

익스체인저, 리시버, 유명한 브랜드의 스피커, 호화로운 목욕수건 등이 잘 정리되어 있었다. 물론 나는 곧장 집으로 가 트럭을 몰고 왔다. 집으로 물건들을 가져와 정리한 후 다시 자전거를 타고 나섰는데 이번에는 집에서 약 여덟 블록 떨어진 곳에 판촉용 물건들이 엄청나게 쌓여 있는 것을 발견했다. 포장이 그대로 보존되어 있었는데, 몇 개의 상자 속에 광고 문구가 새겨진 볼펜이며 연필, 플라스틱 컵, 종이컵, 주머니에 들어가는 소형 드라이버, 열쇠고리, 플라스틱 클립, 지우개 등이 수백 개나 잘 정리되어 있었다. 척추 치료, 금융 서비스 등을 홍보하기 위해 만든 다양한 회사의 판촉물이었다. 개중에는 뒷면에 연필로 개인 정보를 적은 명함도 꽤 있었다. 장난감이 가득 든 상자와 마찬가지로 이 또한 시장과 소비 성향을 설명하는 귀중한 역사 자료로 활용될 수 있을 것이다.

이번에도 나는 집으로 달려가 트럭을 몰고 왔다. 몇 분 후 돌아왔을 때 이미 한 청년이 픽업트럭을 몰고 와 물건들을 살피고 있었다. 나를 발견한 그는 물건을 잔뜩 담은 상자 하나를 내게 들고 왔다. 내가 이미 가져가려고 작정한 물건들은 아닐까 걱정하는 표정이 역력했다. 그가 말하기를, "이보시오, 여기 괜찮은 물건들 진짜 많으니까 좀 양보하슈." 사실, 괜찮은 물건이 많기는 참 많았다.

기니의 신발과 양말

알링턴 거리를 지나 평소처럼 쓰레기더미를 살피면서 서쪽으로 이동하는 중이었다. 조금 떨어진 거리에 상자들이 쌓여 있는데 먼저 하나를 보고 곧 다른 것도 봐야겠다고 생각하면서 자전거에서 얼른 내려와 제일 가까이 있는 검은색 쓰레기봉투부터 살피기 시작했다. 오래되기는 했지만 새것처럼 깨끗한 계산기, 1930~40년대에 생산된 축음기, 나무 테두리가 있는 벽시계 등이 튀어나왔다. 곧 중년 남성 한 명이 나타나 함께 쓰레기를 뒤지기 시작했다. 복장은 허술했고 입에는 담배를 물고 있었다. "이 무더기를 저기 언덕 반대편에서 보고 왔어요." 한 블록 정도 떨어진 언덕 저편을 가리키면서 말했다. 그는 물건들을 살피면서 가끔씩 말을 걸었고, 나는 나대로 열심히 일에 집중했다. 물론 그를 정중히 맞긴 했지만, 쓰레기 수집 세계에서 일반적으로 그러하듯 나보다 늦게 도착한 그에게 내 영역을 전부 내주고 싶지는 않았다.

낡은 축음기는 자전거에 싣기가 어려워 그냥 뒀는데 잠시 후 다시 왔더니 사라지고 없었다. 아마 담배를 문 그 사내가 가져간 것 같았다. 나는 계산기와 시계를 자전거 뒤칸에 싣고, 바구니와 가방에도 여러 물건들을 담았다. 그중에는 너무 예쁜 국화 문양 알루미늄 접시와 가죽 케이스에 든 무거운 독일제 가위, 고풍스러운 양념통 세트, 멋진 단추가 달린 가방, 스위치 장식 커버, 신발 모양의 인도산 재떨이, 낡은 나무 구둣골, 낡은 잉크펜, 작고 빨간 금속 쟁반, 우튼호텔에서 가져온 듯한 낡은 은수저, 크롬 장식의 손전등(홍콩에서 만든 말보사 제품, 가격은 20센트), 구리 전선, 젊은 여성 사진이 끼워진 놋쇠 사진 액자 등이 있다. 사진에는 "나의 하나뿐인 사랑, 내 온 마음을 담아서, 캐롤린"이라고 써 있었다.

길거리의 물질문화, 바람과 함께 음악을. 뉴욕, 2004년 10월.

오늘 발굴한 물건 중에서 가장 가치 있는 상자는 내 왼손에 들려 있었다. 쓰레기더미 깊숙이서 신발 크기의 종이상자를 건졌는데 그 안에 색색의 작은 상자가 들어 있었다. 상자마다 '기니의 신발과 양말, 인형 주식회사'라고 새겨져 있고 그 속에는 인형 신발과 양말이 한 쌍씩 들어 있었다. 색상과 프린트된 상태로 봐서 20세기 중반에 만들어진 것 같은데, 인형의 역사에 대해서는 잘 몰라도 상당히 매력적인 물건이 틀림없어 보였다. 어쨌든, 큰 상자 안에 작은 상자가 50여 개 들어 있었고, 각 상자마다 각기 다른 양말과 신발이 한 세트씩 들어 있었다. 보너스로 '기니의 액세서리'라고 쓰인 작은 상자도 몇 개 있었는데, 얇은 금색 목걸이 끝에는 금으로 섬세하게 만든 하트가 달려 있었다.

다음 날, 나는 그 물건들을 가지고 동네 인형가게에 들렀다. 물건들을 수집한 쓰레기더미에서 1.5킬로미터 남짓 떨어진 곳에 있는 인형가게를 나올 때 내 주머니는 꽤 두둑해져 있었다. 집으로 돌아오는 길에 나는 같은 장소에서 또 다른 쓰레기더미를 발견했다. 그리고 기니의 작은 신발이나 양말보다 훨씬 더 조심스럽게 뒤져볼 가치가 있는 물건이라는 사실을 알게 되었다. 지금까지 한 번도 본 적 없는 노란색과 갈색의 1950년대산 타일 몇 묶음, 수채화 액자, 윤기 흐르는 밧줄에 달린 장식용 종, 스테인리스 스틸로 만든 수건걸이(이제는 우리 집 주방에 있다), 동네 골동품 가게에 10달러를 받고 넘긴 1950년대 가죽 모자 등이 그 내용물이다. 괜찮은 성과였다.

2002년 1월 26일

신발의 제국

쓰레기 수집 세계에서 획득한 신발로 큰돈을 만질 수는 없다. 그렇지만 사이즈가 대부분 크기 때문에 신발 고유의 기능을 수행하는 데는 큰 무리가 없다.

하루는 트리니티 강 제방의 좁은 길을 자전거로 달리고 있었다. 도로와 만나는 지점에서 잡초 사이로 운동화 한 짝이 보였다. 멈춰서 주워 갈까 생각했지만 가만히 생각해보니 다른 짝도 찾을 거라는 기대감에 한 짝씩 모으다가 어떤 결과가 벌어질지 자신이 없어 그냥 가기로 했다. 한 100미터쯤 갔을까? 길모퉁이에서 아까 운동화의 남은 짝이 보였다. 자전거를 돌려 두 짝을 모두 수거한 다음 나무그늘에 앉아 살펴보았더니 '크로스 트레커'라는 다목적 운동화로 꽤 새것인 데다가 내 발에 딱 맞았다. 나는 거룩한 척 테일러 가방을 메고 크로스 트레커 운동화를 신고서 꼬마가 새 신을 신은 것처럼 신나게 자전거 페달을 밟았다.

이야기를 내 마음대로 풀어가는 나의 기술 방식에 독자 여러분이 좀 익숙해졌다면, 좀 예민한 독자들은 싫어할 수도 있겠지만 이 신발을 신고 나서부터 시작된 지독한 냄새에 대해 자세히 적어볼까 한다. 밖에서는 몰랐는데 일단 집으로 돌아왔을 때, 여러 시간 자전거를 타고 또 걸었던 내 발의 열기로 데워진 이 신발 냄새는, 음, 좀 그랬다. 좀 더 자세히 말하자면 왼쪽은 괜찮은데 오른쪽 신발에서 냄새가 났다. 전 주인의 발에서 냄새가 스며든 것이 아니라 신발 자체에서 나는 냄새가 분명했다. 어린 시절 텍사스 시골에서 여러 해를 보낸 경험이 있어서 뜨거운 길 한가운데서 후각을 자극하는 이 냄새를 뚜렷이 기억한다. 로우든 웨인라이트는 이 냄새를 노래로 부르기까지 했다.[6]

여러 이유로 신발에서 나는 냄새가 나에게는 음식이나 발에서 나는 냄새보다 덜 고약하다. 신발 냄새는 일단 병든 냄새는 아니다. 한때 나는 냄새나는 개를 키운 적이 있는데, 몇 주 지나니까 그 냄새가 내 몸에서도 나기 시작했다. 또 신발은 제향제를 넣고 밖에 두면 어제보다는 오늘, 오늘보다는 내일 냄새가 덜 난다.

냄새 없애는 작업을 하는 동안 나는 주인이 왜 이 운동화를 버렸을까 상상해보았다. 그는 뛰거나 걷고 있었는데 어느 순간 지독한 냄새가 올라오기 시작했고 오른쪽 신발을 벗어던졌다. 짜증나고 토할 것 같았기 때문이다. 절뚝거리면서도 최대한 빨리 그 냄새나는 신발로부터 멀어지고 싶었는데 막상 한쪽만 신고 가다 보니 나처럼 깨달은 것이다. 아, 한 짝만 가지고는 별로 쓸모가 없구나. 에라 모르겠다, 왼쪽도 버리자. 텍사스의 작열하는 태양과 두세 번 내린 비로 인해 어느 정도 정화된 이 신발은 새로운 주인의 손에 들어오는 순간 그나마 신을 수는 있을 정도로 상태가 호전되어 있었으리라.

진지한 독자들이라면 나의 난잡한 쓰레기 수집에 대해 계속 불쾌할지 모르겠지만 나는 하나 더 고백을 해야겠다. 이 신발 외에도 나는 몇 켤레 더 주워서 신었다. 조깅화, 멋진 스웨이드 자전거 신발 등 모두 동네 쓰레기통에서 구출해낸 것인데, 문제는 신을 때마다 부활하는 저마다의 역한 악취가 장난이 아니라는 것이다.

냄새나는 크로스 트레커 신발을 줍느라 놓친 물건을 냄새나는 새 신발을 신고 걸어가 수집했다. 알루미늄 캔이며 구리전선이며 길이가 2미터나 되는 카펫, 무게 추, 강철 볼트, 양철조각, 동으로 싼 볼트, 나무 선풍기 날개, 집게, 큰 목욕타월, 예쁜 꽃병, 조그만 공룡 모양의 플라스틱 연필 등도 구했다. 또 왕래가 잦은 도로가에서 6페니를 주웠다.

2002년 7월 27일

부엌에 있는 그거 있잖아요, 알죠?

1시간 반 남짓, 뜨거운 여름 햇볕 아래 자전거를 타고 무작정 길을 나섰다. 이전의 문화박물관 터를 지나고 전등 공장을 지나, 7번가를 가로지르는 고가도로를 넘고 트리니티 강을 건너 시내 동편 경계를 지나는 언덕길에 다다랐다. 다시 남쪽으로 병원 거리를 지나고 낡은 상점가와 라이언 플레이스, 베이커리 거리를 달렸다. 이렇게 열심히 돌아다녔어도 큰 볼트와 너트 한 쌍 외에는 별 수확이 없었다. 참, 드라이버 세트와 10센트 은화 한 닢, 무거운 알루미늄 캔 하나, 구리선 조금도 있었다.

아름답고 고풍스러운 베이커리 거리를 가로지르고 포레스트 공원과 트리니티 강 북쪽의 아기자기한 거리를 지나다가 나는 한 무더기의 잡동사니를 발견했다. 미학적으로 상당히 노력을 들여 만든 집들이 모인 동네였는데 얼핏 봐도 경제적으로 여유로운 집들에서 나온 것으로 보이는 쓰레기가 길거리에 쌓여 있었다. 살펴보았더니 고급 자재를 들여 홈 리모델링을 하면서 내놓은 폐자재였다. 멀리 쓰레기 매립지까지의 운반비용을 들이지 않으려고 내다 버린 모양이다.

자전거를 대고 우선 상당히 값나가 보이는 식기세척기에서 커다란 손잡이를 꺼냈다. 정확히는 손잡이 모양으로 생긴 검은색과 은색의 주방기구였다. 바닥에 놓고 보니 우주선 같았다. 그다음으로는 알루미늄 틀의 유리 액자를 찾았는데, 중요한 부분이 빠져 있었다. 아마도 나보다 먼저 온 사람이 이 부분만 빠뜨린 것 같았다.

목재가 잔뜩 쌓인 무더기에 또 다른 손잡이들이 많이 있었다. 캐비닛 문짝이나 부서진 손잡이 등으로 봐서 리모델링을 하면서 내놓은 쓰레기일 거라는 처음 짐작이 맞는 것 같았다. 캐비닛 손잡이에 "Made in West Germany"라고 찍혀 있고, 뒤틀림 방지 패널은 묵직하게 이중으로 붙어 있었다. 중간쯤 작은 구멍 주위로 크롬이 물결 모양으로 장식돼 있고 나사는 모두 이중이어서 견고했다. 와우, 이렇게 아름답고 만지기 좋은 문짝을 봤나! 나는 시간을 들여서 12개의 손잡이 전부를 부서진 문짝에서 뜯어냈다. 이렇게 하려면 길고 강한 드라이버가 필요해서 강렬한 태양과 높은 습도에도 불구하고 집에 다녀오는 수고를 해야 했다. 그러나 곧 맛보게 될 기쁨에 비하면 아무것도 아니었다.

　옮겨야 할 물건이 많을 때면 일단 무겁고 큰 짐은 자전거 뒤 짐칸에 싣고, 작고 귀중한 물건들은 등에 멘 가방에 넣고, 핸들 바구니에 나머지 물건들을 싣는다. 창고로 가는 길이었다. 두어 블록 갔을까? 호화로운 집 한 채를 판다는 표지판이 길가에 세워져 있었다. "가장 호화로운 거리, 45만 달러는 받아야 되는 집이지만 급히 매매해야 하므로 말도 안 되는 가격 7만 5,000달러에……" 사실 그랬다. 상당히 좋아 보였고, 저 정도면 1,143평방미터는 되는 부지에 온실도 있을 테고, 목욕탕은 얼마나 근사할 것이며 마당에는 작은 폭포도 있을 것이다. 부엌은 화강암 장식에 스테인리스 스틸로 만든 붙박이 주방기구들이 붙어 있겠지.

　그래, 그러나 그 부엌에 아름다운 물결 모양 크롬으로 장식하고

서독에서 만든 캐비닛에서 떼어낸 아름다운 손잡이들이 있을까? 그거 말이다. 우리 집에는 12개나 있는 그 손잡이들 말이다.

2002년 7월 30일

제가 뽑힌 거죠

알링턴 거리를 지나 서쪽으로 달리다가 전에도 몇 번 지난 적이 있는 곳에 다다랐다. 한 번 들어가서 살펴보기도 했다. 큰 공터였는데 지금은 이 지역 주민들의 정치경제적 성장으로 인해 깨끗이 정리되는 중이었다. 당장 해체하는 집들도 사실 그리 오래되지 않았지만 벼락부자들을 위한 고급 주택들이 새로 들어설 예정이었다. 부서진 목재며, 파이프, 낡은 사진 등 이전 주인들로부터 구원받지 못한 물건들이 많이 있었는데 불도저들이 공터의 가장자리로 모두 밀어낸 상태였다. 나는 자전거를 들고 가장자리의 쓰레기더미를 넘어 공터로 들어갔다.

상태가 괜찮은 구리 파이프나 놋쇠 등을 찾았지만 매우 낡고 찌그러진 파이프밖에 보이지 않았다. 얼마 떨어지지 않은 곳에서 한 남자를 발견했는데 55세쯤 되어 보이는 백인으로 회색 머리에 야구 모자를 쓰고 벨트에 줄자를 찬 채 내게 걸어오고 있었다.

"뭐 괜찮은 거라도 좀 찾았소?" 그가 친근한 말투로 물었다.

"아뇨, 없네요." 물건을 찾을 때면 항상 그렇듯이 약간은 낙심한 목소리로 대답했다. "그냥 구리나 놋쇠 쪼가리 좀 주웠어요. 쓸 만한 건 별로 없네요."

이런 식으로 말하면 보통 상대가 질문한 이유나 의도를 더 많이 알 수 있다. 특히 지금 내가 있는 곳이 '불법 침입 금지'라는 표지판이 없더라도 사유지이기 때문에 조심해야 할 필요는 있었다. "여기 공터는 당신이 정리하고 계신가요?" 아무래도 공사 감독 같아 확인 차 질문했다.

"아니요, 저는 길 건너편에 집을 짓고 있어요. 혹시 여기에 쓸 만한 보드가 있는지 찾으려고 왔어요." 그가 말했다.

"그래요? 부서진 것밖에 없을 거예요." 불도저가 마구잡이로 밀어놓은 무더기를 가리키며 별 기대 없이 말했다.

그는 쓰레기더미 주위를 돌며 보드를 찾기 시작했고 나는 내 일을 계속했다. 한 무더기 너머에서 그의 목소리가 들려왔다. "아, 여기 괜찮은 거 좀 있네요" 하는 그의 손에 구리 파이프가 들려 있었다.

"근처에서 다른 집을 짓고 계신 거죠?" 고맙다고 먼저 말한 다음 내가 물었다.

"아니요, 우리 막내아들이 그 집을 샀는데, 제가 원래 집 짓는 일을 하거든요. 그래서 계약을 제가 하게 된 거예요. 뽑힌 거죠, 뭐." 그 말을 듣는 순간 왜 그가 파이프가 있는 곳을 그토록 잘 찾아내고 능숙하게 분리했는지 알 수 있었다. 늘 해오던 일이었던 것이다.

"그러니까 제가 뽑힌 거죠." 잠시 후 그가 다시 말했다.

"선택의 여지가 없으셨죠?"

"그렇죠."

나도 오래전에는 공사일을 한 경험이 있고 친구들이 뭔가를 옮길 때마다 내 트럭을 쓴다—맨날 뽑힌다는 말이다—는 것을 그에게 말해주었다. 대화 중에도 그는 쓰레기더미에서 구리며 동 조각을 계속 찾아 내게 건네주었다. 나는 그의 기술과 도움에 감사했다. 그는 또 불도저가 밀어버린 이 공터에 지난 2주간 두 명의 쓰레기 수집인이 와서 금속 탐지기까지 동원해 꼼꼼하게 고물을 주워 갔노라고 알려줬다. "둘 중 한 명이 그제 오후 내내 여기를 뒤졌거든요. 결국 동전 한 닢 주운 게 다라고 실망스러워하더라고요."

분명 그랬을 것이다. 그러나 나는 기계보다 내 눈을 더 신뢰하는 편이라고 말했다. 잠시 후 그는 1.5미터는 족히 되는 보드를 찾아냈다. 보드를 들고 불도저가 쌓은 언덕을 넘어가는 그를 향해 나는 다시 한 번 감사한 후, 행운을 빌었다. 그때 그가 나를 향해 몸을 돌려 "여기 받아요"라고 소리쳤다. 마치 소프트볼 투수가 언더핸드로 던진 공처럼 포물선을 그리며 날아든 것은 상당히 깨끗한 황동 스프링클러 부품이었다.

2002년 8월 25일

그 낡은 자전거 처분하시게요?

3월치고는 상당히 춥고, 바람도 세며, 불쾌한 날씨였다. 길을 걷다가 이미 물건이 잔뜩 쌓인 쓰레기더미에 또 물건을 열심히 쌓고 있는 두 사람을 보았다. 나는 그들에게 다가가 물었다. "혹시 뭐 필요한 것 좀 있는지 같이 살펴봐도 괜찮을까요?" "당연하죠, 하나님의 축복이 함께하시길. 찾아보세요." 여자 친구 집이 방금 팔려서 정리하는 중이라고 남자가 말했다. 곧 쓰레기 수집인들이 몰려들 것을 예상하고, 순식간에 괜찮은 물건들을 정리해 걸어서 한 번, 자전거를 타고 네 번에 걸쳐 옮겼다. 자전거 짐칸은 물론이고 가방도 한가득, 심지어는 한 손에 짐을 들고 자전거조차 한 손으로 몰았다.

처음 물건을 옮겨놓고 자전거를 타고 돌아와보니 벌써 다른 이들도 와 있어서 나도 열심히 파고 분류했다. 한참을 그러고 있는데 길 건너에서 방금 온 사내가 내게 물었다. "그 낡은 자전거 처분하는 거유?"

"뭐라고요? 이건 내 거예요!" 나는 웃으며 대답했다.

"아, 실은 제 자전거 체인이 고장 나서 찾는 중이었거든요."

잠시 후, 후줄근해 보이는 남자가 픽업트럭을 타고 나타났다.

"괜찮은 물건 좀 있나요?" 창에 팔 하나를 걸치고 그가 물었다.

"그거야 뭘 찾느냐에 따라 다르죠." 내가 대답했다.

그는 차에서 내리더니 쓰레기더미의 다른 쪽 끝으로 갔다. 자전거를 타고 집으로 잠깐 다녀온 사이, 그의 픽업 짐칸은 벌써 물건들로 가득 차 있었다.

그런데도 그곳에는 여전히 엄청난 물건들이 남아 있었다. 모두의 필요를 충족시킬 만큼이었는데 예를 들면 추운 겨울을 넘길 수 있는 물건들—여성용 스웨터나 이동식 전기히터는 물론이고 샘소나이트 여행 가방, 모직 혹은 모혼방 밀리터리 팬츠 등—도 한가득 있었다. 그중에서 붉은 줄무늬가 있는 파란 스웨터는 나한테 꼭 맞아서 입고 나머지는 노숙자 단체에 기부하기로 했다. 다가올 봄에

짐칸과 바퀴를 개조한 운반용 카트, 뉴욕, 2004년 10월.

할 정원 관리 때 꼭 필요한 전지가위와 울타리 수리 기구, 잔디 관리 도구, 축대 방식의 스프링클러도 찾았다. 공구 세트도 있었는데 그 속에는 드라이버, 볼트, 다양한 후크 세트, 경첩, 조명장치, 선반 받침, 문 손잡이, 도어벨, 장갑, 칼 세 종, 수도꼭지, 화장실 물마개, 페인트 붓, 코르크건, 스위치, 전기 테이프, 퓨즈 등이 들어 있었다. 이거 하나면 집에서 필요한 모든 잔손질이 가능할 것이다. 부엌용품도 마찬가지였다. '델타항공'에서 제공하는 스푼과 유리잔, 접시, 1940년대에 생산된 '스피도 수퍼$^{Speedo\ Super}$' 벽걸이형 주스 기계를 얻었다. 지적 생활을 위해서는 《어머니별 지구$^{Mother\ Earth\ News}$》 한 권과

펜, 연필, 안경 수리 기구를, 여가생활을 위해서는 낚시용구 한 세트를 얻었다. 자동차 앞 유리용 와이퍼는 3달러 99센트 가격표가 붙은 새 상자 그대로였고, 거기서 얻지 못한 것들을 사라고 동전까지 꽤 수거했다. 일단은 창고에 다 보관해야겠지만 아주 많은 알루미늄과 구리, 동으로 만든 제품 등은 나중에 모두 고물상에 팔아 현금으로 만들 수 있다.

그중에는 반쯤 쓰다 만 총알 상자며, 낡은 맥주 병따개, '팔스타프Falstaff'(셰익스피어의 희곡에 등장하는 인물. 베르디가 편곡하여 현재까지 유명한 오페라—옮긴이) 티켓도 있었다. 앞으로 얘들을 어떻게 활용할 수 있을지 좀 고민해봐야겠지만, 확실한 것은 전에도 비슷한 고민을 한 적이 있다는 사실이다.

2002년 3월 2일

술 취한 삶

쓰레기 수집의 세계란 늘 술에 쩔어 있는 사람들의 세계가 아니냐고 말하는 사람도 있다. 쓰레기통이나 각종 쓰레기봉투에서 술병을 찾고 보면 어떤 것은 꽉 차 있고 어떤 것은 반쯤 차 있다. 종류도 샴페인부터 포도주, 증류주 등 다양하다. 깜빡 잊고 버린 것이든, 질려서 버린 것이든, 경찰 단속 때문이든 이유야 무엇이든 뚜껑이 열린 맥주 캔, 맥주병 등도 발견된다. 특별한 이유가 있는 것은 아니지만 나는 증류주나 과실주 같은 것들은 집으로 가져가고 맥주는 보통 다른 사람을 위해 남겨둔다. 때때로는 맥주병을 쓰레기통 근처에 바처럼 죽 정렬해놓고 도시의 다른 쓰레기 수집인들에게 작은 파티를 열어주기도 한다.

  그래서 말 그대로 이 세계는 항상 술이 넘쳐난다. 요점은 결국 항상 술에 취한 문화이다. 그렇다고 여기저기 토사물이 넘쳐나는 쓰레기통이나 뒷골목의 질척한 소변바다를 연상하지는 말기 바란다(없다는 말은 아니다). 놀랄 일도 아니지만, 도시의 뒷골목 쓰레기통 주변에는 주점에서 내놓은 와인이며 맥주병 등이 항상 넘쳐난다. 원래의 두꺼운 종이상자에 잘 정리된 것도 많지만 대개는 쓰레기통 속에 아무렇게나 버려진다. 문제는 맥주병이나 캔들이 도심 도로와 고속도로가에 마구잡이로 버려져 방치되고 있다는 사실이다. 실제로 고속도로에서 알루미늄 캔을 수없이 수집해온 나로서는 이 성공이 즐겁지만은 않았다. 어떻게 이렇게 짧은 거리를 움직이는 동안 이렇게 많은 맥주 캔을 수집할 수 있을까? 이 말은 음주운전으로 잡히는 사람의 숫자와는 비교도 할 수 없을 만큼 엄청난 수의 운전자들이 운전 중에 주류를 소비한다는 소름끼치는 추론이 가능하다. 가끔씩 도시를 벗어나 지역 도로를 따라 경계의 도랑에서 얼마나 많은 주류 쓰레기를 주울 수 있는지 조사할 때도 있다. 앞으로 5장에서 소개하겠지만, 도시에서는 쓰레기 수집인들에게 맥주 캔이나 빈 술병을 주워오면 약간의 돈으로 바꿔주는 방식으로 얼마나 많은 주류 쓰레기들이 버려지는지 조사한 적이 있는데, 조사 자금이 상당히 빨리 모두 소진되어버렸다.

  개인적인 음주문화 또한 길거리의 세계로 스며든다. 이미 살펴

봤듯이, 여러 음료 마개와 호텔에서 훔친 코르크 스크류나 낡은 병따개 등을 나는 심심찮게 발견한다. 와인과 샴페인 또한 자주 입수하는데, 이것들은 길에서 얻은 버드나무 케이스나 철제 장식장에 보관한다. 2002년 7월에는 한 주도 안 되어 주류의 모든 역사를 경험한 적도 있다. 자전거를 타고 21번가를 지나 북쪽으로 가는데, 어떤 집 앞 보도블록에서 속이 꽉 찬 검은 쓰레기봉지를 발견했다. 내용물이 뭔지 궁금해 봉지를 만져보았다. 금속제의 부드러운 곡선 같은 게 느껴졌다. 꺼냈더니 주석으로 만든 금속 병이었는데 바닥에 "주석, 12온스, Made in Germany"라고 음각 처리되어 있었다. 23번가를 지나다가 발견한 또 다른 쓰레기봉지에서 낡은 은 뚜껑과 고무 마개가 달린 병을 보았는데, 스코틀랜드 앞치마를 두른 개 한 마리가 술을 나르는 그림에 "스카치 한 병 더"라는 로고가 붙어 있었다. 다시 자전거를 달려 26번가에 이르렀을 때, 커튼걸이와 함께 다양한 물건들을 얻었다. 납추, 구리, 동, 금속 헤어클립, 책꽂이 다섯 개, 나무 몰딩, 알루미늄 창틀과 알루미늄 틀로 만든 액자 다섯 개, 수많은 알루미늄 캔(대부분 맥주 캔이었다) 그리고 'OE800'이라는 사인이 멋지게 장식된 위스키 병이 있었다.

이듬해 2월에는 낡은 장난감과 오래된 잡지, 낚시도구, 공구류 따위 사이에서 프로모션용으로 제작한 낡은 병따개 여덟 개를 찾아낸 적이 있다. 그중 하나의 상표가 '팔스타프'였다. 1년 전에 찾았던 병따개에도 "팔스타프—아메리카 최고 품질의 맥주"라고 써 있었던 게 기억났다. 다른 병따개에는 "쿠어스^{Coors}—미국에서 가장 맑은 맥주", "자연이 만든 최고의 맥주"라는 선전문구가 각각 새겨져 있었다. 이렇게 하나둘 수집하다 보니 우리 집 수집품 보관 창고에는 와인 코르크 스크류, 맥주 병따개, 캔 오프너, 코르크 마개 등이 한 줄 가득 진열되어 있다. 개중 일부는 할인점 등에서 구입한 것일지 모르나 대부분은 미국의 오랜 음주문화를 보여주는 프로모션용 상품들이다. 빔, 포로즈에서 나온 병따개, 로드칼버트 블렌드 위스키 오프너, 고든스 진 병따개, 마제스틱리쿠어스토어에서 나온 스푼과 병따개 세트 두 개, 케글린 병과 병따개, 플래스태프 오프너 네 개, 드링크작스비어의 오프너 세 개와 시거 커터, 쿠어스 오프너 세 개, 그랑프리 오프너 두 개, 컨트리클럽몰트리쿠어, 햄스, 펄에서 나온 병따개 등 그 목록도 다양하다.

이 수많은 병따개들이 음주문화를 직접적으로 보여준다. "자연이 만든 최고의 맥주"라는 론스타의 맥주 광고든 "작스 맥주를 드세요"라는 진부한 직설적 표현이든 하나같이 술을 마시라는 야심 찬 목소리를 낸다. 최근에 수집한 '전기 음주량 측정기'의 광고 제품도 마찬가지다. 길거리 쓰레기봉지에서 꺼냈을 때 요놈은 상자째 온전한 새 물건이었는데, '휴일이나 파티' 때 즐길 수 있는 알코올 제조법 500가지와 함께 온갖 '알코올 제조 용어, 바텐더 은어'가 설명되어 있었다. 또 "당신의 몸무게에 대비한 혈중 알코올 농도뿐만 아니라, 마지막 음주 이후 음주한 양과 시간까지 측정할 수 있습니다"라며 기계의 성능을 과장했다. 그리고 작은 용지 한 장도 들어 있었는데, 거기에는 심각하게 이렇게 써 있었다. "취하셨다면 일단 운전을 피하도록 하십시오. 안전이 중요합니다. 본 장치는 즐거움을 목적으로 생산된 제품으로 본 장치의 수치는 운전, 운동 등 여타의 활동을 위한 기준이 될 수 없습니다." 그리고 가장 아랫부분에 크게 엄중한 경고 문구가 써 있었다. "음주운전을 하지 마시오!", "합법적인 음주 연령이 아니라면 음주를 금합니다!"

합법과 범죄, 보도블록

사람들이 내다 버린 맥주병이나 음주 측정 장치뿐만 아니라, 알코올과 관련된 불법 활동의 찌꺼기가 길거리의 세계에서 자주 발견된다. 마리화나 투약에 사용하는 지혈제도 그중 하나다. 맥주 캔은 마리화나 흡입용 파이프로 활용되기도 한다. 캔 옆면의 굴곡진 부분에 작은 구멍을 내서 불을 붙여 캔의 윗부분으로 연기를 마신다. 길거리에서 쓰레기 수집을 하다 보면 이런 맥주 캔을 종종 보게 된다. 그뿐 아니라 피부에 직접 놓는 플라스틱 주사기 바늘도 가끔 발견된다. 어두운 이동식 쓰레기통 안에서 분류가 안 된 쓰레기를 만질 때 특히 이 바늘을 조심해야 한다.

한번은 낡은 물건들로 가득 찬 쓰레기더미를 다 분류하고 나니 주사기 상자만 두 개 남았다. 곱게 장식된 두 개의 붉은 상자에 'VIM'이라는 마크가 찍혀 있고 그 안에 "맥그레거 주식회사, 미국 매사추세츠 니덤"에서 생산된 "스테인리스 스틸 피하주사기"라고 써진 주사기가 각각 12개씩 들어 있었다. 또 각 상자에는 바늘과 함께 사용할 '항 부식성 바늘 와이어'를 싼 작은 종이도 들어 있었다. 작고 붉은 상자도 참 아름다웠고, 검은색과 금색으로 쓴 글씨도 너무나 고풍스러웠을 뿐 아니라 스테인리스 스틸 주사기와 와이어도 너무나 세밀히 가공되어서 나는 그것들을 책장에 보관해두었다.

한편, 총알은 집으로 가져가 창고에 둔다. 앞에서 반 상자 넘게 총알을 수집했다고 했는데, 이는 빙산의 일각에 불과하다. 미국, 특히 텍사스에 관한 나쁜 고정관념을 만드는 데 가장 큰 역할을 하는 이 총알들은 거리와 하수구, 주차장, 쓰레기통 등 내가 쓰레기를 수집하는 모든 장소에서 발견된다. 창고에 있는 항아리에는 이처럼 주워 모은 각종 총알이 한가득 쌓여 있다. 그뿐 아니라 리모델링하는 집이나 길거리에서 상자채로 총알을 수집할 때도 있고 샷건 가방이나 총기 청소용 장비, 총구 소지용품 등 다양한 총기류 관련 물품을 수집할 때도 있다. 몇 년 전에는 와이오밍 주 근교의 버려진 차에서 정확하게 총알이 관통한 1930년대풍 모자도 얻은 바 있다.

더 최근인 2004년 9월 어느 날이었다. 며칠 전에도 같은 장소에서 수집한 소켓 렌치와 소켓 세트 외에 다양한 공구류를 내다 팔아 재미를 좀 보았기에 나는 자전거를 타고 집 근처에 있는 초등학교 주차장 쓰레기장을 다시 한 번 살피고 있었다. 이번에는 가로세로가 각각 30센티미터쯤 되는 상자를 찾았는데 속에 수백 개의 스포츠용품 가격표가 들어 있었다. 대부분 플라스틱 용기에 들어 있었고 10센트에서부터 125달러에 이르기까지 미국의 다양한 스포츠 용품사를 보여주는 수집품이었다. 남성용 스포츠시계도 있었는데 건전지만 넣으면 100퍼센트 작동할 것으로 보였다. 또 금속제 케이스에는 45구경 총알이 한 상자 들어 있었는데 울프퍼포먼스 무기사가 수입한 러시아산이었다. 브랜드 이름이 붉은 눈의 늑대가 울부짖는 모습으로 형상화되어 있었다.[7]

학교를 나와 길 건너편을 바라보니 조금 다른 형태의 눈이 그려진 표지판이 하나 서 있었다. 무언가를 찾으려는 듯 크게 부릅뜬 사람의 눈이었다. "범죄를 신고하십시오. 범죄행위나 의심스러운 활동이 있으면 817-335-4222로 전화 주십시오." 또 학교 운동장 끝에 다음과 같은 간판이 서 있었다. "타렌트 국가범죄위원회, 469가지 대처방안, 범죄행위에 대해서는 871-6010으로 전화하십시오. FWISD 캠퍼스 안전 프로그램." 학교 정문과 각 옆면에는 "학생을 포함해 빌딩에 들어가려는 모든 사람은 사무실에서 서명하시오"라는 문구가 붙어 있었다.

경고문과 신고전화가 정말 많다고, 나는 생각했다. 그런데 정작 쓰레기통을 뒤져보는 사람이 있기나 할까?

쓰레기밖에 없어요, 종이 쓰레기요

오늘은 수확이 큰 날이었다. 자전거를 타거나 걸어 다니면서 알루미늄 캔이며, 동, 구리 와이어, 각 기계 부속품 등을 많이 수집할 수 있었다. 그뿐 아니라 10센트 동전과 수도꼭지 세 개, 컵걸이, 벽에 붙이는 둥근 수건걸이, 스위치, 글로리아반더빌트사가 제조한 전기 모터도 있었다. 그중에는 지난주에 치른 예비 선거 캠페인에서 사용한 나무 말뚝도 있었는데 나는 그것을 집으로 가져가 정원을 꾸미는 데 쓸 계획이다. 《텍사스: 외로운 스타》, 《미국의 유산 쿡북》(1964), 《호리즌 쿡북》(1968), 《뉴렉시컨 베이직 월드 사전》(가격은 59.95달러, 1989년에 출판), 《성경》, 《패밀리 헤리티지》, 그리고 안에 "고등학교 졸업을 축하한다. 이 책이 다가올 너의 대학 생활에 도움이 되길 바라며. 사랑한다. 앤과 빌이, 1964년 7월"이라고 쓰인 1963년 판 《뉴웹스터 대학사전》 등 책 11권도 함께 얻었다.

처음부터 이렇게 순조롭지는 않았다. 어떤 집 앞 보도블록에서 큰 상자 두 개를 발견했는데 열심히 뒤졌지만 수확이 없었다. 속에 작은 포장이 여럿 있었는데 구매 동의서며 광고 전단지, 포스터, 경기 참가 신청서 등 '스포츠 음료'에 관한 각종 광고였다. 몸을 구부린 채 한참 서비스 경제를 공부하고 나서 다른 상자를 열어보았다. 또 실망하고 있던 찰나, 집주인이 반쯤 열린 문틈으로 얼굴을 내밀고 소리를 지르기 시작했다. 언짢은 얼굴이었다. 마침 등 뒤에서 불어오는 바람 때문에 잘 알아듣지 못했지만 내용인즉, "⋯⋯ 쓰레기밖에 없어요. 그 상자에는 아무것도 없어요." 계속 소리를 질렀다. "쓰레기밖에 없어요. 종이 쓰레기요."

나도 같은 생각이었다. 그러나 그의 태도나 목소리가 마음이 들지 않아 대답은 하지 않기로 했다. 대신 여전히 허리를 숙인 채로 상자들을 살피며 라스 아이그너의 비슷한 경험을 떠올렸다. "내가 쓰레기를 수집하는 것을 못마땅해하는 아파트 주민이 딱 한 명 있었다. 알고 보니 그는 대학 운동선수였고 자신의 과오가 드러날까 봐 상당히 걱정했던 것이다."[8]

그때, 문가에 선 남자가 분명하고 더 큰 목소리로 말했다. "당장 거기서 나가주시면 고맙겠습니다." 나는 천천히 일어났다. 그를 향해 활짝 미소 짓고서 엄지손가락을 들어 보였다. 그러고 나서 큰 소리로 말했다. "그럴게요." 그는 잠시 멈칫하더니, 진심이 담기지 않은 표정으로 엄지손가락을 세웠다가 집 안으로 들어갔다. 나는? 씁쓸한 마음을 안고 자리를 떴다.

2002년 3월 14일

불법 페인트

자전거를 달려 포레스트 파크 거리—불법으로 버린 쓰레기에서 멋진 손잡이를 12개나 찾았던 바로 그 부자 동네다—를 지나다가 팔려고 내놓은 집 뒤편에 있는 커다란 이동식 쓰레기통을 발견했다. '팝니다' 혹은 '임대합니다' 등의 표시가 있으면 집주인이 집 안을 정리하면서 버린 것들이 많기 때문에 버릴 때가 돼서 버려진 주방용품이나 마당용품보다 훨씬 괜찮은 것들을 발견할 수 있다.

쓰레기통에 있는 검은 쓰레기봉지를 열다가 제일 먼저 발견한 것은 수많은 페인트 캔과 시너, 유약 등이었다. 개봉도 안 한 새 페인트도 많았다. 시간을 두고 살펴봐야겠다는 생각이 들었다. 물건들을 정리하고 분류하면서 혹시라도 집주인이나 초대받지 않은 손님들이 올 경우 어떻게 할까 고민하기 시작했다. 지금처럼 부유한 동네는 쓰레기 수집에 시간이 많이 걸리므로 누군가를 만날 경우 나를 보호할 말을 준비해두거나 자전거로 통행로를 막아두거나 하는 전략을 미리 세워야 한다. 괜찮은 방법이 생각났다. 누군가 집에서 나와 경찰을 부르겠다고 할 경우, 나는 그렇게 하라고 말해야겠다. 대신 사람들에게 공개된 길거리에 이렇게 엄청난 양의 쓰레기를 버리는 것은 엄연한 불법 쓰레기 투기라는 것을 알려줄 작정이다. 특히 엄청난 양의 화학물질(페인트) 투기는 많은 시민들의 안전을 위협하는 명백한 위법행위라는 것도 알려줄 것이다.

어쨌든 오늘 이 큰 쓰레기통 내용물을 다 꺼내 세심하게 살펴본 30분간 아무도 나를 방해하지 않았고, 나는 드라이버와 렌치, 페인트 붓, 칼, 낡은 집게, 초, 손잡이와 핸들류, 꺾쇠, 걸쇠, 못 등 다양한 물건을 수집할 수 있었다. 그러나 항상 접하는 다른 불법 폐기물들과 마찬가지로, 쓰레기통 속 깊이 몰래 숨겨둔 그 불법 페인트통은 하나도 가져오지 않았다.

2002년 8월 6일

낡은 창고에서 소총을 들고 나오다

7번가 주택 앞 보도에는 창고를 청소하고 나온 쓰레기들이 넘쳐났다. 쓸 만한 물건들—동으로 만든 손잡이, 코트걸이, 알루미늄 조각, (빈) 지갑—이 좀 보였지만 나는 머뭇거렸다. 마당에 "사유지, 출입금지"라는 표지판이 서 있고 다 쓰러져가는 창고 옆에 손으로 쓴 경고장이 붙어 있었기 때문이다.

마침 창고에서 한 남자가 소총을 들고 나왔다.

"안녕하세요?" 그를 향해 돌아서며 내가 인사를 건넸다. "안녕하세요?" 그는 의외로 밝은 목소리로 인사를 받았다. 소총은 창고 청소를 하는 중이어서 들고 나온 것이다. "제가 좀 봐도 괜찮을까요?"라고 물으니 "물론이죠"라는 답이 돌아왔다. 그는 공중에 원을 그리며 말했다. "보고 나서 어지럽히지만 않으신다면 괜찮아요." "물론이죠, 저는 항상 처음보다 더 깨끗하게 정리해두고 갑니다."

총에 맞을까 봐 두려워서 한 말은 아니었다. 지금까지의 경험으로 보건대, 이는 일종의 사회적 규약으로 원래보다 더 깨끗하게 쓰레기를 정리하고 가면 우리의 유대감은 훨씬 강해지게 마련이었다. 다른 쓰레기 수집인들도 비슷한 경험을 가지고 있다. 《탈출》의 저자는 일찌감치 그것을 깨달았다. "기존의 방법에서 벗어나, 내가 처음 발견했을 때보다 주위를 훨씬 깔끔하게 만들도록 해라. 그러면 시내의 쓰레기통에서 훨씬 더 좋은 물건들을 발견할 수 있게 될 것이다." "내가 좋아하는 쓰레기통에서 찢어진 봉투나 쓰레기가 마구 흩어져 있으면 우리 관계가 큰 타격을 입을 것이다."[9] 마찬가지로, 조 베이크-페터슨은 〈쓰레기 수집의 예술〉과 〈쓰레기 수집의 규칙〉이라는 글을 통해 쓰레기 수집인들이 지켜야 할 제5조항을 다음과 같이 제시했다. "어지럽히지 말라, 쓰레기는 항상 쓰레기통에. 당신이 발견한 순간보다 떠날 때 더 깨끗해지도록 하라."[10]

2002년 8월 5일

조국의 안보

8개월간의 강도 높은 쓰레기 수집 기간을 보내던 중에 2001년 9월 11일 세계무역센터가 무너지는 초유의 사태가 발생했다. 승객이 비행기에 탄 채로 일어난 이 끔찍한 사고에 대해 연일 이어지는 뉴스 미디어와 이를 통해 스며드는 테러리즘의 공포는 실로 어마어마했다. 경기가 얼어붙고 일자리가 줄어드는 상황이어서 대학으로 돌아갈 시기가 가까이 다가온 나로서는 걱정이 앞섰다. 다른 모든 것과 마찬가지로 9·11 사태 이후 도시의 쓰레기더미와 쓰레기통 또한 이전과는 다른 의미로 내게 다가오기 시작했다.

2002년 2월 어느 일요일 아침이었다. 집 근처를 걷다가 길 건너 보도 위에서 평소처럼 다양한 물건을 발견했다. 골프채, 샹들리에, 동 파이프, 구리선, 알루미늄 청소 솔, 액자 두 개(볼록거울이 달린 달걀 모양), 의자용 발받침, 연고 12개가 들어 있는 상자 등. 그중에는 방금 배달된 것으로 보이는 델 노트북 상자와 가방, 관련 서류들도 있었다(노트북은 없었다). 나는 3년이 지난 지금도 그 가방을 쓰고 있다. 가장 아래 깊숙한 곳에서는 머리핀까지 포함한 델타 항공사의 여성용 유니폼 풀세트가 든 여행용 가방이 있었다.

흠…… 여성 승무원 유니폼 세트가 이렇게 길거리에 방치되어 있다고? 이곳은 내가 언제든 물건을 줍거나 버릴 수 있는 곳인데? 공항은 항상 감시가 삼엄하고, 국경도 언제나 감시받는 곳이지만, 학교 운동장에 있는 쓰레기더미는 누가 감시할까? 이 유니폼에 대해서는 조사가 되어야 할 것 같다. 불법적인 경로로 항공사 유니폼을 얻을지도 모르는 상황에 대해 책임 당국의 철저한 수색이 필요하다. 9·11 테러가 발생한 지 아직 5개월도 지나지 않았다.

11일 후, 나는 유니폼이 버려진 곳에서 그리 멀지 않은 부유층 동네를 살피고 있었다. 쓰레기더미에서 또 쓸 만한 물건이 가득 든 종이 상자를 찾았다. 동으로 만든 수도꼭지가 붙은 구리 파이프 3.7미터와 차 주전자, 영국 차 한 상자, 포트워스의 역사에 관한 책, 예일 대학 우산 등이었다. 순간 나는 이 상자와 물건들을 어디서 본 것 같은 기시감을 느꼈다. 냉장고용 마그네틱과 장식용 물품들, 알루미늄 캔과 페인트 붓, 선글라스 케이스, 다양한 동전들…….

그리고 쓰레기더미 밑바닥에서 동전 몇 개와 함께 '로라 부시 영부인' 캠페인 장식과 함께 델타 항공사의 레이플 핀을 발견했다. 그 순간 나는 왜 이 모든 물건들이 낯익었는지 알았다. 바로 이전 집에서 살던 이 물건들의 주인이 이 집으로 옮겨온 후 불필요한 물건들을 또 버린 것이었다.

쓰레기를 줍다가 우연히 찾는 것이 아니라, FBI라면 더 은밀하게 경로를 추적할 수 있었을까? 또 로라 부시는 길에 버려진 승무원 유니폼이 남편이 테러와의 전쟁을 치르는 데 도움이 된다고 생각할까?

2002년 2월 10일, 21일

그녀를 위한 어떤 대책도 생각하지 않았다

용돈이 좀 필요해서 나는 아침 일찍 일어나 친구가 운영하는 책방으로 갔다. 포트워스 전역에 퍼져 있는 25개의 학교로 어린이 도서를 운반하는 일이었다. 시 동쪽에 있는 가난한 흑인 거주 지역을 지날 때였다. 늙고 약해 보이는 한 흑인 남자가 찌그러뜨리지 않은 알루미늄 캔이 잔뜩 든 가방을 메고 있었다. 그 옆을 지나칠 때, 그는 허리를 굽혀서 길가에 떨어진 다른 캔을 줍고 있었다. 오후 4시에 문을 닫는 초등학교 사무실을 모두 들르느라 동전 23페니를 주운 게 다였다. 그것도 I. M. Terrell 초등학교 주차장에 차를 세우다가 눈에 띄었을 뿐이다.

책을 다 배달하고 나서 벤을 돌려주러 가려고 포레스트 공원 쪽으로 핸들을 돌렸다. 항상 그랬듯이 혹시 쓸 만한 게 있나 길 양옆을 살피다가 보도에 쌓인 쓰레기더미를 발견했다. 차를 돌려주자마자 곧바로 내 트럭을 몰고 그곳을 다시 찾아갔다. 널찍하고 고풍스러운 집 앞이었는데, 중년의 백인 남성이 계속해서 상자와 가방을 꺼내놓고 있었다. 나는 차에서 내려 "좀 살펴봐도 괜찮을까요?" 하고 물었다. 남자는 이틀 후면 이사하니 마음대로 하라고 했다.

허리를 굽히고 열심히 쓰레기를 뒤졌다. 몇 분이 채 안 돼 열너덧쯤 되어 보이는, 깡마르고 키 큰 백인 아이 하나가 나타나 내 앞에 섰다.

"뭐 찾는 거라도 있나요?" 공격적인 목소리는 아니었지만 좀 건방져서 듣기에 거슬렸다.

"쓸 만한 게 있나 보고 있단다." 나는 미소를 지어 보이며 말했다. 아이는 내 미소에 비로소 마음이 풀어졌는지 내 곁에서 쓸 만한

많지 않은 안식처, 뉴욕, 2004년 10월.

것들을 찾아 건네주기 시작했다.

"천장에 다는 선풍기 모터가 네다섯 개나 있네요." 쓰레기더미 한가운데를 가리키며 아이가 말했다.

아이는 두어 번 더 집 안을 왔다 갔다 하며 진짜 쓰레기 말고도 이사를 위해 열심히 물건을 날랐다.

"저 봉투는 아예 열지 마세요." 검은색의 큰 봉투를 가리키며 아이가 말했다. "옷인데요, 10년은 안 열어본 것 같고 냄새도 지독해요." 진짜 냄새가 나는지 아니면 가족의 프라이버시를 지키려고 그런 건지는 알 수 없지만, 친절한 충고대로 열어보지 않기로 했다.

몇 분이나 지났을까, 아이의 엄마로 보이는 여자가 바쁜 걸음으로 한가득 짐을 들고 오더니, "필요한 게 있으면 가져가세요"라고 말했고, 나는 그 가족의 호의에 감사를 표했다. 며칠 전에는 자전거를 타고 가다가 길가에 버려진 쓰레기더미를 발견하고 내리려고 했지만, 등 뒤에서 들려오는 한 노인의 앙칼진 목소리에 자전거에서 내리지 못했던 기억이 났다. "손대지 마!" 대답을 하거나 움직일 겨를도 없이 또 다른 노인의 목소리가 더해졌다. "당신이 찾는 건 없을 거야!" 오늘, 이 세계는 그날보다 부드럽다.

잠시 후, 히스패닉 젊은이 셋이 최신형 SUV를 몰고 와서는 급히 쓰레기더미로 달려들었다. 일단 이 친구들은 먼저 온 사람이 권리를 선점하는, 거의 모든 상황에서 통용되는 암묵적 동의라는 이 세계의 규칙을 어겼다. 그러면서도 상당히 친근하게 내게 말을 걸면서 자기들에게 필요 없는 물건은 내게 넘겼다. 흥미로운 건, 세 사람은 다른 물건에는 전혀 관심이 없고, 골프공 자동 공급기나 자동 페인트 젓기 장치와 같이 오로지 전기제품에만 관심을 보였다는 사실이다. 역사적인 물건이나 미학적인 가치를 지녔는지, 심지어는 팔아서 돈이 될지에도 관심이 없었다. 예의 없이 끼어들었어도 서로 관심 품목이 워낙 달라 큰 마찰은 없었다.

그러나 세 명이 그렇지 않았다면 아마 우리는 아이들처럼 다퉜을지도 모를 일이다. 집주인은 새 상자를 꺼낼 때마다 바닥에 놓거나 다른 상자 위에 쌓기 전에 나에게 먼저 건네기 시작했다. 20분쯤 지나자 우리의 미묘한 적대 관계는 일종의 공모 관계로 변했다

―인종차별은 전혀 아니었기를―. 한번은 종류별로 금속제 부품이 든 상자 하나를 나에게 건네면서 그가 말했다. "이봐요, 이거 필요해요?" "당연하죠, 모든 금속은 좋은 금속이지요." 나는 웃으며 말했다. 못 쓰는 물건처럼 보여도 사실은 재활용이 가능하다는 것을 부드럽게 일깨워줄 수 있기를 바라면서.

"이제 두 상자 남았습니다." 나는 주인에게 다시 한 번 감사의 마음을 표현했다. 떠날 때가 되었다. 길거리 쓰레기 수집의 세계에는 또 다른 규칙이 있다. "필요한 것은 갖고, 아닌 것은 남겨두라." 나는 마지막 상자를 SUV 친구들을 위해 남겨두고 떠나기로 했다. 그런데 오늘 하루는 꽤 길었나 보다. 나의 픽업트럭 짐칸은 포수 글러브, 소프트볼 공, 지퍼가 있는 가죽 파우치 등 되팔거나 사용할 수 있는 역사로 이미 가득했다. 개인적인 역사도 가득했는데, 1926년 텍사스 멤피스에서 취득한 고등학교 학위증부터 1928년에 포트워스에서 멤피스로 발송된 예쁜 어머니날 카드 등이 있었다. 가장 인상 깊었던 것은 '아기 물건'이라고 이름 붙은 상자였다. 그 속에는 '아기용 지갑'과 '아기의 처음 사진들', '아기 통장 및 가치 있는 물품들', '아기 보험증서' 등이 들어 있었다. 범죄학자로서 내게 가장 매력적인 물건은 J. M. 엘리어트라는 텍사스 알바니 변호사가 작성한 20~30년간의 소송일지였다. 1894년부터 1908년까지의 법률 사건이 수기로 상세히 기록되어 있었다.

포트워스의 길거리와 쓰레기통마다 그득그득한 총알에서 미국과 텍사스에 관한 나쁜 고정관념을 확인할 수 있었다면, J. M. 엘리어트의 사건 메모에서는 19세기 미국 서부와 텍사스의 일반적인 이미지를 확인할 수 있었다. 알바니는 포트워스에서 서쪽으로 약 200미터 떨어진 곳에 있으며 광활한 토지와 넓은 농장에 가축이 아주 많았다. 엘리어트의 메모에 따르면 그때도 오늘과 별다를 바가 없었다. 1894년의 한 사건을 살펴보면, "소도둑이 농장 마크와 브랜드를 위조하고 이를 유통"시킨 일이 있었다. 1902년에는 "네 살 먹은 소"가 열차에 치여 죽었는데 이처럼 철도변에서 가축이 죽는 사고가 잦아지면서 시작된 소송도 기록되어 있다.

1895년에는 "늑대 머릿가죽에 대한 잔금 435달러"에 대한 청구 소송 건이 있었다. 1896년에는 배심원의 무죄 판정이 "선거일에 나눠준 위스키"로 인해 번복되는 일이 있었고, 정확한 날짜는 없지만 세기가 바뀌던 무렵 "한때 금광이 있던 7에이커의 땅"에 대한 분쟁이 있었다. 다음으로 살인 사건에 관한 자세한 기록도 이어졌다. "조지 월레스는 마을을 떠나기 전에 핸슨의 아이들을 죽이려 했고……." 그리고 노트는 이어진다. "벤은 찰리에게 다음과 같이 말했다. 팀 설리반과 존 와트가 살인이 있은 후 며칠 안 되어 벤에게 약속하기를 벤이 만약 핸슨과 함께한다면 결코 놓치지 않을 것이며……."

위스키나 소, 금광, 살인과 관련된 기록 등은 마치 전형적인 B급 서부극처럼 들린다. "인디언과 관련된 소송"에 관한 이야기는 언급할 필요도 없겠다. 1896년에 있었던 "기관차 경적 울리는 것을 게을리한" 사람에 대한 소송과 1896년 "럿지 살롱"에서 있었던 격투가 결국에 살인으로 이어졌던 내용 등은 또 어떻고. 이렇게 케케묵고 진부한 서부시대의 범죄와 정의 이야기 가운데 예상하기 힘든 주제가 하나 있었으니 바로 '이혼'이다. 엘리어트는 누군가 구속되는 등의 파국에 이른 결혼생활에 관해 다양한 기록을 남겼다. 단면을 보자면, "W. E. 애덤스는 이렇게 증언할 것이다. …… 그는 B 부인이 아무렇게나 옷이 벗겨진 채로 유린당하는 것을 봤다. 이후 부인은 남편을 저주하며 다시는 집에 들어가지 않겠다고 다짐하는 소리를 들었다." 1906년에 B 부인의 "전혀 합칠 의사가 없음"은 다시 한 번 자세히 묘사되고 있다. "원고는 결국 텍사스를 떠나야만 한다." 또 이렇게도 적혀 있었다. "그는 1902년 9월 25일 중단되었던 논쟁을 시작하면서 부인을 공격하기 시작했다. 그녀는 도저히 견딜 수 없었다."

많은 이야기 중에서도 엘리어트의 마지막 이혼 사건 두 건이 가장 슬펐다. 첫 번째는 피고 측 이야기다. "4월 4일 원고가 그녀의 뺨을 때리며 욕을 했다. 9월 17일 원고는 피고를 욕하면서 성폭행했으며 간통죄로 고소했다." 아이들에 관한 부분은 언급되지 않았다. 두 번째는 짧은 결혼생활 끝에 이혼한 여자의 이야기다. 부인은 "부인이 아파서 살 가망이 없던 1906년 9월 남편이 자신을 부양하지 않았다는 이유"로 이혼소송을 냈다. "데프는 그녀를 떠날 것이다"라고 엘리어트는 썼다. "그녀를 위한 어떤 대책도 생각하지 않았다."

2002년 5월 28일

그냥 확인해보는 것뿐

이 장에서 여러분이 보았듯, 그날그날의 내 삶은 사람들의 삶에서 묻어나는 다양한 위협과 비난, 유머와 용기의 상호작용으로 가득 차 있다. 주택이나 상가 주인들이 눈조차 마주치지 않아 상호작용을 전혀 기대할 수 없을 때가 있다. 또 불편함 때문에 그들이 과격하게 행동하기도 한다. 지난 화요일 아침 한 편의점 뒷골목에서 들은 "쓰레기통에서 당장 꺼져요!"나, 꾸물거리는 내게 "진짜로 경찰한테 전화하기는 싫거든요"라고 말하는 것처럼 말이다.

크리스마스 직후에는 어떤 집 앞에서 쓰레기통을 뒤지다가 집에서 한 여자가 뛰어나와 당장 경찰에 연락하겠다고 소리 지른 적이 있다. 휴대전화를 깜빡했다며 친구더러 갖다 달라고 소리치는 걸 들으며 그곳을 떠났다. 그러나 내가 만난 사람들 대부분은 나를 불쾌해하지 않았다. 내 생각에 항상 미소를 짓고 목적을 설명하고자 했던 내 진심이 통했기 때문인 것 같다. 그럼 나의 진심이란? 휴먼드라마를 찍기 위함이 아니라 쓰레기 수집을 통해 생존하고자 함이다. 누군가에게 소리 지르거나 경찰을 부르거나 할 여유가 없다.

쓰레기를 뒤져서 하루하루를 살아가는 나로서는 특히 보안요원이나 경찰관들과는 부딪치고 싶지 않다. 눈에 띄지 않는 것이 상책이지만, 혹시 부딪치면 그 상황을 벗어나려고 무진장 애를 쓴다. 상업지역에서 쓰레기를 뒤지다 보면 사설 보안요원이 다가올 때가 자주 있다. 트럭이나 경호차량이 속도를 줄여 쫓아올 때면 나는 항상 같은 전략을 사용한다. 일단 하던 일을 멈추고 눈을 마주친 다음 미소를 보내고 자전거에 올라타 유유히 사라지는 것이다. 이 방법은 지금까지 한 번도 큰 마찰을 일으키지 않고 잘 통했다.

 길에서나 골목에서나 쓰레기 수집을 하기 전에 경찰관이 있는지 유달리 살피기 때문에 자주는 아니지만 의외의 상황이 발생하기도 한다. 경찰차가 속도를 줄이면 일단 나는 동작을 멈춘다. 사실, 부주의로 인한 불필요한 만남을 피하기 위해서 나는 수시로 쓰레기통에서 눈길을 떼고 혹시라도 경찰차가 다가오지는 않는지 주위를 살핀다. 그러나 쓰레기통에서 나오는 물건의 풍성함이 너무나 매혹적이어서 스스로에게 그렇게 당부를 하건만 이를 잘 지키기가 쉽지 않다. 그래서 실제로는 이렇게 스스로에게 당부할 때마다 영광스러운 쓰레기더미 속에 내가 얼마나 오랫동안 머리를 박고 즐거워했는지를 깨닫게 될 뿐이다.

 대부분의 대형 쓰레기통에는 좌우로 플라스틱이나 철제 미닫이문이 있고 윗부분에는 뚜껑이 있는데, 한번은 이 미닫이문에서 큰 곤경에 빠진 적이 있었다. 그날도 나는 제일 좋아하는 쓰레기통 안에서 문에 기댄 채 내용물들을 열심히 분류하고 있었는데 반대편 문 쪽에서 움직임이 느껴졌다. 허리를 세우고 쓰레기통의 어둠 너머에서 다가오는 움직임에 주의를 기울였다. 곧 좋지 않은 광경이 눈앞에 펼쳐졌다. 포트워스 경찰 순찰대가 반대편 문 너머에서 나를 바라보고 있었던 것이다. 나는 천천히 머리부터 쓰레기통을 빠져나와 경찰차로 걸어갔다. 그런데 그 순간 경찰차 안에 있던 중년의 백인 경찰관이 엄지손가락을 세우며 꽤 친근한 표정을 지어 보인 것 같았다. 확실하지는 않았고 그의 손짓이 무슨 의미였는지 오해하기 싫어서 나는 계속 걸어갔다. 차창이 내려가고 경찰관의 의도가 곧 밝혀졌다.

"그냥 확인해본 것뿐입니다. 자전거는 있는데 사람이 없어 혹시 도둑맞은 물건인가 해서요."

"아, 그래요? 감사합니다." 내가 대답했다.

"뭘요, 좋은 물건 찾으세요." 그는 그 말을 하고는 차창을 올리고 멀어져갔다.

2003년 2월 8일

오예, 랑콤이다!

오늘 나는 수첩과 야구공, 동전 등 많은 것을 얻었지만 여전히 몬티첼로 멕맨션 보도에 있는 쓰레기더미를 보러 갔다. 거기서 술과 보석, 잘 작동하는 커피메이커 등을 찾을 수 있었다. 거기다 나의 친절한 "안녕하세요" 인사에 대답은커녕 눈도 마주치지 않고 열심히 검은 봉투에 물건을 주워 담던 여자도 한 명 만났다. 자전거를 달려 집으로 돌아가던 길이 얼마나 뿌듯했는지 모르겠다. 시계 겸용 라디오, 장식 항아리, 다양한 영화 비디오, 여전히 13.95달러 꼬리표가 붙어 있는 《위대한 미국의 부엌들》*Great American Kitchens* 잡지에다 윌리엄 사파이어의 《자유》, 조셉 헬러의 《금처럼 아름다운》, 사무엘 베케트의 《종결》 등 다양한 하드커버 책도 얻었다.

그중 최고는 단연 다음에 소개할 물건이다. 나는 앞으로도 버리지 않고 잘 간수할 계획이다. 보도를 등지고 허리를 굽혀 열심히 쓰레기 가방들을 보고 있을 때였다. 차 한 대가 북쪽에서 길을 따라 내려오고 있었는데 내가 알기로는 이 도로가 북향 일방통행로였다. 얼핏 보기에 열 살 남짓 되어 보이는 아이가 차를 몰고 오는 것처럼 보였다. 차는 덜컹거리며 왼편 앞바퀴가 곧장 인도로 올랐다. 창가에 기대 "쉿, 집에 사람이 있나요?"라고 묻는 얼굴을 보니 검게 그을린 중년의 텍사스 백인 여성 노동자였다. 발음이 분명치 않았지만 웃고 있었다. "그건 잘 모르겠네요." 나 또한 웃으며 대답했다. 그 여인과 여인의 딸이 함께 차에서 내렸는데, 20대로 보이는 딸은 얇은 흰색 톱과 반바지를 입고 있었고 한눈에 봐도 임신한 상태였다. 중년의 엄마는 술에 취해 있었다.

우리는 함께 작업을 시작했다. 가방을 열고, 물건을 구분하면서 이야기를 나눴다. 그들과 가까워지고 싶기도 했고 자전거에 더 실을 곳이 없어서 좋은 물건을 그들에게 건넸고, 그때마다 엄마는 "고마워요" 하고 감사를 표했다. 그러다가 작은 상자가 가지런히 진열된 통을 찾았는데 화장품이 한가득 있었다. 엄마는 당장 "오 예, 랑콤이다!"라고 외쳤고 딸은 자기도 봤다며 난리였다. 나는 모녀에게 찾는 물건이 구체적으로 있는지 물었다. 엄마는 "뭐든 깨끗한 거라면"이라고 대답하더니 한참 후에 "아이들 물건이 뭐 없나?"라고 말했다. 나는 내가 찾은 디즈니 테이프를 엄마에게 주었다. 잠시 후, 딸이 엄마에게 "이건 어때요?" 하고 물었고, 엄마는 "새것이라면 무엇이든지"라고 대답했다.

잠시 후 딸은 구석에서 쿠션이 있는 의자 하나를 가져가려고 했다. 차에 들어갈 수 있을까 걱정하기에 내가 도와주기로 했다. 의자를 들고 차에 갔더니 보도블록에 걸친 차는 삐딱하게 서 있었다. 트렁크를 들어올렸더니 퉁 튕기며 겨우 열렸다. "당신이 먼저 차지한 자리에 우리가 와서……." 엄마가 고맙고 미안하다는 말을 돌려서 하기에 내가 말을 잘랐다. "에이, 괜찮아요."

잠시 후 그녀가 말했다. "이 근처에 살아요?"

"네, 캠프 보위를 지나 바로요. 별로 좋은 곳은 아니에요." 나는 웃으며 대답했다.

"그렇군요. 이 동네 사람들은 이렇게 좋은 물건을 버리나 봐요?"

막 떠나려는데, 그녀가 다시 걸어왔다. "쉿, 저기 뭔가 팔랑거려요. 수표라고요." 그녀와 나는 같이 웃었다. "그래요? 나도 수표를 주운 적이 있는데 사인이 된 것도 있었어요." 실제로 그랬다. 며칠 전에 수표책 두 권을 따로 주웠는데, 그중 한 권에 릿글리아 컨트리클럽에서 사인한 수표도 몇 장 끼어 있었다.

마침내 오늘 수확한 가방을 자전거 짐칸에 묶고 앞 바구니에 책들을 넣고 있는데, 엄마가 아까 내가 버려둔 운동 비디오테이프를 보고 있었다.

"건강하게 사는 법? 쉿! 기분 좋게 사는 법이나 배워!" 그녀는 말을 마치고 나를 바라보며 웃었다. 나는 기분 좋게 자전거를 달려 집으로 향했다.

2002년 7월 18일

3
길거리의 깨달음

그 가능성이 발견된 물건들, 도시의 거리와 쓰레기더미, 쓰레기통마다 버려졌다가 새롭게 분류된 물건들이 단지 나의 다양한 욕구와 필요만을 충족시키는 것은 아닌 것 같다. 신발, 술, 선반, 볼트, 물통 등 사람들이 쉽게 버린 물건들은 내가 찾고자 하는 마음만 있다면 얼마든지 나에게 모습을 보일 준비가 되어 있다. 이렇게 도시 곳곳에서 걷어 들인 풍성한 수확은 나의 필요를 채우는 물질적 해결책이 되는 동시에 동물들의 안식처가 되고 노숙자들의 쉼터가 되며 내 친구와 가족에게 안겨줄 선물이 된다. 물론 세상 모든 사람이 길거리의 수확물에 의지해 살아갈 수는 없고 그럴 필요도 없겠지만, 적어도 나에게는 건강과 자전거 그리고 항상 쉴 수 있는 공간이라는 특혜가 있었기에 쓰레기 수집을 통해 스스로의 힘으로 또 자유로운 형태로 매일의 경험을 쌓을 수 있었다.

거리의 수확물에 의지해 하루하루 생존하는 최우선의 임무를 수행하는 동안, 내게는 나와 다른 이들이 기대어 살아가는 이 세계에 대한 이해를 넓히고자 하는 더 큰 목적이 있었다. 이런 나의 경험은 길거리 세계를 이해하기 위한 기회이자 동시에 도전이었다. 나는 이 세계에서 단순히 물질적 필요만을 채우기에 급급해하지 않고 보다 고상한 가치를 얻을 수 있을까? 바꿔 말하면, 길거리의 세계에서 무질서하게 쏟아지는 물질적 혼란 속에서도 나는 분석적이고 깊이 있는 무언가를 얻어낼 수 있을까? 쓰레기 수집이라는 모험 속으로 막 들어갔을 때에는 이와 같은 질문들이 생각나지 않았다.

이후 나는 계획하기를, 초기에는 도시를 먼저 샅샅이 살펴 내가 찾은 것들을 기록하고, 시간이 지나면서 이런 것들의 일반적인 외형적 분석 모델을 산출하고자 했다. 그러나 시간이 가고 수집품이 쌓여감에 따라 나는 누군가의 삶이 묻어난 물건들의 세계 그 자체가 제공하는 지식과 아름다움의 조각들에 빠져들었다.

이제 신발과 셔츠, 은수저 등을 줍는 저 길거리에서의 시간은 도시를 찾는 시간이요, 깨달음에 이르는 시간으로 바뀌었다.

어떤 깨달음

4장에서는 가방과 각종 공구들, 포장, 튼튼한 옷가지 등이 어떻게 내 생활을 지탱하게 되는지, 또 다른 쓰레기 수집 과정에 어떻게 도움이 되었는지 상세히 살펴볼 것이다. 그러나 길거리 세계에서는 물리적인 것 외에도 다양한 습득물이 생기게 마련인데 그것은 바로 지적인 습득물이다. 쓰레기에 의지해서 살아가는 것과 그 삶을 이해하고자 최선을 다하는 데 이보다 큰 즐거움도 없다. 버려진 책이나 설명서, 잡지 등을 통해서 얻는 정보는 쓰레기 수집 자체에 필요한 정보나 이해를 얻는 데에도 큰 도움이 되곤 한다. 나는 물리적인 도구들뿐 아니라 이처럼 분석적인 도구들이 알려주는 정보와 각종 아이디어에 실제로 의지하여 쓰레기 수집을 진행하거나 나의 수집 행위 자체에 대해 배우는 순간이 많다.

몇 년 전, 그래피티와 지하예술의 세계에 흠뻑 빠져 있을 때였다. 길거리 예술가들은 주운 캔버스와 페인트는 물론, 각종 쓰레기를 활용하여 스텐실 작품을 만들거나 도시 자체를 예술로 승화시키는 역동적 활동을 멈추지 않는다. 그런 역동성이 쓰레기 수집의 세계에도 똑같이 적용될 수 있다는 사실을 나는 곧 깨달았다. 도시의 그늘 아래로 잃어버린 온갖 종류의 정보들을 찾는다는 것은, 그게 어떤 정보든 나를 둘러싼 세계와 나를 알아가는 작업이다.

쓰레기를 줍기 위해 자전거를 달릴 때마다 책과 잡지를 얻는다. 사실 책과 잡지를 실을 때마다 그 무게 때문에 자전거가 휘청거리고 다리는 후들거린다. 버려진 책들을 욕심껏 모두 챙기기란 불가능해서 시간이 지나면서 수백 권, 아니 수천 권의 책들을 그냥 버려두게 되었다. 그중에는 상자 채로 버려진 책들도 적지 않다. 책을 고르는 기준은 다음과 같다. 우선 클래식이거나 내가 읽고 싶었던 책, 다음은 친구나 친구의 아이들이 읽을 수 있을 책, 드물게는 중고 서점이나 골동품 수집가에게 팔면 값이 좀 나갈 것 같은 책이다. 그러다 보니 때로는 명작이나 베스트셀러, 한 질의 로맨틱소설 등과 같은 책을 버려두고 올 때도 있다. 그래도 걷어 들이는 책이 엄청나서 자전거는 휘청거리고 사무실과 창고는 책으로 넘쳐난다.

2월에 있었던 일이다. 자전거를 타고 나선 길에 구리선과 알루미늄 캔, 3페니, 낡은 고등학교 졸업장과 함께 1941년 판《항공기술 매뉴얼》한 권과 공군에서 1953년에 발간한《훈련과 예절》매뉴얼 두 권을 얻었다. 그중 한 권에는 내 미래의 직장 소유라는 도장이 찍혀 있었다. "텍사스크리스천 대학교, AFROTC, 정부 소유." 몇 개월 후에는 길가 쓰레기더미와 쓰레기통에서 텍사스크리스천 대학교의 1950년대, 1960년대 연간물들을 얻었다. 몇 개월 후에는《훈련과 예절》을 또 수집했고, 7월에는《서비스 메카닉 핸드북, 모델 PV-1, 기밀》을 손에 넣었는데, 이는 제2차 세계대전 당시 사용되던 해군의 PV-1 항공기 매뉴얼로 페이지마다 '기밀'이라는 도장이 찍혀 있었다. 책에는 그 의미를 일깨우기 위해 다음과 같은 구절이 있었다. "항공기는 물론이고 파일럿의 생명이 당신 손에 달려 있다." 그리고 그렘린^{Gremlin}(눈에 보이지 않는 꼬마 마귀로 각종 기계 등에 고장을 일으킨다는 전설이 있음-옮긴이)처럼 생긴 '지상 근무원'을 통해 구체적으로 다음과 같은 경고 메시지를 전하고 있다.

모든 파일럿들은 주의하라! 지상 근무자들은 기계 꽁지에 붙어 있는 작은 괴물들이다. 그들은 날지도 않고 당신의 비행기가 날기를 바라지도 않는다. 이 악동들은 비행기가 땅에 머무는 동안 떠나지 못하도록 바쁘게 일하거나, 땅에 내려오도록 각도를 재고 있다. 당신의 비행기에 지상 근무자들이 달라붙지 못하도록 하늘에 머물라. ……지상 근무자들의 말을 듣지 말라. 필요한 것은 배우라. 잘 모르겠거든, 아는 사람을 찾아 물어보라.[1]

제2차 세계대전 당시 이 핸드북의 주인은 이 경고를 상당히 진중하게 받아들였던 것 같다. 이 책이 있던 쓰레기더미에서 함께 찾아낸 책은 헨리 B.가 1973년에 쓴《시계 수리 매뉴얼》, 제3개정판이었다.

다른 책들과 각종 안내서들도 잊어버린 문화와 역사를 엿볼 수 있는 단초를 제공해준다. 장난감과 공구가 많았던 길거리의 큰 쓰레기더미에는 1940~50년대 미 해군이 모병에 사용한 브로슈어가 있었다. "세계 저 너머에는 무엇이 있는지 궁금하지 않은가? 아마 궁금할 것이다. 당신이야말로 뜨거운 피를 가진, 모험을 사랑하는 미국인이다."

다른 쓰레기더미에는 1986년에 만든 F16 트레이닝 매뉴얼을 포함하여 다양한 군사 훈련용 가이드북이 있었다. 1940년의 보이스카우트 핸드북에서 문화적 아이러니를 발견했는데 1년 전에 시작된 미국의 독재 파시즘 정권에 대항한 전쟁에서 이기기 위하여 "스카우트는 복종한다"라는 구절이 있었다. "권위에 대한 복종은 이

Sailor Beware!

GROUNDLINS are the little guys who get in the service mechanic's hair.

They don't fly and they don't want your ship to fly either. Most of the time these imps are busy trying to keep the airplane grounded; the rest of the time they're figuring angles to keep it there.

Keep YOUR ship up in the air where the groundlins can't touch it.

You'll meet some more of the GROUNDLINS as you read on.

"SKIP IT, MATE—
DON'T WORRY
ABOUT THAT
JOB—
IT AIN'T
WORTH IT—"

DON'T LISTEN TO GROUNDLINS

- KNOW YOUR JOB
- DO IT RIGHT
- IF YOU'RE NOT **SURE** —
  ASK THE MAN WHO KNOWS

RESTRICTED

"파일럿들은 주의하라!" 《서비스 메카닉 핸드북, 모델 PV-1, 기밀》, 쓰레기에서 수집한 책.

기기 위한 필수조건이다. 모든 조직에는 감독이 있다. 모든 집단에는 명령을 하달하는 누군가가 있으며 그렇지 못할 경우 그 팀은 많은 사람의 지적인 합의를 이루지 못한 채 두려움에 사로잡힌 오합지졸에 지나지 않게 될 것이다."² 또 다른 쓰레기더미에서 10센트짜리 1933년 판《젊은 시민들이여》(유니버시티 클럽 빌딩, 오하이오 콜럼버스), 1934년 판《비즈니스 언어》를 손에 넣었다. 책 표지에 거쳐간 주인의 이름이 길게 열거되어 있었다. 이 낡은 책, 라틴어 연습은 낡은 종이로 잘 포장되어 있었고 뒤표지에는 만년필로 풋볼 경기 장면이 그려져 있었다. 텍사스 포트워스의 세인트 보니페이스 페리쉬에서 날아온 팸플릿,《일곱 개의 약속》도 있었다.³

  다양한 잡지도 있었다. 2002년 6월에는 글래머 매거진에서 발행한《글래머 뷰티 북》시리즈 1957년에서 1966년까지를 얻었다. 1968년 여성들의 집 안 꾸미기에 대해 알 수 있는《레이디 홈 저널》도 얻었는데 "집에서 할 수 있는 정신분석학적 결혼생활 점검", "유행 색상: 새로운 중국풍 흰색" 등이 소개되어 있었다. 단순함을 주제로 한 1965년 2월 판에는 1,400쪽에 걸친 드레스 패턴과 "현대 여성에게 어울리는 의상"이 소개되어 있었다. 그중에서 가장 많은 정보가 담긴 책은 알렌 달의《항상 남자에게 물어보라》였는데, 삽화로 봐서 1960년대에 쓴 책 같았다. 이 책의 주인은 "날씬해지기—치수 재기"나 "빨간 머리로 물들이기는 즐거운 일"이라는 챕터에서 핵심 단어나 구절에는 푸른색 펜으로 줄을 그어놓았다. "신뢰할 만한 남자 친구의 도움을 얻어라", "여성다움", "여자다운", "참으로 여성스러운 여자들에게는 한 가지 공통점이 있는데, 그들이 남자를 좋아한다는 것이다" 그리고 "여자가 적극적인 것을 남자들은 별로 좋아하지 않는다"와 같은 구절에 밑줄을 쳤다. 또 책 맨 뒷면에 "여성스러움"이라는 단어 하나가 적혀 있었다.

또 한번은 순서는 헝클어져 있었지만 각종 서류들과 서적들을 수집한 적이 있었다. 버려진 쓰레기봉지에서 20×25센티미터 크기의 오래된 쌍둥이 사진을 발견했다. 1939년에 출판된《우리 아기》도 같이 있었는데 다른 많은 선물, 카드 들과 함께 1941년 1월에 태어난 쌍둥이에게 선물로 준 것이었다. 흐릿한 20×25센티미터 크기의 쌍둥이 사진 중에 하나는 두 아기가 나란히 앉아 서로 기대어 웃고 있는 사진이었는데, 한 아기가 행복하게 웃으며 고개를 뒤로 젖혔다. 이 사진을 우리 집 복도에 걸었는데, 내가 사무실로 오갈 때마다 작은 영감을 준다.

2002년 5월에는 스티브 호건과 리 허드슨의 704쪽에 달하는 무거운 책,《이상한 책: 게이와 레즈비언 대백과》를 수집했다. 늦은 7월에는 베리 매닐로, 레바 멕켄타이, 닐 다이아몬드, 빌 코스비의《아버지됨》, 데일 다이의《플래툰》, 진 두드의 1964년 판《로버트 프로스트: 목적은 노래였다》등의 오디오테이프와 책을 찾기도 했다. 이처럼 다양한 잡지와 책들은 버려진 상태처럼 다양한 역사적 배경과 정보를 담고 있다. 건축 사무실 앞에서는 12권의《건축학 요람》한 질과 다섯 상자나 되는 타일 샘플을 함께 발견했다. 리모델링을 하는 집 앞 대형 쓰레기통에서는 연간 단위로 잘 묶어둔 영국과 미국 자동차 잡지 수백 권을 발견했다. 집주인 여자는 이 책이 전남편의 아버지 것이라며 다 가져가라는 당부를 잊지 않았다.

"앞마당 세일"이라는 표지판과 함께 나무 문, 창틀, 스위치 커버, 문고리, 선풍기, 조리용 채 등이 들어 있던 상자에서는 《내셔널 지오그래픽》 시리즈 1940년에서 1966년까지와 단행본 《브라질의 큰 입술 인디언》, 《소인국》 등을 구했다. 1970년대에서 1980년에 이르는 데이브 캠벨의 텍사스 풋볼 잡지를 발견했을 때는 탄성을 지르기도 했다. 그러나 자전거 짐칸에 실었다가 떨어질까 봐 집까지 손에 들고 돌아왔을 정도로 가장 좋았던 잡지는 따로 있는데, 바로 1966년 6월 10일 판 《라이프》다. 영화 〈누가 버지니아 울프를 두려워하는가〉에 나오는 엘리자베스 테일러의 사진과 "엘리자베스의 화제작: 그녀의 영화는 감각의 법칙을 거부한다"는 헤드라인이 실린 표지로, 두 번째 헤드라인은 "'흰둥이'를 잡는 이야기 구조: 게토 전쟁을 계획하는 젊은 흑인들"이었다.

책이나 잡지를 수집하면서 가장 기억에 남는 순간은 아무래도 세 상자 가득 차 있던 '뉴욕타임즈 베스트셀러'를 구했던 때가 아닌가 싶다. 헌책방으로 이 상자들을 가져갔을 때, 길거리에서 수집한 이 책들이 얼마나 값이 나갈까 판정을 기다리는 동안, '문화연구/사회학' 코너에서 수전 스트레서의 《쓰레기와 필요: 쓰레기의 사회적 역사 $^{Waste\ and\ Want:\ A\ Social\ History\ of\ trash}$》를 발견하게 되었다. 내가 가져간 책에 대한 대가로 받은 10달러를 투자해서 나는 그 책을 샀다. 여러분 모두 눈치채셨겠지만 이 쓰레기 가운데 얻은 책을 판 값으로 나는 쓰레기에 대한 책을 샀고, 이렇게 한 권씩 쌓인 책들이 바로 이 책에서 인용하는 주요 레퍼런스가 되었다.

길거리에서 수집한 책들은 이렇듯 다양한 방법으로 나의 지성을 자극했다.

당신의 사고를 자극하라

지난 며칠 동안 열심히 주워 나른 물건들이 너무 많이 쌓여서 물건들을 분류하고 처분하거나 고물상에 팔도록 창고를 정리해야 할 때가 되었다. 그래서 자전거를 타거나 걸어서 쓰레기 수집 나가는 일을 쉬고 하루 온종일 창고를 정리하기로 했다. 사실 그날따라 바람도 불지 않는 무더운 날씨 때문에 작열하는 텍사스의 태양과 습도, 자동차와 공장의 연기를 견딜 수 없을 것 같아 결정 내린 것의 핑계이기도 했다. 어제는 이렇게 공기가 나쁜데도 자전거를 너무 달려 허파와 다리가 많이 아팠다.

오후 일찍 창고로 가는 길에 길거리를 살펴보니, 아직 수많은 쓰레기가 거리 구석구석에서 치워지지 않은 채였다. 아마 오전에 쓰레기를 싣고 가야 할 트럭들이 일을 다 끝내지 못한 것 같았다. 나는 계획을 수정해야 할 필요를 느꼈다. 보통 쓰레기차가 다녀가기 전날 저녁에 쓰레기 수집을 나서기 때문에 다음 날 아침 일찍 버려지는 것들에 대해서는 살펴볼 기회가 없었는데, 오늘은 절호의 기회를 맞은 것이다. 공기는 나빴지만 자전거를 한옆에 세우고 40여 분간 열심히 쓰레기를 뒤졌다. 동네 저 멀리서 거대한 쓰레기 수거

차량이 움직이는 소리가 들렸다. 나는 빠르게, 황급히, 이미 뒤졌던 쓰레기더미까지 마구 살펴보았다. 그런 와중에도 알루미늄 캔과 울타리 주조물, 다섯 개의 CD(Encarta 98 Encyclopedia CD 두 개 포함), 구리 도금한 대형 냄비, 잔디 깎는 기계, 프랑스 코스모사의 낚싯대와 회전 릴(프랑스 미첼사 제품)을 손에 넣었다. 이렇게 공기가 나쁜데도 이틀이나 연속으로 나갔더니 괜찮더라는 사실에 고무되어 나는 계속해서 자전거를 끌고, 또 개를 데리고 나가서는 알루미늄 캔과 납추, 페인트 캔 오프너, 합금 주형물("Valmont"라고 새겨져 있었음), 1페니, L자형 금속 막대 등을 추가로 손에 넣을 수 있었다.

일기예보가 정확했다면 내일이나 되어야 텍사스를 덮었을 더운 공기 속에서 나는 어제 낡은 신문지 몇 장을 발견했다. 처음에는 이 신문지를 오래된 사진 액자가 깨지지 않도록 싼 것으로만 생각하고 재활용품 쓰레기통에 버리려 했다. 그런데 세인트루이스의 1965~66년 우편도장이 찍힌 것을 보고는 잘 간직해두었다. 정확한 날짜는 세월과 함께 뜯겨져 나가고 없었다. 신문에는 포드 자동차의 공손한 안내문이 실려 있었다. "전문가가 전하는 좋은 운전 습관을 알려드립니다. …… 운전자 여러분의 안전을 책임집니다."[4]

그 신문의 앞쪽에는 헨리 포드 2세가 "안전 운전을 위하여 당신의 생각을 자극"하려고 쓴 편지와 함께 "새 고속도로와 전자 교통통제 시스템이 들어선 이후 도시의 교통체증이 줄기 시작했다"는 보고가 실려 있었다. 또 1966년의 새로운 포드 자동차를 사라고 밝은 어조로 광고하고 있었다. "66년산 새로운 포드를 구입하시면 당신이 한 번도 경험해보지 못한 디자인 덕분에 훨씬 쉽고 부드러운 드라이브를 만끽하게 될 것입니다." 다음 장에는 뉴욕 주 경찰청의 로버트 D. 경관의 경고문이 실렸다. "좋은 운전 습관은 좋은 시민이 되느냐의 문제입니다", "무엇보다 교통법규를 지켜야만 합니다. 교통법규는 당신의 생명과 재산을 지켜줍니다". 그리고 포드의 자동차 안전센터의 보고가 이어진다. "과학자들은 차량과 운전자 사이의 물리적·정신적 교감이 얼마나 중요한지 연구한 바 있다." 마지막으로 "미국 최고의 10대 운전자"이자 음악가이며, 제14회 안전운전대회의 수상자인 로버트 기어하트가 다음과 같이 첨언한다. "교향악 연습을 위해 매일 128킬로미터를 운전해야 했어요. 이것이 운전 경험에 큰 도움이 되었지요."

부담 없이 달릴 수 있는 고속도로와 점점 더 안전하고 편안해지는 자동차, 이를 위해 노력하는 과학자들, 이제 18세가 된 음악가의 하루 128킬로미터 운전 등, 1966년부터 이렇게 탄탄하게 준비된 우리의 자동차 문화는 오늘날의 더러운 장밋빛 공기에 이르기까지 쉼 없이 달려왔다. 사실 나 또한 열광적인 자전거 마니아는 아니어서 편리하고 안전하고 즐거운 포드 자동차를 몰고 있다.

자동차로 붉게 물든 공기 속을 매일같이 자전거로 달리면서, 나는 자동차의 맹렬한 공격 속에 미국에서만 매년 4만 5,000명의 희생자들이 사라져가는 가운데 그중 한 명은 되지 말아야겠다고 희망해본다.[5]

2002년 7월 9일

무초스 리브로스!

개들을 데리고 진흙탕인 벤브루크 호수에서 수영을 하고 돌아온 나는 해가 지기 전—쓰레기차가 다녀가는 저녁이어서 중요한 시간이었다—에 자전거를 타고 나섰다. 알링턴 헤이트와 리버 크레스트의 부유한 거리를 서쪽으로 가로질러 한참을 다녔지만 오래된 맨션촌의 큰 집 앞 쓰레기더미에서 얻은 2페니와 볼트 두 봉지, 알루미늄 캔 하나, 〈포트워스 오페라〉 CD 하나가 수확의 전부였다. 일을 마치려는 순간 트리니티 강의 웨스트포크 너머 북쪽 절벽 위에 자리잡은 큰 집을 하나 보았고, 해가 떠오르는 방에서의 아침식사를 상상해보았다. 벽돌과 철로 만든 입구에 포트워스 시라는 팻말과 텍사스 역사위원회 공적사적지라고 새겨놓은 현판이 붙어 있는 게 멀리서도 선명하게 보였다. 1910년에서 1913년 사이에 새워진 발드리지 하우스로 시간 전시장으로 유명하며, 거대한 석회암 기둥과 떡갈나무 장식이 어우러져 있다. 아마 건물이 지어진 당시에도 사람들은 통통한 아기 천사들이 독수리와 함께 날아다니는 대리석 장식에 감명을 받았을 것이다.

역사도 좋고 경치도 좋았지만, 어쨌든 나는 길모퉁이를 다시 돌았고 길 건너 저편에서 열심히 쓰레기 상자를 옮기고 있는 아주머니를 발견했다. 나는 자전거에서 잠시 기다렸다가 아주머니가 사라진 후 상자로 돌진했다. 이 주변이 워낙 사치스럽기 때문에 아주머니가 다른 상자를 들고 오기 전에 나는 필요한 물건들을 찾을 수 있을 것으로 기대했다. 그런데 서둘러서 분류할 수 없다는 사실을 깨달았다. 수많은 상자가 하드커버, 종이 커버로 장식된 양질의 책들로 가득했기 때문이다.

아주머니가 다른 상자를 들고 내게로 걸어왔을 때, 나는 전략을 수정하기로 했다. 자전거에 걸터앉았다가 아주머니를 향해 돌아서면서, 미소를 짓고 말했다. "제가 책을 너무 좋아하거든요. 이 책들 좀 살펴봐도 괜찮을까요?" 외지에서 온 사람들을 만나다 보면 이렇게 의사소통이 어려운 순간이 있게 마련이다. 그녀는 어깨를 움찔하면서 영어를 전혀 못 알아듣는다는 표정을 지어 보였다. 남미에서 온 사람일 것이라고 나는 추측했다. 머리를 열심히 굴려, 어설픈 스페인어로 나는 다시 상자를 가리키며 말했다. "리브로스!" 그녀는 웃으며 고개를 끄덕였다. 마지막 상자를 내려놓은 그녀는 내게 양질의 하드커버 책들이 가득한 상자를 보이며 "시, 무초스 리브로스!"라고 말하며 미소를 지었다. 나도 웃으며 "그라시아스 무차스 그라시아스!"라고 말했다.

그렇게 몇 번이나 책 상자를 가져다주면서, 그녀는 웃으며 말했다. "마스 리브로스!" 그때마다 나도 감사와 미소로 화답했다. 이 이웃의 민족과 경제적 지위를 떠나서 우리는 일종의 동질감을 체험하는 귀한 시간을 누렸다. 저명한 발드리지 맨션가에서 말이다. 이 라틴 여성은 창고에서 무거운 책 상자를 꺼내어 버리는 '쓰레기의 밤'을 보내는 동안, 자전거를 타고 있는 말라비틀어진 백인 남성을 만나 함께 즐거운 기쁨을 누렸고, 사실은 기대하지 못했던 자유를 만끽할 수 있었을 것이다. 수전 스트레서의 글, 《쓰레기와 필요》에서 소개된, 힘들고 어려운 매일의 노동 가운데 "농담과 웃음, 거래를 통한 변화"를 주었던 19세기 떠돌이 쓰레기 수집가들이 생각났다. 100년하고도 더 시간이 지난 지금, 일상의 고된 노동에서 잠시 벗어나 뜻밖의 자유를 누리게 해주는 두 바퀴 자전거를 타고 온 떠돌이 쓰레기 수집가가 바로 여기 있다.[6]

역사적 현장을 재현하는 내 역할을 다하기 위해 나는 다시 버려진 책 더미로 파고들었다. 사실 상당수의 책들이 크고 잘 만들어진 하드커버였다. 분명히 많이 읽은 책도 아니었고, 버릴 만큼 상태가 나쁘지도 않았다. 바로 그때 문제가 발생했다. 웨스트 포크를 지나니 돌풍과 함께 폭풍이 일기 시작한 것이다. 이 오래된 책들은 분명히 물을 싫어할 것이었다. 되도록 빨리 가방에 책들을 집어넣고 입구를 꼭 묶을 즈음 비가 내리기 시작했다. 두꺼운 상자 하나를 비워 내가 원하는 책들로 가득 채운 후 빗물이 들어가지 않도록 꼭꼭 여몄다. 책을 안전하게 옮기고 나서 흩뿌리는 비를 등에 맞으며 나는 배가 불룩한 검은 봉투 하나를 들고 앉았다. 지난 몇 개월간의 경험에서 터득한 내 촉각에 따르면 이 봉투는 분명 일반적인 집안 쓰레기로 채워진 게 아님이 분명했다. 특히 더럽고 젖은 쓰레기 따위가 아니라 작은 물건들을 모아놓은 봉투로 보였는데 이런 경우 손으로 봉투의 중간과 아랫부분에 작은 구멍을 하나씩 뚫어본다. 위의 구멍으로 대략 어떤 물건이 들었는지를 살핀 다음 아래 구멍으로 동전, 보석류, 공구 등과 같은 귀중품들을 얻을 수 있다.

이런 기술로 나는 곧 괜찮은 수확물을 얻게 되었다. 알루미늄 막대기와 캘빈클라인 가죽지갑(검붉은 색으로 고가의 지갑이었다), 남미 스타일의 큰 벽걸이, 보석류 몇 점이 있었다. 그중에는 큰 귀고리와 라인석이 박힌 예쁜 베이크라이트 머리핀, 은 브로치 등도 있었다.

비가 잠시 멈춘 사이 나는 이 물건과 책들을 모두 자전거에 실었다. 어찌나 무겁던지 자전거가 폭삭 주저앉을 지경이었으며 핸들 양편에 매단 물건들 때문에 방향을 잡기도 힘들었다. 다른 때 같았으면 여러 번에 걸쳐서 조금씩 가져갔겠지만 오늘은 비가 와서 책들을 버릴지도 몰라 모두 실었던 것이다.

이처럼 고통스럽게 자전거 페달을 밟게 하고, 내 어깨를 짓누른 책들은 도대체 어떤 책들인가?

《문제는 장미 The Subject Was Roses》, 프랭크 D. 길로이, 1965. 텍사스크리스천 대학의 책으로 반납일을 좀 넘겼다. 반납일은 1972년 12월 22일이다.

《시간의 역사 A Brief History of time》, 스티븐 W. 호킹, 1988.

《지그문트 프로이트의 생각 The Basic Writings of Sigmund Freud》, 1938. 하드커버로 Dr. A. A. 브릴 편집. 1,001쪽에 달하는 무거운 책으로 앞표지 안쪽에 "허만 하트 주니어 개인 도서관"이라고 인쇄되어 있고, 다음 페이지에 "허만 하트 장서" 글귀와 나무 테두리 모양 인장이 찍혀 있다.

《웹스터 법률 사전 Webster's Legal Speller》, 1978.

《스페인 단어 독학서 Teach Yourself Spanish Vocabulary》, 1996. 표지에 "일레인 하트"라는 이름이 적혀 있었다. 내가 이 책을 잘 활용하기만 한다면 다음번에는 "리브로스!", "무차스 그라시아스" 외에도 다른 말들을 할 수 있을 것 같다.

《로제 21세기 대백과Roget's 21st Century Thesaurus》, 1922. 836쪽에 달하는 하드커버.

《소설 텍사스Texas: A Novel》, 제임스 미치너, 1985. 하드커버로 1,096쪽이다.

《신약성경 베다니 패러렐 주석The Bethany Parallel Commentary on the New Testament》, 1983. 1,499쪽짜리, 손잡이가 달린 하드커버.

《보충학습 I, 아메리카의 언어Supplement I, The American Language》, H. L. 멘켄, 1쇄, 1945. 739쪽의 하드커버이며 색인이 있다.

《보충학습 II, 아메리카의 언어Supplement I, The American Language》, H. L. 멘켄, 1쇄, 1948. 890쪽이며 마찬가지로 색인이 있다.

《론리 플래닛 태국Lonely Planet Travel survival Kit, Thailand》, 1995.

《브라이드헤드 리비지티드Brideshead Revisited》, 1944/1973. "일레인 하트에게, 1983년 W.프랭크 콤스가"라는 서명이 있다.

《이탈리아, 미셸린 투어 가이드Michelen Tourist Guide, Italy》, 1981.

《프라도의 보물Treasures of the Prado》, 1993년에 박물관에서 발행된 작은 안내책자로 아직도 뒷면에 "11.95달러"라는 스티커가 붙어 있다.

《얼 민델 콩의 기적Earl Mindell's Soy Miracl》, 1995.

《닐 스페리의 정원 가꾸기Neil Sperry's Gardening GreenBook》, 연도 없음.

《유기농 정원 대백과Encyclopedia of Organic Gardening》, 1977.

《채소 수프 요리백과egetarian Soup Cookbook》, 1992.

《자연식을 위한 소비자 가이드Shopper's Guide to Natural Foods》, 1987.

《룰라비의 하루Once A Lullaby》, 1986. 하드커버, 어린이 책.

《믿음의 시대The Age of Faith》, 윌 듀란트, 1950. 1,196쪽의 두꺼운 책으로 표지 안쪽에 "허만 하트 부인에게 돌려드림(63년 1월 10일 빌림, RT)"이라고 써 있다.

《예술가라는 이름의 전설, 신화 그리고 마술Legend, Myth, and Magic in the Image of an Artist》, 언스트 크리스와 오토 커즈, 1979. "MMA(현대미술관), 5.95달러"라는 스티커가 뒷면에 붙어 있다.

《영원한 현재 : 예술의 시작The Eternal Present: The Beginnings of Art》, S. 기드온, 1962. 삽화가 첨부된 588쪽짜리 책으로 무거움.

《코끼리 나무The Elephant Tree》, 페니데일, 1991. 어린이 책으로 "14.95달러지만 특별히 81퍼센트 할인된 가격, 2.98달러!"라는 스티커가 뒷면에 부착되어 있다. 내 자전거에 실리는 순간 100퍼센트 할인된 금액이 되었다.

《자연탐험가 니키Nicky the Nature Detective》, 1983. 어린이 책, 하드커버.

《예술, 삽화의 기술Art and Illustration Techniques》, 헤리 보그만, 1979. 큼직한 하드커버.

《색채: 질서와 조화Color: Order and Harmony》, 폴 래너, 1964. 아름다운 색채로 장식된 큼지막한 하드커버.

책 일부는 가족, 친구, 친구의 아이들에게 선물로 주었고, 나머지는 앞마당 세일할 때 팔았다. 예술서, 여행서, 백과사전, 멘켄의 책은 내가 보관했다. 특히 멘켄의 책은 이 물건들을 얻은 과정을 이해하는 데 도움이 되었다. '탐색하다scrounge'라는 단어 아래에 '구걸하다, 찾아다니다'와 '등치다, 무료가 가져가다, 훔치다, 슬쩍하다, 그럴듯하게 빼앗다' 등의 동의어가 있다는 것도 이 사전을 통해 알게 되었다.[7] 독자 여러분이 상상할 수 있듯, 멘켄은 언어학적인 분석은 아닐지라도 깊이 있는 역사적 이해를 제공한다. '청소꾼 scavenger'의 경우 "뱃사람들이 버리고 간 것에 의지해서 살아가는 해안가 일꾼들"로 묘사되고, '쓰레기 수집 scrouging'에 대해서는 제2차 세계대전 당시 연합군이 사용하던 용어로, '훔치다'의 의미와 함께 완곡한 표현으로 '전리품'의 의미가 있다.[8] 약탈, 구걸, 절도, 뜯어내기, 슬쩍하기 등은 어쨌든 일종의 범죄행위이자 부정적인 의미의 조합으로 쓰인다. 내가 수집한 책들을 통해 쓰레기 수집이 법적인 개념에서뿐 아니라 언어적인 개념에서도 여전히 주변적인 활동이라는 사실을 확인하게 되어 기쁘다.

물론 그날 발견한 책 대부분은 나에게 아무 쓸모가 없거나 적어도 그렇게 비가 오는 날 무겁게 자전거와 가방으로 실어 날라야 할 만한 가치는 없는 것으로 여겨졌다. 그런 의미에서 내가 끙끙대며 집으로 들고 온 책들의 가치는 쓰레기더미에 그대로 남겨둔 책들과는 다른 것이었다. 그곳에 있던 책들은 모두 다섯 가지로 분류되었다. 그중 셋은 내가 집으로 가져온 것으로 유럽 여행, 자연식, 예술에 관한 것이었다. 다른 두 종류는 성경이나 기독교 관련 서적과 주류(술)에 관한 내용이었다.

빗속에서 책들을 이렇게 다섯 부류로 나누면서 나는 버린 사람의 일생을 상상하다가 혼자 킬킬거리며 웃었다. 왜냐하면 이 책들이 말하는 바가 곧 발드리지 하우스의 그늘에서 살아가는 사람들의 문화적 배경과 거의 일치하는 것같이 느껴졌기 때문이다. 경제적으로 풍요로운 이곳 사람들은 자신들의 특권을 누리기 위해 손쉽게 예술이나 여행, 일종의 '건강한' 삶에 달려들지만, 어느 날 문득 알코올 의존증과 종교 사이, 혹은 전능하신 하나님과 이름 없는 술잔 사이에서 갈팡질팡하는 자신의 모습을 발견하게 된다. 그들은 펜타코스트 가와 덱스터 가가 만나는 곳에 위치한 교회의 정규 멤버로서 두꺼운 《신약성경 주석서》를 잘 활용하고는 싶을 것이다. 아, 그 교회가 리모델링할 때, 나는 교회 옆 쓰레기통에서 큰 이탈리아 대리석 촛대를 주운 적이 있다.

솔직히 말하자면, 이것을 인생이라고 하기는 힘들겠다. 그날 버려지지 않은 책들은 무엇을 말하는가? 어떤 이유로 이 다섯 부류의 책들이 버려졌으며 버려지지 않으므로 공개되지 않은 삶은 어떤 면모를 지니고 있을까? 또 이것은 누구의 삶을 대변하고 있는 것일까? 일레인, 아니면 허만, 그것도 아니면 둘 모두의 삶?

에라, 모르겠다. 어쨌든 나는 길거리의 쓰레기를 통해 볼 수 있는 삶의 단편들을 기꺼이 봐줄 용의가 있다. 그날 하트 가족에 대해 나는 결국 다른 삶의 여정 하나를 발견하게 되었다. 이전에 쓰레기 더미를 뒤지다가 얻은 1981~83년의 《포트워스 연보》를 선반에서 꺼내 살펴보았다. 그리고 1941년에 초선 시 의원에 당선된 일레인 스텐턴, 나중에 허만 뉴턴 하트 부인이 된 사람을 확인할 수 있었다. 그다음으로 미스터 허만 뉴턴하트 3세의 이름이 있었다.[9]

내 엉망진창인 스페인어 덕분에 그날 책 상자를 버리던 아주머니(하녀)의 이름을 제대로 알아들을 수는 없었다. 확신하건대, 연보에서 그 이름을 발견할 수는 없을 것이다.

내 이름도 물론 마찬가지고.

2002년 7월 11일

헤이 카우보이

오늘도 나는 수집할 것들을 찾아 길을 나섰다. 상가가 밀집한 거리 모퉁이에서 한 무더기의 버려진 물건들을 발견하고 다가가려던 참이었다. 나를 부르는 듯한 희미한 목소리에 시선을 돌리니 중년의 노숙자가 서 있었다. 낡은 옷을 입은 백인이었다. 그는 이가 많이 빠지고 긴 스포츠머리에 턱수염을 길렀다. 내가 있는 곳과는 나무 울타리로 구분됐는데 가로 3미터, 세로 9미터쯤 되는 나무그늘 아래 앉아 있었다. 거기에 낡은 침대며, 잡지류, 부서진 나무 문짝 등 다양한 물건이 쌓여 있었다. 잠시 얘기를 나눴는데 나는 그의 말을 대부분 알아들을 수 없었다.

30분 남짓 쌓여 있던 물건들을 살피고 나서 나는 그 사내에게 다시 물었다. "이 물건들이 다 어디서 나왔죠?" 사내는 말했다. "저 친구가 다 버린 거야." 길모퉁이에 각종 인테리어 설비를 취급하는 디자인 숍이 하나 있었고, 사내는 문 닫힌 그 디자인 숍을 가리켰다. 사내 옆에 새로운 남자가 서 있었다. 어쩌면 아까부터 서 있었는지도 모르겠지만 어쨌든 나는 보지 못했다. 역시 영국계 백인으로 보였고 적당히 햇볕에 탄 피부에 덩치가 컸으며 머리는 단정하고 검은 셔츠와 바지를 입고 있었다. 두 사람 다 표지가 코팅으로 반들거리는 잡지를 훑어보는 중이었다.

첫 번째 사내가《텍사스 하이웨이》라는 포토매거진을 치켜들면서 "망할 놈의 1987년"이라고 말하며 나를 바라보았다. 그러고 보니 두 사내 주위로《마리 클레르》같은 다양한 종류의 디자인 잡지들이 흩어져 있었는데 모퉁이 디자인 숍에서 버린 것으로 보였다. "와서 한번 보지그래?" 첫 번째 사내가 잡지 뭉치를 가리키며 내게 말했지만 이미 거기서 다른 많은 물건과 잡지들을 살펴본 후라 별로 내키지 않았다. 다가갈 낌새가 없자 이번에는 두 번째 사내가 협박하는 투로 말을 뱉었다.

"이봐, 카우보이 새끼야, 이리 와보라고."

나는 당장 그 자리를 떠났다. 길거리에서는 때때로 아무것도 모르는 것이 뭘 아는 것보다 나을 수도 있다.

2004년 7월 18일

쓰레기 분류하기

나는 자전거를 타고 미스틀토 하이츠 거리와 도시를 크게 돌며 쓰레기 수집에 나섰다. 이미 페어 마운트와 리안 궁 근처에서 구리선과 알루미늄 덩어리를 꽤 많이 손에 넣은 상태였다. 나는 트리니티 강이 흐르는 곳부터 분지까지 한눈에 내려다보이는 고가의 두 저택 사이 보도에 앉아 예닐곱 개의 상자를 살피고 있었다. 이 상자

쓰레기더미에서 발견한 오늘 신문, 뉴욕, 2004년 10월.

는 대부분 책으로 가득 차 있었는데, 일부에는 1970년 프린스턴 대학의 구매 시기와 용도가 표기되어 있고, 일부에는 1971년의 프린스턴 동창생들의 목록이 적혀 있었다. 또 텍사스 출신 남학생 목록과 포트워스 시 의회에서 사용된 문구도 발견됐다. 아마도 이 책들을 버린 주인공은 포트워스의 저명한 정치인일 것이다.

포트워스의 정치적 분파가 어떤지 나는 관심이 없다. 다만 그 책들을 보니 나의 대학 시절이 떠올랐다. 사회학 연구방법론과 비평 이론은 몇 년 후에 나를 포트워스 시 의회가 아닌 그 쓰레기장과 쓰레기더미로 이끌어주었다.

상자 안에는 고전이 된 책들도 많이 있었다. 리보의 《탈리의 거리 $^{Tally's\ Corner}$》, 와이트의 《아무도 찾지 않는 사회 $^{Street\ Corner\ Society}$》, 마르쿠제의 《에로스와 문명 $^{Eros\ and\ Civilization}$》, 존 더스패서스의 《맨해튼의 이동수단 $^{Manhattan\ Transfer}$》, 버로스의 《티켓의 폭발 $^{The\ Ticket\ That\ Exploded}$》, 본회퍼의 《감옥에서 온 편지 $^{Letters\ and\ Papers\ from\ Prison}$》, 니체의 《도덕의 계보 $^{On\ the\ Genealogy\ of\ Morals\ and\ Ecce\ Homo}$》, 입센의 《헤다 가블레르 $^{Hedda\ Gabler}$》, 스타인벡의 《불만의 겨울 $^{The\ Winter\ of\ Our\ Discontent}$》, 하이데거의 《존재와 시간 $^{Existence\ and\ Being}$》, 가브리엘 가르시아 마르케스의 《백 년 동안의 고독 $^{One\ Hundred\ Years\ of\ Solitude}$》 등이었다. 그리고 망상중에 사로잡힌 빌리 제임스 하기스의 1960년대 논문에서부터 《공산주의 미국… 그래야만 하는가?》 등 부조리에 관한 책들도 함께 있었다.

좀 전에 수집한 구리, 알루미늄 등과 함께 나는 그 책들을 옮기기 시작했다. 책 사이에 끼어 있던 냄새 나는 작은 노키아 여행 가방에도 책을 가득 넣고 어깨에 메고 걸었지만 얼마 가지는 못했다. 두 블록 아래 내려가니 기다란 왼편 커브길 주위에 15단짜리 도서관 카드식 카탈로그 보관용 서랍이 있었다.

  자전거를 타고 집으로 갔다가 낡은 트럭을 끌고 돌아와 그 서랍장을 트럭 뒤에 싣느라 무진장 애를 먹었다. 떡갈나무 재질의 튼튼한 이 서랍장을 집으로 가져와서 차고에 두었다. 이 서랍장은 내가 수집해오는 아이템들을 보관하고 분류해놓기에 아주 안성맞춤이었다. 사실, 한 달 뒤에는 수집해온 종이상자로 또 서랍장을 만들었다. 놋쇠로 만든 서랍을 서랍장에 끼우고 수집한 물건들을 종류별로 넣을 수 있도록 각 칸의 용도를 구분했다. 낡은 가스 밸브, 문 손잡이, 잠금쇠, 드릴 날, 줄, 스프링, 스위치, 소켓 렌치, 펜, 스테이플러와 심, 전구, 자동차 부품, 창문 잠금쇠, 핸들, 각종 걸이류, 총알과 총 부품, 은 식기류, 안경, 공구, 야구용품 등이었다.

  하루 저녁에 한 일치고는 성과가 괜찮았다. 분류하면서 나의 길거리 세계에 도덕적으로 의미 부여가 되는 물건은 좀 더 좋은 자리에 배치했다. 리보의 《탈리의 거리》, 와이트의 《아무도 찾지 않는 사회》, 윤리적 의무와 정치적 긴급성에 대해 논한 본회퍼의 《감옥에서 온 편지》가 단연 우선이었다.

  한편 리보나 와이트, 본회퍼를 소개하는 도서관 카드를 진열했던 캐비닛도 하나 생겼는데 이제는 길거리의 세계에 관한 것이 아니라 그 세계에서 얻은 물건들을 진열하는 캐비닛으로 용도를 바꾸어 잘 사용하고 있다.

잊힌 삶

누군가의 잊힌 인생처럼, 쓰레기를 수집하다 보면 많은 잊힌 것들을 발견하게 된다. 이 세계의 모든 버려진 것들은 주인의 삶 가운데서 어느 날 문득 튀어나와 그 삶의 속도와 패턴에 대해 말해주곤 한다. 작아진 셔츠와 낡은 공구, 쓰레기봉지를 가득 채운 장난감과 리모델링을 하면서 나온 문짝 등은 모두 주인의 삶의 변화로 버려진 흔적들이다. 이렇게 하루 이틀, 한 달 두 달 쌓인 물건들은 사회와 문화의 역사는 물론 오늘날의 소비 형태를 고스란히 알려준다. 단독주택이나 아파트 주변의 쓰레기통 근처에서 사람을 발견하기라도 하는 날이면, 혹은 그렇지 않더라도 그 버려진 물건들의 주인의 삶에 대해 반추해보게 된다.

지금은 버려진 이 물건들은 사람들의 삶 안에서 매일 어떤 순간을 함께해왔을까? 고등학교 졸업장이나 학사학위증명서, 결혼증서, 성과에 대한 상, 가족사진과 앨범, 스포츠 트로피, 아기용품, 학교 정보지 등 누군가의 다양한 과거가 불쑥 나타나 개인 혹은 가족의 역사가 펼쳐질 때 나는 때때로 당황스럽다. 매일같이 쏟아지는 쓰레기에서 삶의 편린이 발견될 때, 여전히 물건에 깃든 사람들의 마음이 세밀하게 전해지는 것 같다. 가족사진을 버린 것은 누군가 죽어서일까, 아니면 이사하거나 헤어졌기 때문일까? 고등학교 졸업장, 학사학위증명서 따위가 버려진 것은 당사자의 삶이 큰 변화를 겪었거나 죽음을 맞았기 때문일까, 아니면 단지 집 안이 너무 복잡해져서일까?

한번은 이런 일이 있었다. 책과 종이가 잔뜩인 쓰레기 봉투를 뒤지다가 내 친구 소유의 1954년 판 《아기 곰 스카우트》를 발견하고 등골이 오싹해졌다. 책에는 그 친구 이름과 그 어머니 이름이 아주 잘 보이는 곳에 써 있었는데, "나의 둥지, 어머니"라고 표현되어 있었다. 나는 친구에게 책을 꼭 돌려줘야겠다는 생각으로 전화 메시지를 남겼다. 며칠 후 친구의 아내로부터 전화가 왔다. 어머니께서 몇 년 전에 돌아가신 후 친구는 어머니의 유품을 정리하면서 그 책도 함께 버렸으며 돌려받고 싶지 않다고 했다.

그러나 이처럼 직접적으로 확인이 가능한 경우는 드물다. 그래서 나는 수집한 물건이 주인의 인생을 통해 그 자체로 깊은 의미를 지니는 유품이나 기념품일 경우—예를 들어 법적인 문서나 정보 데이터베이스 등—에는 활용하지 않기로 결심했다. 이는 쓰레기 수집의 세계에 대한 나의 마음가짐이며, 동시에 잃어버린 것과 찾은 것이 총체적으로 어우러지는 이 세계만의 유기성을 내 눈으로 확인하고 싶은 욕구 때문이다. 나는 개인정보를 훔치는 도둑은 되지 않았지만, 적어도 개인정보를 수집하게는 되었기 때문에 개인정보를 얻은 이후에 더 이상 활용하지는 않기로 결심했다.[10] 길가에서 얻은 사람들의 전기는 그 인생의 조각조각을 보여주기에 나는 그들의 잃어버린 삶을 재건할 수 있다. 그중에는 부고가 확인된 사람도 몇몇 있었다. 그들에게 진심으로 조의를 표한다.

결과적으로 잃어버린 삶의 조각들을 재구성하는 나의 작업은 어

여성의 초상화, 수집한 사진, 텍사스 포트워스.

떤 때는 작은 조각에 의지할 때도 있고, 어떤 때는 수많은 물건과 문서를 발견해 그것들로 짜맞출 때도 있다. 일례로 2002년 2월에는 골프공과 티, 구리와 알루미늄 조각, 납추, 나무 드라이버, 둥근 톱날, 가구 운반용 바퀴, 5페니 등과 함께 타계한 누군가가 남겨놓은 물건들을 발견했다. 낡은 철제 가방과 나무로 만든 군용 트렁크 위편에 "B/Cudeajan 129th Inf"라는 글씨가 써 있고, 거의 삭은 가방에서 구슬이 몇 개 나왔다. 반면 이미 봤듯이, 발드리지 맨션가에서는 엄청난 양의 책들과 함께 연보를 통해 그 주인의 인생을 엿볼 수 있었다. 2002년 5월에, 그보다 많은 인생의 면모를 들춰보게 된

부서진 기관차와 관광객, 수집한 사진, 텍사스 포트워스.

사건이 있었다. 아니면 그 반대일 수도 있고…….

공사장 근처의 거대한 이동식 쓰레기통에서 나는 파이프 조각과 선반, 3단 측정기 등을 줍고 있었는데 공사장 쓰레기와는 확실히 구분되는 무더기가 보였다. 건축 폐기물 가운데서 은색, 금색의 와인잔과 매력적인 나무 그릇 세 개, 은장 접시, 팔각형의 보석 상자, 인조 가죽지갑(비어 있었다) 등이 뒤섞여 있었다. 패드가 달린 헝겊 조각과 속옷도 많고 타미힐피거 바지 한 벌을 포함한 옷가지와 여자 속옷도 있었다. 그중에는 값비싸 보이는 1998년도 결혼사진 앨범도 있었는데, 사진은 모두 찢겨 있었다.

겨우 이동식 쓰레기통에서 건진 물건이지만 이 물건에 얽힌 사연을 만들어보고 싶었다. 나는 너무나 부유한 동네 어귀, 리버 크레스트 컨트리클럽과 괜찮은 레스토랑이 즐비한 거리의 공사장 근처 주차장 쓰레기통에 앉아 있었다. 이 도시의 환경을 감안하여 내가 창작해낸 이야기는 다음과 같다. 일단 순조롭게 결혼생활을 시작했고 그들은 도시에게 가장 환경이 좋은 동네에 거처를 구했지만, 시간이 지나면서 결혼생활이 힘들어지기 시작했다. 결국 결혼 4년 만에 그들은 헤어지기로 작정하고 그동안 받은 선물들을 모두 내다버렸다. 특히 성적인 자극이 되는 물건들은 혹시라도 불필요한 관계가 연장될까 봐 죄다 버리기로 했다. 후회와 함께 화가 치밀어서 모든 물건을 다시는 찾지 않으려고 공사장 쓰레기통에다 버렸지만 결혼사진만은 버리기가 너무 힘들어 다 찢어버렸다. 정말일까? 모르겠다. 나 같으면 결혼사진은 다시 찾고 싶을지도 모르겠다.

잃어버린 삶의 흔적 - 길거리에서 수집한 사진 속 아기의 첫돌, 텍사스 포트워스.

다른 날이었다. 서쪽으로 몇 킬로미터 떨어진 지점에서 나는 다른 이야기를 찾게 된다. 이 이야기는 한 젊은 남자와 그의 소비 충동에 관한 무서운 이야기다. 1장으로 돌아가서 내가 "훔치는 재미는 맛보지만 감옥에 가기는 싫다"는 농담을 했던 것을 기억하는가? 이번에 발견한 쓰레기더미는 정말 종류가 달랐다. 일단 꺼내기만 하면 하나같이 값비싼 물건들이었다. 완전히 새것인 나이키 테니스화, 콜 한 구두와 샌들, 가죽 서류가방, 벨벳 상자에 들어 있는 새 니만 마커스 은장 병마개, 커스텀 렌즈와 함께 든 올림푸스 OM77AF 카메라, 새 상자에 든 '라파엘 엔젤 베이스', 포터리 반 꽃병, 소니 워크맨과 테이프가 가득 든 가죽 케이스, CD 케이스, 파나소닉 자동 연필깎이 기계, 새 비누 여러 개, 초와 촛대, 값비싼 크리스마스 장식, 11개의 새 선물상자, 상자에 든 나무 액자—액자에는 양각으로 "최고의 친구는 좋은 시간을 더욱 풍성하게 만든다. 우리의 행복한 시간을 기억하며", "함께 나누었던 꿈과 기쁨을 기억한다. 가끔은 네가 날 너무 잘 안다고 느낀다" 그리고 "우리 우정은 최고의 청바지 같아서 시간이 갈수록 더욱 좋아진다" 등의 문구가 새겨져 있었다—, 멋진 배낭(짐을 나를 때 내가 쓰고 있다), 내가 개인적으로 제일 좋아하는 50밀리리터들이 '슈터스'와 각종 식료품 등이 들어 있었다.

이렇게 완벽한 소비와 폐기의 행렬 가운데는 주인의 신분과 개인정보를 알 수 있는 물품들도 적지 않았다. 수백 장의 사진과 개인 의료용품도 있었기에 혹시라도 최근에 급작스럽게 사망한 사람의 물건이 아닌가 싶어 조심스럽게 부고도 살펴보았다. 그러나 아무것도 찾을 수 없었고 그제야 나는 안심하고 그 길거리의 파티를 즐길 수 있었다. 왜냐하면 3주 전에 열린 파티 초대장 일곱 세트도 잘 포장되어 있었기 때문이다. 초대장 디자인도 좋았는데 나는 이 초대장을 내가 받은 것으로 여기기로 했다.

축하합시다!
존의 여름 파티에서 만나요.
8월 7일(토) 오후 8시
포트워스 엘우드 7471번지
안 오면 후회합니다.
787-2332

쓰레기를 수집하면서 알게 된 것들 가운데, 꽤 오래된 두 쓰레기 더미 이야기를 하려고 한다. 더 이상 이 세상 사람의 것이 아니기에 더욱 내 마음을 흔든 사건이다.

첫 번째 이야기는 여름날 수영을 하러 벤브룩 호수에 가던 길에서 시작된다. 트럭 화물칸에 아직 확인해보지 않은 상자를 싣고 있었다. 수영을 마치고 앉아서 상자를 확인하기 시작했다. 먼저 편지며 기념품, 학위증 등 25세 로지 워드의 삶이 튀어나왔다.

그늘에 앉아 그녀의 수많은 개인 물건들을 시간이나 이벤트에 따라 분류하던 나는 로지 삶의 일부분을 이해할 수 있게 되었다.

루이빌의 켄터키 페어와 엑스포센터에서 1971년에 열린 "오스먼드 콘서트" 티켓 두 장, 로지가 14세가 되던 해에 봤던 〈나는 빈체의 키스 콘테스트에서 1등할 거예요〉 입장권이 있었다. 붉고 푸른색의 '코니' 브랜드 구두 상자와 함께 '주니어 파일럿' 캠프의 재킷과 꽃 장식, 종이로 만든 풋볼, 1975년산 폰티악 자동차 등록증, 1977년 4월 6일에 하와이의 "그리움"으로부터 로지에게로 전달된 엽서 등이 나왔다. 또 아칸소 지방의 루셀빌 고등학교 졸업장과 켄터키에서 아칸소로 옮겼다는 증명도 있었다.

구두상자에는 1975년 12월 27일 켄터키에서 존이 루셀빌에 있던 로지에게 보낸 편지가 있었다.

"로지에게. 오늘은 크리스마스이브야. 크리스마스 전에는 이 편지를 꼭 전해주고 싶었는데 알다시피 늦었어. (왜냐하면 너처럼 예쁜 친구에게 편지를 쓴다고 생각하니 어찌나 긴장이 되던지 결국은 종이 위에서 연필만 굴리다가 이렇게 되었단다.)"

세 장에 이르는 고백 끝에 존은 편지를 마친다. "괜찮다면 네 전화번호를 꼭 좀 알려줘. 우리 부모님이 안 계실 때 전화할게. 안 그러면 전화요금 때문에 혼이 날 거야. (알잖아, 나 돈 없는 거.) 안녕! 보고 싶어! 너를 항상 사랑할 거야, 존이. 답장 줘."

슬프게도 그들은 다시 만나지는 못한 것 같다. 대신 로지는 포트워스의 텍사스크리스천 대학에 입학했고 '도시학', '요리', '마케팅', '광고론' 등을 공부했다. 그러나 1983년 가정경제학과 인테리어 디자인을 전공하고 학위를 받던 그해, 그녀의 이름은 로지 앳킨스로

의사의 삶 – 일기장 뒤편에 붙어 있던 사진.
"그는 마치 덩치 큰 풋볼선수처럼 보인다." 텍사스 포트워스.

바뀌었다. 남편은 같은 학교에서 1982년에 MBA를 졸업한 찰스 앳킨스였다. 로지는 집이나 사무실을 꾸미고 디자인하는 직업을 갖게 되었고 이후 세인트루이스로 이사했다.

로지의 이야기에서 가장 흥미로운 부분은 로지가 줄곧 받아온 교육의 질에 관한 것이다. 루셀빌의 고등학교 다닐 때 마지막 학기에 치른 중간고사에서 그녀는 99점을 받았는데, 담당교사인 아이슨미터 씨는 문제마다 자신이 생각한 정답을 세심하게 적어 주었다. 그녀는 그해 가을 텍사스크리스천 대학에 입학해서는 "어떻게 똑똑한 질문을 할 수 있는가"에 대한 가이드를 얻는다. 특히 강조되는 부분은, "교수에게 그의 생각이 무엇인지 묻는 것을 두려워하지 마라! 대부분의 교수는 자신이 생각할 때 중요한 것을 학생에게 설명하기를 좋아한다! 그들에게 기회를 주라, 그러면 그들이 웃을 것이다!"

두 번째 길거리 쓰레기에 대해 얘기해보자. 지난번 많은 책들을 판 돈으로 수전 스트레서의 《쓰레기와 필요》를 사고 돌아가는 길이었다. 로지의 것과는 완전히 다른 교육, 다른 존재에 관해 알게 되었다. 길거리에서 피라미드 형태의 검은 쓰레기봉지를 발견했는데 알고 보니 유명한 의사가 버린 쓰레기였다. 놀랍게도 1889년에 태어나 1971년에 사망하기까지 그의 삶에 대한 수많은 기록들이 들어 있었다. 봉투 안에는 오래된 유아용 신발이며 은 식기, 손으로 만든 나무비행기, 스무 장 남짓 되는 사진과 엽서, 나무 손잡이의 커터, 우표 등이 있었다. 전문 커리어에 대한 기록도 들어 있었다. 1917년에 텍사스크리스천 대학 포트워스 의대에서 취득한 박사학위증서와 시카고의 팜하우스에서 찍은 저녁만찬 사진도 함께 있었다. 사진에는 "남쪽에서 온 신사"라고 써 있었다. 미국 암센터, 방사선학회에서 받은 자격증은 각각 장식용 액자 속에 들어 있었고, "밥 하워드 박사, 골드케인상 수여"라는 제목의 신문 스크랩, "가장 겸손하면서도 뛰어난" 밥 하워드 박사에게 타란트 컨트리 의료회에서 주는 상패도 함께였다. 가방 안에는 세 명의 손주들 물건도 있었는데 책《병아리는 어떻게 태어날까?》에서부터 동전놀이

기구도 있었다.

이쯤 되면 그의 라이프스토리를 모두 열어본 것 같지만 몇 가지 미스터리가 있었다. 첫 번째 미스터리는 한 번도 열어보지 않은 하워드 박사의 아들이 보낸 편지였다. 왜 안 열어봤을까? 짝사랑 편지도 있다. 큰 발렌타인데이 카드였는데, 내용인즉, "제가 당신을 영원히 사랑할 거라는 걸 전 알아요, 당신의 메기." 두 번째는 낡은 수제 책이다. 첫 장에 1939년 9~10월 달력이 있고, "옷을 잘 입으면 학교 생활이 행복하다"는 글, 쪽마다 시며 종교적 문구, 신문과 잡지 스크랩, 동물, 꽃, 장난감, 아이들, 음식, 과일 사진 등이 가득했다. 1939년이었으면 하워드의 나이가 벌써 50세인데, 이렇게 손주들을 위해 노력한 것일까? 만약 그랬다면 어떤 손주였을까? 어떤 마음이었을까? 이제 마지막 미스터리다. 이렇게 세월과 함께 뜯기고 섞이고, 녹아든 누군가의 삶이 어떻게 65년의 세월을 넘어 새로운 의미를 부여할 수 있게 된 것일까?

아마도 이렇게 우연히 내 손에 들어와 그들의 삶이 드러나게 되는 과정이야말로 길거리에 버려지고 묻힌 삶을 드러내는 이 세계만의 고유한 특성일 것이다. 그러나 이렇게 불완전한 방법으로 로지 워드와 밥 하워드의 삶에 관한 진실을 다 복원할 수 없기에, 그들의 학위증과 가족사진, 상패와 스포츠 트로피가 그들의 삶 전부는 아니기에, 나는 다시 한 번 오래된 라틴 격언을 생각하게 된다. 시크 트란시트 글로리아 문디$^{Sic\ Transit\ Gloria\ Mundi}$('이 세상의 영화는 이처럼 덧없다'는 뜻의 라틴어 격언—옮긴이). 누군가의 삶이 남기고 간 잔해들을 살피면서, 그들이 그랬던 것처럼 나 또한 최선을 다해 내 삶을 살았을 때 결국은 잊힌 영웅만이 남겠다는 생각에 마음이 심란해 졌다.

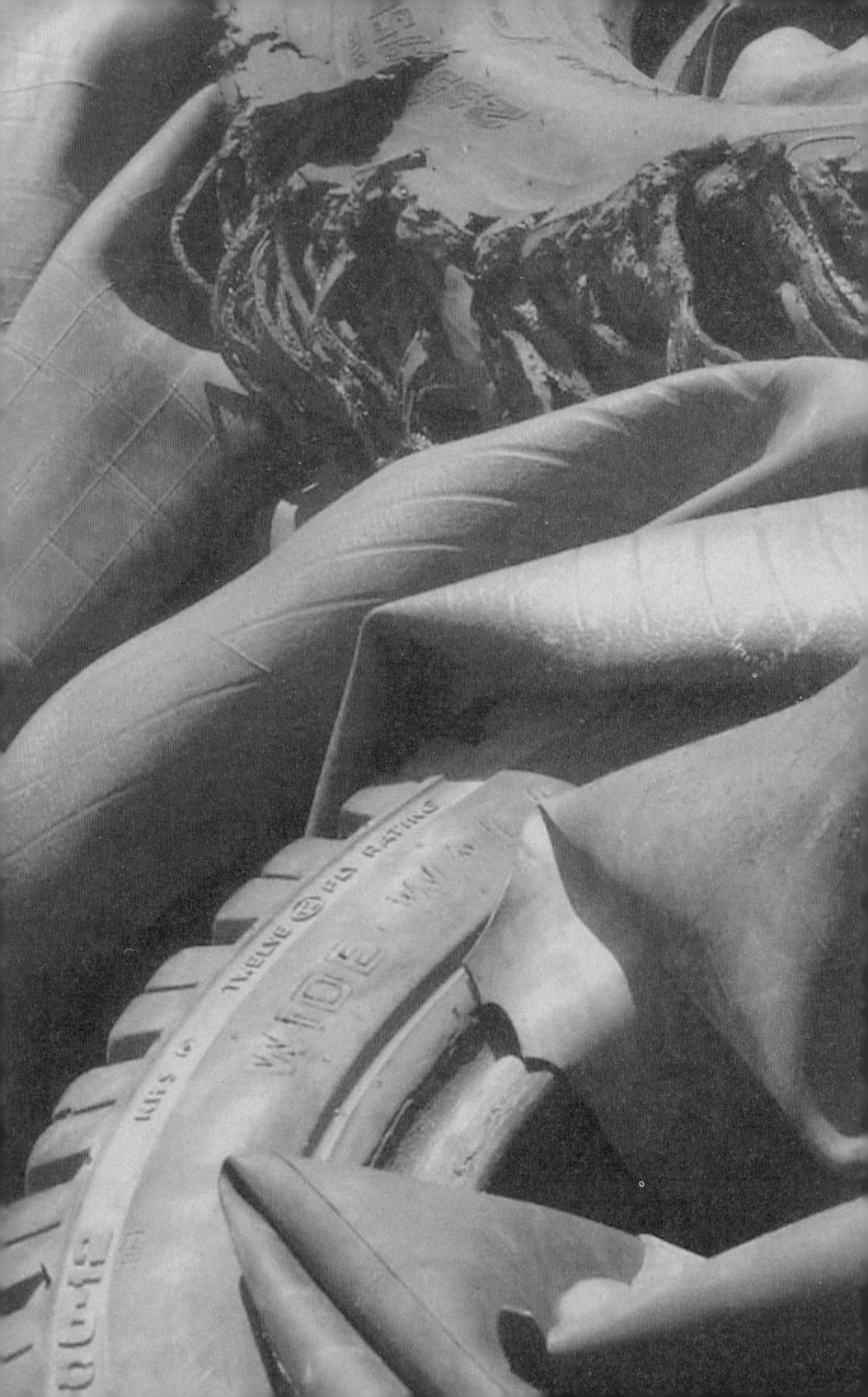

4 재생의 과정

쓰레기 수집의 세계는 변화의 잔해로 항상 어지럽다. 부엌을 리모델링하기로 한 집주인은 온갖 집기와 배관 설비를 거리에 내놓고 낡은 건물을 수리하다 보면 낡은 구리선이며 고물들이 이동식 대형 쓰레기통을 가득가득 메운다. 이웃집 아저씨의 양복과 구두가 쓰레기통에서 최후를 맞았다가 우리 집 장롱으로 흘러들어오기도 한다. 아파트에서 이사를 나가는 사람은 이사 트럭이나 벤에 들어가지 않는 짐들을 휑하니 쓰레기통이나 그 옆에 버려두고 떠난다. 일단 경제력이 좀 되는 사람들은 올해의 패션을 따라 작년 패션을 쓰레기봉지에 고이 담아 자선단체에 기부하거나 쓰레기통에 버린다.

이렇게 잃어버리거나 버려진 물건들은 쓰레기 수집의 세계로 흘러들지만, 지금까지는 다음 과정으로 나아가는 짧은 여정의 시작에 불과하다. 누추한 모습의 물건들은 상태와 목적에 따라 적절한 주인에게 다시 팔리거나 누군가에게 수집된다. 사실 이런 변화는 수개월간의 길거리 생활을 하기 몇 년 전부터 자선단체가 운영하는 상점이나 중고판매점 등을 연구할 때 이미 고민하기 시작했다. 고급 상점에서 25달러 하던 스웨터가 시내 건너편 굿윌 스토어에서는 25센트에 팔리고, 작년에 40달러에 팔리던 청바지는 금년에 재활용가게에서 1달러 40센트에 팔리는 장면을 목격하면서, 근본적으로 제품 질에 전혀 변화가 없는데 물건 값이 어떻게 이렇게 달라질 수 있는지 의문을 품기 시작했다. 나는 가격표를 떼어낸 물건의 값어치는 유통 과정에 기인한다는 것을 깨달았다. 어떤 물건이 처음에는 비싼 가격과 정서적 가치를 지녔다면, 시간이 지나 버려지거나 기증될 때에는 '가치 없는' 것으로 여겨진다. 소위 '골동품'으로 수집 가치가 있는 것이 아니라면 자선가게 한 모퉁이, 길거리 쓰레기통을 전전하며 가치가 훨씬 작아진다. 스웨터, 다도 세트, 토스터 등 외형은 누추하기 그지없을지 모르나 그 기능만큼은 변함이 없다.[1]

딴 이야기지만, 이런 물건을 파는 자들의 법적 지위에 대해서도 생각해보자. 내가 쓰레기 수집인으로서 시간을 보내는 동안, 우리 집 근처의 한 감리교회에서는 교회 건물 옆에 작은 이동식 건물을 짓고 '미션'을 시작한 적이 있다. 그 가게는 에니드 랜돌프와 나딘 니콜스라는 두 원로 여성이 운영했는데, 이름은 '제나의 희망과

은혜: 미션 숍'이었다. "북적대는 주거환경과 최저임금에 의존하여 살아가는 …… 90퍼센트에 달하는 …… 멕시코 이민자들"을 위한 선교 바자로 매주 금요일과 토요일 네 시간씩 운영되는 장터였다.[2] 헌 옷이며 장난감 등 모두 기부된 물건이었다. 그런데 문제가 있었으니, 포트워스 시 당국에서 이 미션을 위한 작은 빌딩을 미션으로 보기보다는 "불법적인 재활용 물품 판매점"으로 규정하고 문을 닫도록 압력을 가하기 시작한 것이다. 나딘 니콜스가 말했다. "에니드와 전 금요일에 어떻게 해야 할지 정말 모르겠네요. 너무 부끄러워요. 사람들에게는 벌써 팸플릿을 돌려서 부활절 달걀도 먹으러 오라고 했고요, 스페인어 예배도 참석하라고 했거든요. 이 일을 하면서 좋은 사람도 아주 많이 알게 되었어요. 우리 공동체를 위해 너무 좋은 일이었습니다."[3]

그러나 에니드와 나딘, 그들의 재활용품에게 이 변화는 시작에 불과했다. 한 달 후, 도시의 고문을 맡은 한 이웃의 도움으로 포트워스 시 당국과 교회가 합의에 도달할 수 있었다. 교회 앞에 세운 표지판에서 '숍'이라는 문구를 빼는 것이다. 에니드, 나딘, 그밖의 자원봉사자들이 옷, 장난감 등 모든 물건에서 가격표를 떼고 "기부를 받습니다"라는 안내판을 세운 후 미션 바자는 다시 문을 열었다. 이로써 모든 물건들은 다시 한 번 변화를 겪었다. 자, 처음에는 새 물건으로 판매되었다가 기부 혹은 버려진 물건이 되었고, 다시 재활용품점에서 불법 판매물로 분류되었다가 다시 한 번 합법적인 헌납물이 되는 과정을 거친 것이다.

물론 이 마지막 변신조차 모호했다. 교인 중 한 명이 내게 친절하게 설명해준 바에 따르면, 영어를 못해서 스페인어로 "얼마예요?"라고 질문하는 고객에서 영어밖에 못하는 자원봉사자가 굳이 "원하는 만큼 기부하시면 됩니다"라고 설명하지는 않는다고 한다. 대신, "보통 50센트를 받습니다"라고 말한다는 것이다. 또 문제는 대부분의 물건이 동네 앞마당 세일에서 팔다 남은 경우가 많기 때문에 물건마다 가격표가 붙어 있어서 일일이 이 가격표를 찾아 제거하는 일도 만만치 않다고 했다.[4] 그래도, 제나의 희망과 은혜는 합법적으로 잘 풀린 셈이다. 버려질 물건이 필요한 사람 손에 들어갔고, 교회는 필요한 헌금을 확보해서 미션과 교회의 사역에 활용할 수 있었으며, 거기서도 안 팔린 물건들은 또다시 굿윌이나 노숙자 보호소 같은 곳으로 보내지기도 했으니 말이다.

항상 그랬던 것처럼 최근에 다시 교회 앞을 지나다가 보았더니 문제가 생겼다. 지난 번 '숍'이라는 글자를 철저히 가렸어야 했는데, 글자 위에 덧댄 용지가 시간이 지나고 빗물에 쓸리면서 떨어져버린 것이다. 테이프 자국은 아직 남았지만 '숍'이라는 글자가 선명하게 보였다. '제나의 희망과 은혜: 미션'은 어느새 원래대로 '제나의 희망과 은혜: 미션 숍'으로 부활했다. 이 사실을 알려줬더니 교인들은 당장 '숍'을 상자 테이프로 가리겠다고 말했다. 에니드와 나딘은 이 숍을 위해 최선을 다해 기도하고 있겠지라는 생각이 들었다.

나는 범죄학자로서 낙인 이론$^{labeling\ theory}$이 범죄의 본성에 대한 깊이 있는 통찰을 제공한다고 오랫동안 생각해왔다. 낙인 이론에 대해 간단히 설명하자면, 범죄를 이해하기 위해서는 어떤 범죄가 일어나고 있는지 살핌으로써 범죄의 사회적 과정을 파악해야 한다는 것이다. 이 같은 시각에 따르면 특정 행위나 행위자는 본질적으로 범죄와는 구분되나, 법률이 그 사람의 행위를 어떻게 평가하는지, 혹은 주위의 사회가 그 행위를 어떻게 판단하는지에 따라 범죄가 성립된다는 것이다. 총을 쏘거나 펀치를 휘두르거나 제한속도 이상 차를 운전하는 경우는 물론이고 필요한 사람에게 재활용품을 나눠주는 행위조차도 본질적으로 어떤 결과를 가져올지 미리 규정된 바는 없다.

그러나 그들의 의미는 행동 속에 남아서 이를 바라보는 주위 사람들의 반응과 공권력을 지닌 공무원, 경찰, 변호사 등에 의해 평가된다. 총을 쏘거나 주먹을 휘두르는 행위는 공격이 될 수도 자기 방어가 될 수도 있고, 살인이 될 수도 영웅이 될 수도 있다. 과속하는 차는 무모하다고 볼 수도 있고 시간이 급한 모양이라고 판단할 수도 있다. 미션 숍의 행위는 불법의 증거가 될 수도 있고 은혜의 증거가 될 수도 있다. 정의에 대한 문제는 일단 접어두자. 우리가 무엇을 범죄로 취급하느냐의 문제는 이렇게 사회 속에서 결정된다.[5]

사람과 상황에 대한 평가가 실제로 이렇게 진행된다면, 물건에 관해서도 나는 같은 방식의 평가가 진행된다고 말하고 싶다. 쓰레기 수집의 세계에서도 잃어버리고 되찾게 되는 갖가지 물건에 대한 일종의 레이블링이 이루어지고 있어서, 그 물건 자체보다 어떻

버려진 문짝들을 모아 재활용 시장을 연 뉴욕 거리, 2004년 10월.

게 이 물건에 대한 의미가 변화되어왔는지에 따라 그 물건의 가치가 결정된다.[6] 누군가의 삶의 일부분이었다가 버려지고 재획득되는 과정을 거치는 동안 그 물건의 가치는 계속 변화하기 때문에, 이번 장을 통해 소개될 크고 작은 버려진 물건들의 가치는 지속적인 변화선상에 있다는 것을 확인할 수 있을 것이다. '제나의 희망과 은혜'를 통해 팔린—아차, 자선 기부를 하고 얻은—스웨터는 어느 시점이 되면 다시 팔리거나 버려질 것이다. 아니면 앞마당 세일을 통해 다른 주인을 찾거나, 개집 장식으로 바뀌거나, 도둑맞을 수도 있다. 쓰레기 수집의 세계에서는 그 과정이 쓰레기 매립장에서 끝

4. 재생의 과정   179

나는데, 어떤 의미에서는 이조차 새로운 시작일 수 있다.

가끔 나는 이런 상상도 한다. 소비 지상주의로 물든 세상이 드디어 종국을 맞아 무너지고 나면, 사람들이 쓰레기 매립지에 묻힌 구리 조각이며, 자전거며, 각종 공구들을 고쳐 쓰기 위해 다시 파헤치게 될 날이 오고 말 것이며, 도시의 쓰레기 수집인으로서 나는 그날을 준비하고 있다는 생각. 뭐, 그런 대종말 이후의 재활용 페스티벌 시대가 아직 오지는 않았지만 이미 재활용의 과정은 이루어지고 있으며 쓰레기 수집의 세계도 열심히 돌아가고 있다.

에초 아 마노

나는 주로 움직이면서 물건들을 수집한다. 쓰레기통의 옥수수 캔이나 마카로니 상자, 맥주 캔의 경우 쓰레기통 뚜껑에 기대서 꺼내고 길가에 놓여 있을 경우 주위를 몇 차례 돌면서 주인이 없는지 먼저 살핀다. 가끔 아직 옷걸이에 걸린 채인 셔츠나 블라우스, 바지를 발견하면 잠시나마 쓰레기통 옆에 걸어서 전시해두기도 한다. 특히 반쯤 닳은 신발은 가장 자주 발견하는 품목 가운데 하나인데, 일단 사람들이 누구든 볼 수 있게 진열하거나 앞 장에 소개한 것처럼 얼른 자전거에 싣고 달린다.

불러바드 대학 근처의 한 쓰레기통 옆에서 사람들이 자전거 두 대를 세워두고 열심히 쓰레기를 뒤지는 모습을 보았다. 또 딥하우스를 지나는 순간 철로를 따라 나 있는 구덩이에서 "모자를 주시오"라는 문구가 있는 괜찮은 상자를 발견했지만 버려두었다. 《탈출》의 저자—그는 히치하이킹을 하려다가 체리 파이가 가득 든 가방을 발견했는데, 하나만 먹고 나머지는 "다음 히치하이커를 위해서 잘 정리해둔" 적이 있었다—처럼 나도 가끔은 이 세계의 풍요로움을 위해 보물을 모른 척 스쳐 지나기도 한다.[7]

2002년 3월의 일이었다. 자전거를 타고 달리다가 마음에 드는 물건이 있었는데 막상 내 등의 가방에 이미 물건이 한가득 들어있었다. 연필과 종이를 가득 넣은 지퍼가 고장 난 가방은 이미 집에다 두고 두 번째로 나온 길이었다. 이번에 눈에 띈 것은 고장 난 컴퓨터의 수리를 접수하는 용지였는데 한 장을 접어 주머니에 넣었다. 몇 분 후, 길가의 다른 쓰레기더미를 살피다가 검은 봉지 속에서 좋은 연필을 두 자루 발견했다. 이제야 나는 머릿속에 맴도는 생각을 적을 수 있게 되었다.

"일은 괜찮은데, 좀 시끄럽고 더러워. 그래도 일 하나는 제대로 하지."

크게 웃는 얼굴에 두 언어로 쓰인 이 문장은 전에 어떤 냉장고 스티커에서 본 적이 있었다. 웃는 얼굴은 냉장고의 뒷부분에 있는 코처럼 톡 튀어나온 부분에 붙어 있었다. '좀'이라는 단어는 '시끄럽다'는 단어 윗부분에 배치되어 있어서 마치 사람들이 이 냉장고의 시끄러운 부분을 보고 갖다 버릴까 봐 달래려는 것같이 느껴졌다. 도시의 버려진 물건들이 나에게 말을 건 사례는 이것 말고도 많다.

길가를 달리다 보면 "가지고 가세요" 혹은 "괜찮습니다" 혹은 "무료니 마음 놓고 쓰세요" 등의 표지가 붙어 있는 경우도 많다.

잠시 후, 상당히 무리해서 얻은 물건들을 가지고 집으로 돌아오는 길에 동네 잡화점에 들러서 오렌지주스, 오렌지, 바나나 등을 사고 더블백을 얻었다. 이렇게 가방도 구하고 자전거 짐칸이며 앞바구니에 싣는 것이다. 오늘은 짐 실을 공간이 부족해서 물병과 스프링클러, 정원용 호스 등 많은 물건들을 챙기지 못했다. 그렇다고 하더라도 구리, 알루미늄 캔, 동으로 만든 샤워용품, 온열 마사지 기계, 깡통 상자, 각종 핸들, 만능 칼, 사포, 납추, 문 열쇠, 숫자 '4' 모양의 냉장고 자석, 못 상자, 철제 단추, 6페니, 연필 세 개, 샤프 두 개 등 챙긴 물건이 적지 않았다. 이봐, 내가 길을 나서기만 하면, 그래도 일 하나는 제대로 하지.

사흘 후, 나는 막 두 번째 작업을 끝내던 중이었다. 1.5킬로미터 정도 떨어진 집 창고를 정리하려고 버린 쓰레기더미에서 수집한 가방에 각종 철제조각 등을 가득 넣었다. 자전거를 타고 집으로 돌아가는 길에 나는 이 가방의 고장 난 지퍼를 빨리 고쳐야겠다고 다짐했다. 며칠 전에도 이 가방에 양껏 물건을 넣기는 했지만 지퍼 때문에 가방을 채우지 못했기 때문이다. 그런데 이게 웬일인가, 오늘 살핀 첫 번째 쓰레기더미의 수확물이 바로 윌슨 스포츠 가방이었다. 내 가방보다 훨씬 크고 튼튼하고, 지퍼도 고장이 안 났기에 이제부터는 이 가방을 애용하기로 했다. 어쨌든 매일 내가 수집하는 양이 있으므로 가방 두 개 말고도 작은 가방 하나도 챙겨 집으로 가기로 했다. 윌슨 가방을 얻은 쓰레기더미에 '로맨스'라는 상표의 안경 케이스도 있었는데, 그 속에는 꼬마용 컵과 버드와이저/텍사스 파크와 와일드라이프 파운틴 레이플 핀, 밀라드 필모어 기념동전 등이 있었다. 그밖에도 "오늘의 뉴스가 뭔지 알려줘요, 오늘의 스타 전보"가 새겨진 단추 장식, 고무로 만든 대왕파리, 집게, 1951년 텍사스 면허증, 프로암 낚싯대와 신품 낚시기구 세트, 미군 비상용품 세트, 동으로 만든 벽걸이 세트, 동으로 만든 램프 부품, 비행기 모양의 무거운 스테이플러, 동 문손잡이, 동색의 알루미늄 재떨이, 스윙라인 토트50 스테이플러, 케이크 장식용 선반, 12인치 자, 드라이버 세트, 작은 나무반지 두 개, 붉은 주사위 하나를 손에 넣었다.

읽을거리도 꽤 있었다. 《몬스터 전집》 세 권, 《크리스마스의 역사 1990》, 《강한 남자: 북극 경비대》, 《무서운 책》 그리고 작은 《국가기념일》 사진집. 그밖에도 열일곱 조각의 플라스틱 치즈, 레고, 꼬마용 현미경, 요요 두 개(그중 하나에는 '포트워스 보이스카우트'라는 이름이 있었다), 괴물 트럭, 슈퍼볼 두 개, 델타포스 시계, 가슴을 열면 기계장치가 보이는 인형, 공룡, 자동차, '배트맨 리턴즈' 단추, 트롤 인형 따위의 아이들 장난감 등이 많았다. 친구 아이들에게 줘야겠다. 이렇게 엉뚱한 것들을 잔뜩 짊어지고 돌아가다가 나는 또 알루미늄 방망이와 캔, 동으로 된 물건들, 구리선, 장난감, 동전, 도미니카 공화국산 몬테시노 시가 상자를 더 챙겼다. 상자 윗면에 "434-0280"이라고 잉크로 써 있고, 뒷면에 시가와 수집 정보가 기록되어 있었다.

"에초 아 마노Hecho a Mano(스페인어, '수공품'이라는 뜻-옮긴이)." 수공품이다.

오, 예! 몇 달이 지나고 윌슨 가방이 드디어 터져버릴 즈음하여 나는 스포츠크래프트 크로켓 가방을 새로 손에 넣었다. 윌슨만큼 좋은 것으로 말이다.

공구 천국

이렇게 걷거나 자전거를 타고 가다가 일상적으로 일어나는 수집과 달리, 훨씬 많은 시간과 공간이 필요할 때도 있다. 쓰레기통 주위에 옷이며 음식을 버려두고 올 때도 있지만, 자전거에 실을 여유가 있거나 트럭을 몰고 다시 와야 할 만큼 값어치가 있는 것들이라면 하나도 남김없이 챙겼을 것이다. 이렇게 옷가지와 신발을 트럭으로 몇 번만 실어 나르면 노숙자 보호소에 필요한 물건이 한가득 생긴다. 캔 음식도 내 창고에 차곡차곡 쌓이다가 푸드뱅크로 가곤 한다. 괜찮은 담요나 수건은 동물보호소로 보낸다. 나를 위해서는, 캔 일부와 가을에 수확한 복숭아, 텍사스 도처에 넘쳐나는 피칸 열매, 앞마당 세일을 하고 남은 물건과 수익금을 챙긴다.

그러나 쓰레기 수집과 재생 활동에서 내게 가장 중요한 물건은 수집된 물건 자체가 아니라 수집과 재생 활동을 계속 할 수 있도록 도와주는 각종 공구이다. 처음에는 그런 공구를 그토록 많이 찾고 또 모을 수 있다는 사실에 놀랐다. 남성적인 어휘를 조금 사용해야겠는데, 나는 우선 손에 착 감기는 감각적인 손 공구에 큰 매력을 느낀다. 형태와 기능이 완벽한 조화를 이루어 내 쓰레기 수집 대상 1호로 자리매김하고 있다. 특히 조금 손보거나 고쳐야 될 물건이 나올 경우 내가 직접 고칠 수 있다는 데 자부심을 느끼기 때문에, 이런 공구가 나올 때마다 나는 큰 기쁨을 느낀다. 내 창고를 방문한 친구들도 이제 더 이상 공구가 부족하지 않을 정도다. 벽에다 물건을 걸고, 지붕을 뜯어 고치려거든 내 필립스 헤드 드라이버 세트와 톱칼, 활톱을 활용하시라. 새것, 헌것 가릴 것 없이 온갖 종류의 특별한 공구들이 쌓여 있다. 솔직히 말하자면 아직 어떻게 사용하는지조차 모르는 공구도 있다. 날마다 나는 내 공구 천국을 들락거린다. 그러면 기분이 좋다.

 새로운 드라이버나 렌치를 만나면 그때마다 정말 기쁘다. 길거리는 렌치나 송곳과 같은 공구들을 안정적으로 공급하는 대표적인 창구다. 창고를 청소하는 사람들이 쌓아놓은 쓰레기에도 꼭 있다. 집을 떠나는 사람은 오래된 물건들을 도저히 다 정리할 수 없어서 버리고, 새로 들어가는 사람은 이전 주인의 물건을 다 처리할 방법이 없어서 버리고, 아들딸들은 부모의 물건을 어떻게 할 수 없어서 버리고……. 이렇게 거리는 날마다 공구의 물결로 넘실거린다. 앞장에서 이미 봤듯이 한 쓰레기더미에서만도 드라이버와 펀치, 절단기, 조절 나사가 달린 렌치가 쏟아졌다. 그런데 이 물건들을 발견하기 전에도 렌치 두 개와 서독제 원목 손잡이 붓, 무거운 연마용 망치, 알렌 렌치, 낡은 끌, 드릴이 달린 연마기, 와이어 드릴, 드릴 날, 수제 톱, 수많은 작은 특수 공구들과 완제품 꺾쇠, 못, 고무

와서, 브래킷, 볼트, 수도꼭지 등을 이미 발견하고 일부는 남겨두고 일부는 집으로 가져간 후였다. 나는 공구 중독자이고, 쓰레기 수집의 세계는 영원한 공급자였다.

쓰레기 수집의 세계와 이에 의지하여 살아가는 삶의 역동성을 이해해감에 따라, 그리 오래지 않아 나는 이 공구들이 단지 진열 대상이 아니라 실제로도 유용한 도구라는 걸 깨달았다. 쓰레기 수집인으로서의 내 삶에서 핵심이 된 것이다. 우선 자전거에 실을 수 있는 물건의 양은 한계가 있기 때문에 거리에 넘쳐나는 물건 중에서 가장 가치 있는 것들만 캐내는 기술이 너무나 중요하며, 따라서 적합한 도구를 활용하는 능력은 이 세계에서 필수적이다. 한편, 그렇다고 너무 많은 도구를 항상 지니고 다니면 쓰레기더미에서 얻은 물건을 실을 수 없기 때문에 나는 벨트에 찰 수 있도록 고안하여 꼭 필요한 공구만 몸에 지니기 시작했다. 절단기, 집게, 앞뒤를 바꿀 수 있는 필립스 드라이버, 작은 드라이버, 톱날 조각, 알렌 렌치와 스위스 군용 칼은 항상 소지하는데 이것만 있으면 웬만한 작업은 다 할 수 있다. 집으로 들고 갈 수 없는 온수장치는 우선 드라이버로 무거운 동 주둥이를 떼내고 절단기로 알루미늄과 구리 덮개를 뒤틀어 빼면 된다. 낡은 싱크대는 양철로 만든 고정판과 구리 파이프만 제거하면 가져갈 수 있다. 자전거에 싣기 어려운 문짝은 동 문손잡이와 잠금장치, 장식과 경첩을 분리하면 얼마든지 실을 수 있다.

풍부한 공구들로 낡은 트럭의 외형도 손볼 수 있었지만 그런 공구들은 자주 쓰이지 않는다. 그러나 적어도 별로 쓸모없을 것 같은 공구도 마지막 순간 철제 재활용 센터에 가면 종류별로 분리되어 새로운 가치를 찾는다. 거리에 나가지 않는 날이면 나는 이 공구들을 활용하여 수집한 물건들을 팔기 위해 해체하거나, 다시 사용하기 위해 고치는 데 대부분의 시간을 할애한다. 고치고 보강하는 작업을 할 때면 전문서나 매뉴얼을 참고하고, 다양한 도구들을 돌아가며 사용한다.

《손재주: 집 보수를 위한 완벽 가이드》,《용접의 기술》,《가정 전기배선》, 전기 기술자를 위한《전선작업 화보집》,《수리공 매뉴얼》등의 책들도 물론 거리에서 얻은 수확물이다. 그중 내가 가장 좋아하는 책은 그 유명한《장례식 꽃다발》이다. 뭐, 실제로《장례식 꽃다발》을 펼쳐들 일이란 거의 없지만 말이다. 수집한 책으로 충분히 지원받고, 수집한 공구로 중무장을 하고 나면, 다시 한 번 거리의 쓰레기 수집을 향해 즐겁게 전진하는 나 자신을 보게 된다.

벗겨내기, 분류하기, 뜯기

철제로 된 물건들을 재생해서 활용하면서 각 금속 고유의 성질과 금속 다루는 법을 익히게 되었다. 지붕 위의 TV 안테나나 천장 선풍기, 자물쇠, 창틀 등 각 물건마다 재생할 수 있도록 모양을 변형시키고 다루는 기술이 있다. 책《쓰레기와 필요》에 따르면 수전 스트레서는 각 재질별로 리스트를 만들어 분석했다. "닳고 부서진 물건들을 고치거나 이용하려면 각 재질과 물건에 대한 관심을 가지는 것에서부터 출발해야 한다."⁸ 각 물건별 리스트를 제작해보면 여러모로 쓸모가 많다. 낡고 망가진 각종 물건들을 분해하는 경험이 쌓이다 보면 알루미늄, 동, 구리 등 각 물건에 맞게 분해해서 현금으로 바꾸기 좋게 만드는 요령이 는다.

문짝에 붙은 손잡이를 예로 들어보자. 처음 내가 문손잡이들을 모으기 시작했을 때는 마치 금광(적어도 동광)이라도 발견한 양 들떴다. 어디를 가든 손쉽게 찾을 수 있는 무거운 동 부품과 관련된 물건들은 비교적 비싼 값으로 팔 수 있기 때문이다. 그러나 그게 그렇게 만만한 일은 아니었다. 자석으로 '찾을 수 있는' 금속이 오직 쇠뿐임에도 구리나 알루미늄, 동 제품 등이 따라온다. 나중에 오랜 시간 기술자로 일한 사람들에게 들어서 안 사실인데, 이유인즉, '동'으로 만든 손잡이도 동이 많이 들기는 했지만 합금 소재의 손잡이이기 때문이다. 오래된 손잡이는 순동으로 만들어진 것도 있지만 최근에는 제품의 강도와 비용 때문에 강철이나 주석 등을 섞거나 구리를 얇게 덧입혀 만든 제품이 훨씬 더 많아졌다고 한다.

몇 번의 시도와 실패 끝에 나는 '동' 손잡이의 얇은 바깥 부분 동만 떼어내는 방법을 스스로 터득하게 되었다. 우선 손잡이나 기둥 부분을 납작하게 짓누른 다음 거리에서 수집한 커터로 얇게 잘라낸 후 흔들고 때리면 겉을 싸고 있던 동이 헐거워진다. 이 동작을 반복하면 결국 손잡이의 겉에 붙은 동만 떨어진다. 남은 부품은 강철이나 주석 상자로, 동은 동 상자로 모으고 나서 다음 손잡이를 들고 같은 작업을 반복한다.

지붕에 달린 TV 안테나의 재생 방법도 손잡이와 유사한 면이 있다. 낡은 안테나는 대부분 케이블 방송이나 위성 수신기에게 자리를 빼앗겨 길거리 쓰레기로 전락했다. TV 방송을 시청하기 위해 지붕 위 높은 곳에 설치한 안테나는 6미터 높이의 강철 기둥에 수십 개에 달하는 알루미늄 튜브를 달고 있다. 바로 그 모양 때문에 집으로 옮기기가 너무나 힘들었지만 (특히 자전거에 실을 때는 큰 날개가 두 바퀴에 걸리는 일이 많았다) 일단 어떻게 수집하는지 익힌 이후에는 훨씬 수월해졌다. 먼저 강철 몸체에서 알루미늄 부분을 떼어내는 것이 일의 시작이다. U 모양의 볼트를 푸는 데는 WD-40(녹 방지용 스프레이—옮긴이)을 조금 뿌려주면 도움이 된다. 그다음, 큰 절단기로 각각의 알루미늄 튜브를 신속히 잘라내어 풀처럼 묶는다. 그러면 큰 알루미늄 가지만 남는데 그건 버려두고 간다. (맨손으로 작업하거나 절단기가 말을 안 들으면 시간이 많이 걸릴 수도 있다.) 마지막으로, 알루미늄 가지에 붙은 볼트며 철제조각 등을 다 떼어낸 후 압축기로 압착시키면 끝이다.

해가 가고 달이 갈수록, 나는 이 분류 작업에 애착을 느꼈다. 길거리에서 얻은 큰 안테나, 손잡이가 가득 든 상자, 천장 선풍기 등을 통해 돈을 번다는 단순한 의미가 아니라 값어치가 있는 수많은 금속이 매립지에 묻히는 것을 방지한다는 사실에 진짜 의미가 있어서이다. 또 재활용을 위한 나의 정직한 노동에서도 기쁨을 맛볼 수도 있다. 문손잡이의 구리 코팅을 벗기고, 알루미늄 TV 안테나를 수확했던 나의 경험은 무엇이든 스스로 해결하고자 하는 유기적 인간 활동의 특성을 잘 보여주고 있다. 모든 인간의 역사적 활동은 추상적이기보다는 실제적이었으며, 지속되는 나의 수집 기술의 진보 또한 책이나 머리에서 나오는 것이라기보다는 수집한 물건들 그 자체로부터 나온 것이다.

한편, 내가 가장 많이 활용하는 기술은 코팅 껍질을 벗기거나 알루미늄 수확이 아니라 말 그대로 벗기다. 길거리에서 수집 가능한 금속 중에서도 구리는 단연 가장 가치 있는 품목이고 그중에서도 고물상에서 인정하는 가장 좋은 타입은 '밝고 빛나(BS)'거나 '아주 밝은(BB)' 구리다. 빛나는 구리전선은 보호막 없이 컬러 플라스틱으로 코팅되어 있다. 공사장이나 리모델링을 하는 집 근처의 쓰레기통 등에서 많이 발견되는데, 처음 발견한 '야생' 상태의 전선도 일단 집으로 가져와 피복을 벗겨내면 '아주 밝은 색' 양질의 구리가 나온다. 결과는? 하루 종일 벗기기의 연속이다. 구리선이 팽팽해지도록 잘 당긴 다음 다용도 칼로 열심히 벗겨낸다. 이때, 두꺼운 플라스틱 코팅을 벗겨내느라 칼날을 연신 아래로 긋다 보면 칼날이 쉽게 상하는데, 이 또한 거리의 수집품으로 해결이 가능하다. 사실 구리 전선을 벗기느라 칼날이 아무리 망가진다 하더라도 칼이 부족할 일은 없다. 거리의 수많은 쓰레기더미와 쓰레기통에서 줍는 칼과 칼날의 수는 내가 쓰다가 망가지는 숫자의 열 배, 스무 배에 달한다.

자, 이렇듯 내가 도시의 거리를 다니며 온갖 물건들을 수집하는 데 주로 사용하는 도구들은 자석, 톱날, 드라이버, 다목적 칼, 압착기 등이다. 그렇지, 보풀 제거용 칼도 있다. 오늘날의 소비문화를 이해하고 있는 나로서는 쓰레기통과 길거리의 쓰레기더미에서 나이키, 갭, 폴로 등 다양한 상표의 셔츠와 스웨터, 바지, 반바지, 장갑, 모자 등이 나온다고 해서 놀라지 않는다. 물론 그것들을 입기도 잘해서 때로는 랄프 로렌 맨으로 변신해 쓰레기통을 뒤지는 등 상표 홍보에도 일조하는 바가 있다. 그러나 보통은 상표를 뜯어내는데 보풀 제거용 칼을 사용하지 않으면 옷감이 상표에 크게 붙어 나오기 쉽다. 중요한 것은 상표가 얼마나 예쁘게 뜯겼느냐가 아니다. 가장 중요한 것은 상표가 뜯긴 옷이 그 회사의 이윤과 관계없이 얼마나 가치 있게 사용되는지이다. 구리선을 벗기다가 가끔 나는 갭이 더 이상 상품을 생산하지 못하거나, 나이키 임원들이 한 시간에 50센트도 못 받는 아동 노동 착취를 대신해 감옥에서 일하는 몽상에 빠지기도 한다.[9]

재활용의 세계

수집한 가방과 수납장을 집으로 가져오고, 공구를 이용해 재활용품을 준비하고, 버려진 물건들을 고치거나 수리하고, 필기구와 종이를 찾아 내 생각을 기록하고, 수집한 신발이나 옷을 입는 등의 활동이 모두 생존하는 데 너무나 중요한 활동임이 분명하지만 자급자족이라는 전체 활동에서는 한 부분에 지나지 않는다. 갭 셔츠나 폴로 바지, 구두는 물론이고 데님 작업복과 할로윈 의상, 소매 없는 옷까지 열심히 수집한다. 앞 장에서 이미 확인했듯이 책들은 재활용 책방에 내다 팔고, 번 돈으로 새로운 책을 산다. 자전거를 얻은 뒤에는 짐칸과 앞바구니를 줍고, 이를 연결할 볼트까지 수집해 또 수집할 공간을 확보한다. 스포츠 가방은 물론이고 백팩과 서류가방, 여행용 수트케이스 따위도 가리지 않는다.[10]

그 모든 방법을 동원해 나는 나만의 가치를 창출할 수 있는 방법을 점차 배우게 되었다. 무슨 말인고 하니, 아무리 줍고 고쳐도 그것만으로는 충분하지 않다는 말이다. 즉, 누군가 주워도 다시 버려지는 것이 이 세계의 생리이기 때문에 무언가 다른 선택을 해야만 한다. 예를 들어 한 램프에서 얻은 부품을 다른 램프에 넣거나 그 램프를 다른 무언가로 재발전시키는 등 단순히 팔아서 돈을 벌거나 소비하는 이외의 무언가가 필요하다. 수집한 수도꼭지는 분해해서 우리 집의 물이 새는 수도꼭지를 고칠 수 있다. CD 케이스는 내가 수집한 CD를 보관하는 데 활용할 수 있다. 책 케이스에는 팔거나 선물하지 않을 책들을 넣어둔다. 엄청나게 쌓여 있는 천장 선풍기는 우리 집 천장 선풍기가 고장 났을 때 날개를 갈거나 볼트를 교환하는 데 쓸 수 있다. WD-40은 녹슨 볼트나 고장 난 기계를 분해하는 데 활용하고, 실버 클리너는 각종 은 기구나 은 촛대를 닦는 데 쓴다.

더 나은 예를 들어보자.

우리 집 나무 울타리가 망가졌을 때, 나는 몇 블록을 가서 버려진 자재를 가져다가 수리했다. 창문 위에 선반을 만들어 물건들을 놓아야겠다는 생각이 들었을 때는 전날 봐둔 공사장 근처의 쓰레기통에서 꼭 필요한 부품을 찾아올 수 있었다. 철제로 만든 작은 액자를 구했을 때는 다양한 보물들을 곁들여 벽에 장식했고, 공업용 압착기를 놓을 선반이 필요했을 때는 수집한 공구와 못, 나무, 나무 나사를 활용해 제작했다. 이 압착기는 껍질을 잘 벗긴 구리며 그밖에 다양한 물건들을 압축하는 데 잘 활용하고 있다.

그 선반에서 밤늦게까지 작업을 하려면 조명이 필요해서 길에서 얻은 수많은 조명기구를 활용해 우리 집과 창고 구석구석을 밝혔다. 사람들은 조명기구를 버릴 때 그 속에 끼워져 있는 전구도 버리는데 대부분 쓸 수 있는 것이라는 사실도 나는 곧 알게 되었다. 자, 이렇게 물건을 수집하고 벗기다 보면 각종 분해된 기계 부품과 금속 등을 보관할 수납공간이 필요하게 마련인데 이 문제는 각종 걸쇠와 후크, 선반을 제작하여 해결한다. 이렇게 하면 배관이며 공구, 문짝과 창문 부품은 물론 골프공, 동 제품, 구리 조각까지 깔끔하게 정리할 수 있다. 온갖 종류의 약품은 내 사무실 벽 선반에 샤워헤드, 수도꼭지 수집품과 함께 진열해두었다.

집으로 가보자. 전구나 조명기구 외에도 돈을 들여야 하는 많은 일들이 해결되고 있다. 거실과 침실 창에 드리운 블라인드는 나무로 된 셔터를 찾아서 사이즈에 맞게 잘 자른 다음 칠하고 손잡이를 붙였다. 1950년대 스타일의 멋들어진 촛대 열 개는 거실에 두 개, 집 여기저기에 몇 개 비치하고 나머지는 리모델링 직업을 가진 친구에게 주었다. 사실 집 안을 꾸미는 데 사용할 물건은 길거리 세계에서 끝도 없이 공급이 가능하기 때문에, 1950~60년대 미국 잡지 혹은 '근현대' 디자인 잡지에서 소개한 것처럼 내 입맛에 맞게 몇 번이나 집 안을 다시 꾸밀 수 있다. 휘황찬란한 금색과 고급스러운 흑색이 조화된 벽걸이 시계, 검정과 녹색 꽃무늬의 TV 받침도 우리 집 거실을 장식하고 있다. 벽시계와 TV 받침을 보완하는 물건으로는 길고 경사가 얕은 2인용 소파와 접이식 침대가 있다. 원목 의자와 격자무늬 베개, 작은 유리잔과 양파 모양의 조명등도 한몫을 한다.[11]

수집한 물건들로 집 안을 꾸미는 기쁨이 이만저만이 아니지만, 더 즐거운 일이 있으니 이는 바로 수집한 물건을 가지고 나에게 필요한 것으로 어떻게 변형해볼까 상상하는 것이다. 보트에 달려 있던 사다리만 해도 알루미늄 재질의 양쪽 축을 떼어내고 남은 세 개의 반질반질한 계단이 벽 선반으로 안성맞춤일 것이라는 생각이 들었다. 며칠 후 길에서 수집한 구리 지지대를 활용해서 내 사무실 벽에 하나를 먼저 고정하고, 다음 날 찾은 두 개의 구리 지지대를 활용해 멋진 벽 선반을 설치할 수 있었다.

우리 집과 집 안 선반이 내 수집물을 전시하는 전시장이라면, 집 뒷마당은 변화가 일어나는 곳이다. 공사장 근처의 대형 쓰레기 폐기장에서 발견한 조경용 식물은 뒷마당에 심었다. 때로는 넘쳐나는 항아리에 심고, 때로는 장식이 있는 상자에 심는다. 철제 장식이 있는 테이블은 식물을 진열하는 테이블로, 각종 창틀과 와이어, 캠핑용 말뚝은 장식 울타리로 탈바꿈한다. 낡은 야외용 조명등은 새들의 밥통이고 낡은 목재 천장 선풍기는 새집이다.

원형에 약간 손댄 100퍼센트 수공품들을 볼 때마다 나는 좀 더 큰 변화를 꿈꿔본다. 공구나 피복을 벗긴 구리선, 새로 심은 식물, 선풍기 날개로 만든 새집을 보면서, 시간이 갈수록 나는 소비사회의 미래를 발견하게 된다. 소비경제의 순환구조가 점차로 확대되어 그 동참자들의 파괴 행위가 커져갈수록 길거리 세계의 순환구조는 역방향으로 커져간다. 오랜 준비 끝에 쓰레기 재활용의 세계는 더 오랫동안 지속될 재활용의 토대를 마련한 것이다. 재활용된 물건들은 시간이 조금 지나면 새로운 재활용의 토대가 되고 이런 물건들이 축적되어 단순히 돈이나 소비를 넘어서는 세계를 형성하게 되는 것이다. 재활용 세계가 파고드는 비정형의 지하경제가 깊어질수록, 그 물건과 경험이 축적될수록 이 세계는 자생력을 확보하게 된다. 그래서 소비사회는 계속 버리고 재활용 세계는 이를 회복시키는 역할을 한다.

그러나 주의해야 할 사항이 있다. 우선, 그와 같은 회복의 역동성과 재활용이 기능하기 위해서는 어느 정도의 축적은 필수적이다. 1872년에 찰스 로링 브레이스가 넝마주의 판자촌을 표현할 때— "뼈, 깨진 접시, 넝마, 가구 조각, 재, 고철, 쓸모없는 램프, 썩은 채소, 리본, 옷, 다리 없는 의자, 오물 따위가 온통 뒤섞여 집 천장까지 차 있었다"—등장하는 물건들만으로는 힘든 일이다.[12] 재활용의 세계를 이해하는 사람이라면 이를 위한 재료들의 질과 양뿐만 아니라, 앞으로 살펴볼 내용처럼 오랜 시간에 걸친 법적 기반과 함께 가능성을 쌓아두는 사람들의 이해 또한 꼭 필요한 요소라는 것을 잘 알 것이다.

다음으로, 아무리 뛰어난 거리의 탐색가라 하더라도 자신이 가진 물건들만으로 모든 것을 만들어낼 수 있다는 생각은 버려야 한다. 때로는 새로운 물건이라는 가능성에 도전하기보다 돈으로 바꾸는 게 낫다.

그래서 고물상도 있는 것이다.

쓰레기는 나의 학교

철제 쓰레기 야적장, 매립장, 쓰레기더미, 크고 작은 분리수거장마다 잃어버리고 버려지고 수집된 금속으로 넘쳐난다. 대규모 야적장 가운데 많은 수가 수집된 쓰레기가 재활용 단계로 넘어가기 전의 중간지 역할을 한다. 날마다 밀물처럼 흘러드는 알루미늄 캔과 양철, 구리관 따위가 들어오면 일단 분류되고 규격에 맞게 압축되어 기차나 트레일러에 실려 나간다. 그러나 많은 매립지에서는 닳아 해진 물건과 찌그러진 자동차 바퀴, 부서진 가구, 오래된 공구 등이 어지럽게 널려 있어 녹만 더해간다. 일부 대형 야적장에서는 대형 트레일러와 트럭이 엄청난 굉음을 내며 움직여 물건들을 싣거나 쏟아내고, 큰 크레인이 산업용 자석으로 금속 자재를 쌓아 올리거나 대형 집게로 물건들을 집어 알루미늄과 구리 산으로 옮겨 놓기도 한다. 훨씬 조용하게 일이 진행되는 곳도 있다. 조그만 트럭이나 승용차에서 내린 물건들은 허가를 받은 작은 수집상에서

철제 쓰레기 야적장, 플로리다 탬파, 2004년 6월.

거래되기도 하지만, 비공식적으로 개인이나 소규모 영세 사업장에서 거래되는 경우도 많다. 그중에는 시 정부에서 운영하는 재활용 프로그램도 있다.

 길거리에 버려진 철제를 모아서 팔 경우에는 비교적 작은 단위인 파운드로도 환금이 가능하다. 즉, 길거리 세계에서 일을 하고자 심각하게 고려하는 사람이라면 철제를 종류별로 구분하고 상당한 양을 모아가야 한다. 캔 몇 개를 야적장에 가져가도 현금으로 바꿔주지 않는다. 그래서 길거리의 폐품과 금속을 수집하는 사람들은 못 쓰는 쇼핑카트에다 플라스틱 봉투를 잔뜩 붙여서 최대한 수집용량을 늘린다. 나처럼 작은 집이라도 있어서 수집해서 보관할 공간이 있는 경우라면 행운이라고 할 수 있다. 온갖 부품을 정교하게 분류해 보관할 수 있는 시스템이 갖추어진다면 분해한 각 부품은 하나도 버릴 것이 없으므로 환경을 위해서나 금전적인 이익을 위해서나 더 많은 효과를 누릴 수 있다. 보관 공간이 넓어지면 고물상이나 야적장으로 가는 횟수를 줄일 수 있고 이렇게 되면 이동하는 데 필요한 기름값을 아끼게 되니 또 한 번 경제적 이익을 누리게 되는 것이다.

아무리 작은 금속 조각 하나라도 그것을 통해 이익을 얻고자 한다면 각 부분에 관한 세밀한 이해와 분류, 보관 시스템을 갖춰야 한다. 가장 많이 팔리는 알루미늄만 하더라도 야적장에서 그냥 구입하는 것이 아니라, 순도와 타입을 철저히 구분해 구입해준다. 가장 일반적인 거래는 파운드로 이루어지며, 파운드당 가격은 다음과 같다.

알루미늄 캔	.45
깨끗한 알루미늄 클립	.45
추출 알루미늄	.50
주조 알루미늄	.40
No. #3 알루미늄	.35
알루미늄 쿨러	.45
알루미늄 라디에이터	.35

알루미늄 파손물	.12
알루미늄 휠	.55
알루미늄 구리 쿨러	.50
철제 부품이 함유된 알루미늄 구리 쿨러	.40

세심한 독자들은 이미 눈치챘겠지만, 가난한 알루미늄 수집인이 식사 한 끼, 맥주 한 잔이라도 먹을 돈을 얻으려고 알루미늄을 수집해서 팔 때 종류에 따라 그 가격은 거의 다섯 배까지 차이가 난다. 눈치 빠른 독자들은 이미 또 알아챘겠지만, 만약 열심히 모은 것이 주조 알루미늄이거나 여러 종류의 알루미늄이 혼합된 것이라면 그중 가장 낮은 가격, 1파운드에 .12달러를 쳐준다. 그래서 세심한 수집가들은 알루미늄을 팔러 가기 전에 11가지 알루미늄을 종류별로 구분하고, 나누고, 따로 모아서 들고 간다.

말은 쉽지만 실상은 상당히 복잡하다. 알루미늄이 종류별로 깔끔하게 11가지 형태로 버려져 있다면 얼마나 좋을까마는 대부분은 다른 온갖 재질의 부품과 볼트로 엮이고 땜질되어 있기 때문에, 알루미늄 수집인들은 시간과 공간을 들여 팔 수 있는 상태로 변환시키는 작업을 꼭 거칠 수밖에 없다. 2002년 3월을 보자. 그날도 자전거를 타고 한 바퀴 돌았는데 낡은 알루미늄 호스 꼭지, 안테나, 문경첩을 각각 하나씩 주웠다. 2002년 7월에는 진공청소기 호스, 창틀, 스크린 도어, 환기구 커버, TV 안테나, 정원호스용 장비, 커스텀 자동차 알루미늄 휠, 전선 감개, 사탕 접시, 히터, 1950년대 테이블 테두리 장식, 창문 차양, 알루미늄 캔 등 다양한 알루미늄 관련 물품들을 확보했다. 8월 초에는 알루미늄 캔과 지붕 안테나, 알루미늄 선풍기, 창틀 세 개와 32개의 창살, 에어컨 부품을 손에 넣었고, 사흘 뒤에는 가방을 가득 채울 만큼의 알루미늄 캔과 냄비, 냄비 뚜껑, 알루미늄 튜브, 큰 알루미늄 주물, 용도를 알 수 없는 알루미늄 관 세 개를 얻게 되었다.

날이 가면 갈수록 쌓여가는 이 물건들은 언젠가 시간을 내어 깨끗하게 한 후 종류별로 분류하는 작업을 하기 전까지는 어쨌든 공간을 필요로 한다. 알루미늄 하나만 봐도 이렇게 복잡한데 다른 철제는 어떻겠는가. 구리는 종류가 다섯으로 구분되고 동은 두 가지, 스테인리스 스틸, 납, 주석, 철, 주철, 각종 배터리, 전기 모터 등 끝이 없다. 수집한 각 금속을 통해 얻을 수 있는 경제적 이익이란 절대 크지 않기 때문에 어떤 부분을 버리거나 하는 사치를 범할 수는 없다. 결국 8개월 동안 나는 엄청난 시간과 노력을 들이면 들였지, 벗기다 만 구리선이나 반쯤 분해하다 만 알루미늄 의자 등을 버려둘 수는 없었다. 그래서 나는 창고와 집 뒤편 울타리 사이의 좁고 긴 공간에 그 모든 금속을 종류별로 모아둘 수 있도록 온 정성을 다해 보관 용기를 만들었다. 사실, 각 금속의 새로운 분류를 알게 될 때마다 그 용기의 하위 분류도 점차 늘어갔다.

그 결과, 야적장으로 가기 전에 다양한 금속을 집에서 분류할 수 있어 상당히 효율적이었고, 동시에 금전적인 이익도 커져갔지만, 이는 불법행위이기도 했다. 포트워스 시 조례 11A-26은 이 문제에 대해 분명한 평가를 내린다. 허가받은 구역과 딜러가 아니라면 "종류를 불문하고 부서지거나 고장 난 물건, 가정용 가구나 설비, 기계, 공구, 상자, 판지, 잔디 관리 장비, 놀이 장비, 장난감, 기타 유사 물품"은 물론 "사용되거나 버려진 빌딩 물품"과 "사용되거나 버려진, 혹은 망가진 자동차 부품 및 장비류"를 모으는 행위를 엄격히 금하고 있다.[13] 그 양이 아무리 적더라도, 또 지역 거주민들의 눈에 띄지 않더라도, 단지 그와 같은 물품이 존재하는 것만으로도 불법이 된다.[14] 불법 축적을 철저히 보호하지 않는다면 몇 블록 떨어진 '제나의 희망과 은혜'가 곤욕을 치렀던 것처럼 나 또한 어려움을 당할 수 있기 때문에 나는 보관 용기의 높이가 뒤편 울타리 높이인 2미터를 넘지 않도록 조심했다. 사실 내가 초대한 사람 말고는 아무도 나의 불법 보관소에 대해 알지 못했으리라고 자신할 수 있다.

정부 관계자들이 얼마나 열심인지는 하느님이 아실 것이다. 조례 이행을 담당하는 공무원들의 기세가 교회에서 자선 행사를 열거나 다양한 '불법 마당 표지판'을 세울 때 충분히 두려움을 갖게 하는데도 포트워스 시는 2004년에 조례를 담당할 보안관 제도를 추가로 마련했다. '거리에 더 많은 눈과 귀'를 만들기 위해 시 당국은 도시 주민 가운데 지원자를 받아 훈련시키고 자율 보안관으로 활동하도록 했다. 이 새로운 눈과 귀들은 '부서진 물건이나 버려진 물건들'을 감시하는데, 시 당국은 이들이 '산책하거나 조깅할 때, 심지어는 자녀를 학교에 데려다줄 때'조차 보안관으로서의 역할을 하도록 했다.[15] 프로그램을 시작할 때 마이크 몬크리프 시장은 "이 문제는 정말 중요한 문제입니다"라고 말했다. 시 의원 벡키가 "그들은 모두 감옥 맛을 봐야 해요"라는 말을 덧붙였다.[16] 그리고 사실, 바로 이웃에서 이 프로그램 참가자들이 흥분하여 회의를 하는 것을 본 나는 헐레벌떡 집으로 달려와 집 울타리 너머까지 보이는 물건들을 모조리 아래로 쑤셔 박았다.

포트워스의 11A-26 시행령을 이행하기 위해 새로운 눈과 귀가 된 보안관들이 아직은 나를 찾아내지 못했지만, 프랭크 존슨은 아쉽게도 그 희생양이 되고 말았다.[17] 설거지 기계, 잔디 깎기 기계와 같이 버려진 물품들을 자기 집 앞마당에 가득 모아두었다는 이유로 포트워스 도시 규정 11A조 26항에 의거 체포되어 건축물윤리위원회에 회부된 것이다. 그뿐 아니라 TV에까지 출연하게 되었다. 나중에 안 사실이지만, 프랭크는 당시 포트워스 지역 케이블 방송의 교육 프로그램으로 지역의 쇼핑몰을 광고하던 〈폐품처리장의 전쟁Junkyard Wars〉에 출연하기 위해 오디션을 치를 필요가 없었다. 프랭크는 자기 자신의 폐품처리장을 지키기 위한 전쟁을 수행하고 있었고 이는 방송을 통해 온 도시에 중계되었다.

그날 촬영된 부분은 며칠 뒤 케이블 방송을 통해 흘러나왔다. 프랭크는 나이 많은 흑인이었는데 회색의 콧수염에 다 떨어진 티셔츠와 모자를 쓰고 있었다. 위원회 중 한 명이 프랭크가 위반한 법령을 자세히 열거했고, 마침내 프랭크에게 발언 기회가 주어졌.

"저는 물건 고치는 것을 좋아합니다. 어릴 때부터 가만히 있지를 못했어요. 열두 살부터 고치는 일을 해왔습니다. 마당은 항상 깨끗하게 치웠는데 요즘에는 류머티즘이 심해서 잘 치우지 못한 것뿐이에요. 저는 열심히 일하는 사람이고 또 깨끗이 치웁니다."

위원회는 꿈쩍도 하지 않았다. 다만 1년 전에도 프랭크가 같은 법규를 위반했던 사실을 지적하며 심문을 계속했다.

"프랭크 씨, 당신 마당에 쌓여 있는 그 많은 물건들이 다 어디서 왔는지 말씀해보십시오."

"이미 말씀드렸듯이 물건 고치고 하는 것을 제가 좋아해서요. 그리고 저는 직업이 따로 없거든요."

"그럼 그 물건들을 다 고치려고 노력했……?"

미처 질문이 끝나기도 전에 프랭크는 말을 이었다.

"살기 위해서 노력했습니다."

"좋아요, 그 물건들을 가져다가 아마도 고쳐서 다시 팔 수 있었겠지요, 할 수만 있었다면요?"

"맞습니다." 프랭크가 머뭇거리며 말했다.

이번에는 다른 사람이 프랭크가 위반한 법규를 언급하기 시작했다. "앞마당에 그런 물건들을 그렇게 오랫동안 방치해둬도 괜찮다는 허가를 받은 적이 있습니까?"

프랭크는 단지 뭐가 더 중요한지를 말하고 싶었을 것이다. "꽤 오랫동안 물건들이 쌓여 있었지요. 그렇지만…… 이미 말씀드렸듯이 그저 살기 위해서 시작한 일일 뿐이에요. 여러분도 일자리를 얻지 못한다면 훔치거나 뭐 다른 방법이라도 찾지 않겠어요?"

이번에는 다른 위원회 멤버가 조금 다른 각도로 프랭크의 위법 사실을 지적했다. 즉, 불법으로 자기 뒷마당에서 잔디 깎기 기계 수리점을 열었다는 것이다.

그러자 프랭크가 항변했다. "아닙니다. 저는 그저 물건을 거기에 쌓아뒀을 뿐입니다."

"그럼 도대체 무엇을 고쳤다는 말이죠?"

"그냥 제 물건들이죠. 혼자서 고치는 법을 배웠는데, 그 물건들은 제 차를 고치는 데 쓰기도 하고요. 나의 쓰레기는 나의 학교거든요. 모두들 학교에 가지만 학교에서 모든 걸 배우는 건 아니잖아요. 그냥 여기저기서 주워 와서는 우리 집 나무 그늘에서 고친 것뿐이에요. 학교에서는 별로 배운 게 없거든요."

"좋아요, 집에서 그런 일들을 했다고요……. 그래 잘 고쳐지기는 했습니까?"

"네. 물건에 따라 어떻게 고치는지 알 수 있게 되었어요. 그래서 다른 사람들에게도 알려주고 싶었습니다."

마지막으로 위원회 중 로버트 할리의 차례가 돌아왔다. 통통한 중년 백인 로버트는 흰 와이셔츠에 검은 정장 차림이었는데 심문을 상당히 즐기는 듯 보였다. 질문과 답변 사이 틈이 있을 때마다 웃는 얼굴을 굳이 감추려 하지 않았다.

"당신이 수집한 철물들을 외부로 반출한 적이 있습니까?" 그는 물었다.

"네, 많이 버리거나 했지요." 프랭크가 대답했다.

"아니요, 제 말은 철제상이나 중계상에게 물건이나 물품을 판 적이 있냐는 말입니다."

"그런 적도 있었습니다." 프랭크는 과거였다는 것을 강조하며 대답했다.

"그럼 당신이 직접 모으거나 다른 사람이 당신에게 가져다주거나 했을 때 그 물건을 중계상에게 판 적도 있다는 말씀이지요?"

"사람들이 가끔씩 우리 집 마당에 물건을 그냥 두고 가기도 했지요. 왜냐면 그 사람들은 제가 그것들을 어떻게 활용하는지 잘 알고 있으니까요."

"그러니까 당신은 중계상에게 물건을 넘기기 전에 수집하고 정리하는 역할을 한 셈이네요." 로버트는 어떻게든 꼬투리를 잡으려고 노력했다.

"그렇지는 않습니다."

"음......"

몇 가지 질문을 더 한 후에 로버트 할리는 프랭크에게 말했다.

"그 물건들을 깨끗이 다 치워야 한다는 건 알고 계시죠?"

프랭크는 동의했다. "알고 있습니다. 그런데 몸이 생각처럼 움직이지 않아서요." 자신도 치우려고 노력하고 있다는 것이다.

"말씀드렸듯이, 발명이라든지 뭐 좀 다른 일을 해보고 싶을 뿐이에요. 굳이 돈을 들이지 않고서도 재료를 얻을 수 있는 방법을 찾아낸 것뿐이고요."

프랭크 존슨의 철물들은 결국 그의 앞마당에서 치워지지 않았고, 포트워스 시는 프랭크에게 3,120달러의 벌금과 30일 내에 마당을 정리하라는 명령을 내렸다. 만약 30일 내로 정리가 되지 않을 경우 3,120달러의 추가 벌금이 부과될 것이다. 이같이 명령하는 위원회조차 프랭크가 그 많은 돈을 물거나, 정해진 시간 내에 마당을 정리할 수 있을 것이라고는 확신하지 못했다. 재미있는 사실은 한 번에 그 돈을 다 지불할 수 없을 것이라는 판단이 들자 우선 1,040달러를 지불하고, 30일의 유예기간을 준 다음 그래도 정리가 안 되면 더 많은 추가 벌금을 부과하는 자비로운 결정이 내려졌다는 것이다.

  몇 달 후 나는 폴리텍 언덕에 있는 프랭크의 집 앞을 차로 지나게 되었다. 길 양편으로 허름한 집들이 이어졌다. 마카브의 슈퍼마켓은 문을 닫았고 그 앞으로 "국립박물관의 카우보이가 살 미래의 집"이라는 표지가 서 있었다. 얼마 못 가서, 그 지역 경제 사정의 변화를 알리는 또 다른 표지판을 발견했다. "못생긴 집도 괜찮음, 집을 삽니다." 프랭크의 집은 더 이상 찾을 수 없었다. 듬성듬성한 잔디와 이전에 집이 있었다는 것을 알 만한 집터만 남았을 뿐 그의 마당 뒤로는 넓은 자동차 도로와 새로운 창고형 아파트들이 들어서 있었다. 프랭크는 자신의 마당을 지켰어야만 했다. 만약 쓰레기가 프랭크의 학교였다면, 이제 학교는 사라진 것이다. 아, 그리고 한 가지 더. 프랭크의 마당이 있던 블록 양 끝 모퉁이에는 쓰레기 야적장을 방불케 할 정도로 잡다한 물건들이 버려져 있었는데 그 품목들은 대부분 비효율적인 쓰레기 집하 프로그램으로 악명 높은 11A-26이 규정하는 것들이었다.

  아, 물론 적어도 시는 프랭크의 집 앞에 쌓였던 물건들을 치우는

데는 성공했다. 그러나 나는 프랭크의 세탁기와 잔디 깎는 기계가 도시 내의 쓰레기 집하장이나 재활용 센터로 갔을까 하는 의문이 들었다. 쓰레기 집하장에서 많은 시간을 보내는 나는 아직 한 번도 시에서 운영하는 트럭을 본 적이 없었기 때문이다. 대신 프랭크와 같은 사람들의 행렬을 봤을 뿐이다. 프랭크와 마찬가지로 내 쓰레기들 또한 나의 학교이며, 이제는 사라진 프랭크의 재활용 시스템처럼 우리 집 마당의 쓰레기들도 충분히 재활용할 만큼의 금속으로 가득 차게 되면 재활용품 야적장으로 가져가서 현금으로 교환하게 된다.

길거리 재활용의 세계에서 재활용품 야적장은 중요한 역할을 담당한다. 포트워스에는 도시를 벗어난 북쪽 낙후 지역에 큰 야적장들이 위치해 있다. 한때는 가축 사육 구역이었지만 지금은 다소 규모 있는 레스토랑과 술집들이 들어서서 관광객들이 찾는 지역이기도 하다. 물론 관광객들은 쓰레기 야적장 바로 근처로 잘 가지 않을 것이다. 노르웨이 라디에이터 서비스나 마이크의 페인트, 보충제, 작은 라틴 바, 싸구려 모텔, 전당포 등과 같은 작은 상점들 사이로 "바비큐와 굴요리 전문"같이 손으로 쓴 간판을 내놓은 음식점들도 있다.

거기서 멋진 휴대전화를 들고 SUV를 모는 중산층을 찾아보기란 쉽지 않다. 대신 프랭크처럼 야적장에 관심 있는 사람들을 볼 수 있는데 그들이 모는 트럭은 폭삭 내려앉기 직전의 상태이고 짐칸에는 엔진 부속이나 거의 망가진 냉장고, 잔디 깎는 기계 따위가 실려 있다. 2장에 소개한 사람들이 기억나는가? 빼빼 마른 노인으로 노숙자에 알루미늄 캔으로 가득 찬 쇼핑카트를 몰던 백인 말이다. 아니면 웃통을 벗은 채 일하던 기름투성이의 모호크족은? 트럭 짐칸에서 무거운 자동차 배터리와 라디에이터 따위를 내리던 남자 말이다. 그런 사람들이 바로 이곳에 매력을 느끼고 찾아온다. 어떤 때는 1970년대에 생산된 자동차 부품을 트레일러에서 내리는 백인 부부이기도 하고, 어떤 때는 '마리아'를 앞면에 장식한 트럭에 세탁기를 가득 싣고 온 히스패닉 부부이기도 하다. 경제적 능력으로 따지면 다양할 것 없는 그곳의 방문자들은 인종은 다양하지만, 가만히 생각해보면 포트워스에서 그들처럼 사회적 동질감을 느끼는 집합도 없을 것 같다.

하루에 10시간 30분, 일주일에 6일, 윙윙거리고 쨍그랑거리며 수집인들이 끝없이 버려진 물건을 가득 가지고 야적장으로 몰려오면, 지게차는 온갖 금속을 분류해서 산처럼 쌓는다. 성장배경이 어떻든, 헤어스타일이나 트럭의 모델이 뭐가 됐든, 야적장에 도달하는 순간 우리는 재활용이라는 궁극적인 이해로 하나가 된다. 가보면 알겠지만 어떤 금속이 어떤 제품의 일부분이었는지는 중요하지 않다. 모든 것이 근본으로 돌아가는 것이다. 화려한 장식과 덧붙여진 의미가 모두 사라지고 나면 민주주의의 원리만 남는다. 과거의 영광을 말해주는 상패, 문손잡이, 수도설비에서 이제 1파운드에 40센트 하는 구리 뭉치로 돌아간다. 야적장의 지게차는 물건의 형태와 의미는 고려하지 않으며, 모든 물건은 가장 기본이 되는 요소만 공통적으로 인정받는다. 그러나 민주주의에서도 그러하듯 예외는 있다. 이들 야적장이 허가받은 업체라는 것을 알리는 낡은 동패나 물건을 끌어올릴 때 사용하는 알루미늄 도르래, 이곳이 야적장임을 알리는 구리 안내판 따위는 특별 대접을 받는다. 그래도 야적장의 경제는 더 순수한 금속일수록 더 비싼 값을 치는 기본적인 메커니즘에서 크게 벗어나지 않는다.

알루미늄도 구리도 동도, 그렇다고 주철도 아닌 '얇은 양철'은 파운드당 2센트의 값어치를 지닌다. 이쯤 되면 더 이상의 구분은 의미가 없다. 원래의 목적과 의미를 벗어버리고 거대한 자석 앞에서 동등해지는 것이다. 때문에 야적장에는 알루미늄 캔과 구리선만 가져오는 대부분의 사람들과 구분되는 사람들이 있다. 말 그대로 똥값인 '얇은 양철'만 수집하는 사람들로, 그들이 몰고 오는 낡은 픽업트럭 화물칸에는 온수기, 세탁기, 식기세척기, 자동차 부품 등이 가득한데 가격은 싸지만 양은 엄청나다. 그들을 보면서, 또 자전거를 타고 다닐 때마다 눈에 띄는, 도시 곳곳에 널린 양철을 떠올리면서 어느 시점에 이르러서는 나도 얇은 양철을 수집 품목에 추가하기로 결심했다. 무거운 온수기와 세탁기를 잔뜩 실은 내 낡은 4기통 픽업트럭의 타이밍 벨트가 말 그대로 끊어져버리기 전까지는 나름대로 그렇게 양철을 수집했다. 트럭이 망가진 후에는? 다시 알루미늄과 구리, 동으로 돌아갔다. 스파게티 한 접시, 시원한 탄산음료 한 잔 사먹으려고 그 무거운 것들을 옮기느라 엔진을 다 망가뜨릴 수는 없는 것 아닌가.

스파게티와 탄산음료

야적장이 있는 곳이라면 어디든 지게차와 그 지게차를 운전하는 라틴계 운전자를 볼 수 있다. 그들은 알루미늄 산과 온갖 금속이 뒤섞인 철제 무더기에서 흘러나온 물기로 곤죽이 된 야적장 마당을 종횡무진 달리면서 여기저기 금속 산을 만들고 해체하고, 네모난 상자 모양으로 압축한 금속 뭉치를 픽업트럭에 실어 나른다.

가끔 시간이나 기운이 없어 피복을 벗기지 않은 구리선을 가져오는 고객도 있다. 그럴 경우 최고의 값을 받을 수 있는 '밝고 빛나거나 아주 밝은' 구리 값의 반 이하 가격으로 가득 싣고 온 뭉치를 내려놓고 떠난다. 적지 않은 수의 수집인들이 이처럼 이득은 적어도 노동이 덜 드는 길을 선택하는데, 나도 저장할 곳이 없을 때는 이렇게 피복을 벗기지 않은 채 구리선을 내놓기도 한다. 그러다 보니 야적장 주위로는 피복을 벗기지 않은 전선들이 산을 이루고, 검은색, 붉은색, 흰색, 노란색 플라스틱 피복의 전선이 꼬여 있는 묶음도 수북이 쌓인다.

오늘 나는 알루미늄과 알루미늄 클립, 알루미늄 부품, 알루미늄 캔, 주형물, 노란 동, 합금 등으로 이루어진 물건들이 내 픽업트럭에서 내려지기를 기다리느라 차 뒷문가에 앉아서 지게차 운전자들이 피복을 벗기지 않은 전선 뭉치들을 나르는 장면을 바라보았다. 아무렇게나 널브러진 전선을 한데 모아 지게로 눌러 다시 찍어 들고 후진하면 작은 조각들이 큰 뭉치에 매달려 끌려가곤 했다. 후진하는 지게차에 끝까지 걸려 있던 전선 가닥들이 주욱 퍼지다가 결국 툭툭 끊기는 것을 보고 있자니 스파게티 한 접시가 생각났다. 열심히 먹고 나면 옆구리가 묵직해지는 파스타 말이다.

한참 그런 생각에 빠져 있는데 지게차 한 대가 내 트럭 짐칸에 있는 짐들을 내리기 시작했다. 지게차는 고객과 고용주의 주문을 기다리기 바쁘게 할 일을 끝내고 나면 얼른 다른 곳으로 간다. 지게차가 후진하여 사라지고 난 후, 다음 쓰레기더미를 찾으려고 급히 자동차 페달을 밟을 때면 트럭 뒷바퀴 사이에 낀 알루미늄 캔이 딸깍거리기도 한다.

2003년 6월 5일

쓰레기 야적장의 펠리니

펠리니 할머니는 오늘 오후 우리 동네 재활용 센터를 온통 휘젓고 다녔다.

나이 많고 야윈 펠리니 할머니는 햇볕에 심하게 그을리고 큰 카우보이모자를 썼는데, 오늘 야적장에서 나와 다른 사람들 주위를 열심히 돌아다니면서 자신의 낡은 픽업트럭에 실린 캠핑기구를 50달러에 사지 않겠냐고 물었다. "정말 튼튼해요." 사냥이나 낚시를 할 때 최고의 물건이라는 것이다. 그런데 실제로는 튼튼해 보이지도 않았고 너덜너덜한 스티커 자국 때문인지 지저분하기만 했다. 나중에 보니 펠리니 할머니는 길 저편에 있는 다른 야적장으로 트럭을 옮기고 있었다.

한편, 서른 살쯤 되어 보이는 근육질의 흑인 사내 하나가 온갖 욕지거리를 내뱉으며 자신이 가져온 야외용 그릴에 붙은 똥을 떼어 내고 있었다. 궁금한 것은 똥을 긁어내고 있는 저 그릴의 알루미늄 작대기 부위를 남자가 들고 갈지 말지에 관한 것이었다. 이곳 야적장에서는 저 작대기가 핵심인데 만약 두고 간다면 그는 상당한 돈을 버리는 꼴이 될 것이다.

그때 중년의 백인 남성이 거의 주저앉기 직전으로 보이는 1980년대산 포드 무스탕을 몰고 야적장 마당으로 들어서고 있었다. 지게차 운전자 둘이 잠시 그를 쳐다보다가 곧 다가가 무스탕 트렁크에서 차 주인이 피복을 벗긴 구리를 내리는 것을 도와주었다.

나는 내 트럭으로 돌아가서 짐을 내리기 시작했다. 이전에는 한 번도 본 적이 없는 걸로 봐서 분명히 새로 온 지게차 운전자일 것이다. 그가 지게차를 몰고 오더니 내가 조심스럽게 분류하고 조심스럽게 옮겨 온 알루미늄 클립과 추출 알루미늄을 동시에 알루미늄 버킷에 밀어 넣어버렸다. 이건 정말 있을 수 없는 일이다. 오늘 알루미늄 클립은 파운드당 37센트짜리고, 추출 알루미늄은 파운드당 45센트짜리지만, 이걸 다 섞으면 모조리 37센트가 되어버리기 때문이다(재활용 금속 시장의 상황에 따라 매일 약간의 가격 변동이 있다). 그러나 나는 이 젊은 지게차 운전자보다 이곳 경험이 많은 사람이었기에 카운터로 가서 이 상황을 설명했고, 카운터를 담당하는 아가씨는 기분 좋게 41센트로 가격을 맞춰줘서 그 문제는 간단히 해결되었다.

떠나는 길에 나는 바로 옆에 있는 텍사스 산업 금속 재활용 센터의 입구를 사진에 담았다. 그때 그 재활용 센터 스피커에서 소리가 들려왔다. 지게차의 엔진과 야적장의 소음 때문에 사무실 사람들이 마이크 확성기로 지게차 운전자에게 말을 전하는 것이었다.

"선생님? 선생님, 잠깐만 이리로 와주시겠어요?"

나는 "저요?"라는 몸짓을 해 보였다.

"예."라는 소리가 들렸다.

그래서 나는 확성기가 설치된 부스로 걸어갔다. 저울로 무게를 재는 장소 앞에 서 있던 여직원이 내게 물었다. "혹시 밖에서 사진을 찍으셨나요?"

나는 사진을 찍었다는 사실을 인정하고 그 목적에 대해 설명했다.

"그래요? 네, 알겠습니다. 안녕히 가세요." 그녀가 말했다.

사무실을 나서는 순간, 내가 오늘 오후에 경험한 모든 그림—펠리니 할머니의 캠프 장비, 무스탕이 들어서는 순간, 알루미늄이 섞이는 순간, 확성기로 울려 퍼지던 야적장의 목소리—들이 흐늘거리며 꿈처럼 한꺼번에 떠올랐다. 마치 꿈속을 헤매는 것처럼 말이다.

오늘 오후의 기온이 낳은 결과다.

39도다.

2003년 7월 22일

거룩한 도시의 여왕

오늘 내다 팔 물건들을 어제 잔뜩 트럭에 실어뒀는데 타이어에 펑크가 나버렸다. 거의 한 달 전에 뒷바퀴에 못이 하나 박혔는데, 어제 실은 물건들의 무게로 인해 작은 구멍으로 공기가 다 빠져버린 것이다. 소형 기중기로 차를 들어 올려 스페어타이어로 갈아 끼운 후, 나만의 방식으로 펑크 난 타이어를 고치려고 길을 나섰다.

여느 때와 다름없는 포트워스의 전경 속을 휘감고 달려 내가 도착한 곳은 미리 봐두었던 쓰레기더미였다. 꼭대기에 네모진 알루미늄 창틀이 하나 얹혀 있어서 쉽게 찾을 수 있었다. 알루미늄 따위를 잠시 꺼내고 있는데 무섭게 생긴 중년 부인이 집에서 걸어 나왔다.

"누구시죠?" 그녀가 물었다.

"저요?" 나는 잘 알아듣지 못한 것처럼 말했다.

"거기 누구시냐고요." 그녀가 또박또박 말했다.

"아무도 아닌데요. 혹시 재활용할 물건이 있나 싶어서 보고 있었어요." 나는 웃으며 대답했다.

"음, 우리 집 마당이라…… 그냥 물어본 거예요."

그녀의 무서운 태도가 조금 누그러져 있었다. "그럼, 그 큰 가방 한번 보시겠어요?" 그녀가 가리키는 곳에 카펫과 함께 집에서 만든 가방이 놓여 있었다. "제가 말씀드리지 않으면 아마 찾기 힘들 거예요. 그 가방 안에 재활용할 만한 쇠붙이가 꽤 있어요."

나는 감사를 표하고 열심히 일을 했다. 1분쯤 지났을까. 그녀가 다시 나왔다. "이것도 한번 보시겠어요?" 손에 묵직한 최고급 알루미늄 조각이 들려 있었다.

"고맙습니다. 안 그래도 지금 재활용 센터에 가는 길이었는데 잘 됐네요."

텍사스 포트워스 리버크레스트맨션의 쓰레기더미, 2004년 4월.

"아, 그래요? 이것도 목숨을 건진 거네요. 안 그래요?" 그녀가 말했다.

"당연하죠."

그 마당을 빠져나온 나는 곧장 재활용품 야적장으로 가서 고철 덩이에서부터 최고급 알루미늄과 노란 구리, 알루미늄 캔, 알루미늄 클립, 주철, 동, 피복을 벗긴 구리전선, 스테인리스 스틸 등 359

4. 재생의 과정 215

파운드나 되는 재활용 금속을 쏟아냈다. 이렇게 기름기 없고, 깨끗하고, 잘 정리된 상태로 고철을 쏟아내는 사람은 정말로 드물다. 그때 나는 너무나 아름다운 여자를 보고 말았다. 노동계급 여자들 중에 미인을 뽑는 대회가 있다면 꼭 우승할 것같이 아름다웠다. 35~36세쯤 되어 보였는데 몸에 붙는 청바지에 흰 주름장식 블라우스를 입고 머리는 길고 웨이브가 있었다. 그녀는 붉은색의 낡은 세비 베레타 픽업트럭에서 알루미늄 캔을 내리고 있었다. 옆 창에 미국 국기 모양의 데칼 장식을 했고 뒤창 꼭대기에 할리 데이비슨 스티커가 붙어 있었다. 그녀는 짐칸 안쪽에 있는 깡통들을 한 손으로 내렸다. 오른손을 쭉 뻗어서 깡통들을 당기는 동안 담배를 든 왼손은 엉덩이 옆에 두고 있었다.

고철 값을 받으러 사무실로 갔던 그녀가 나오면서 나를 보고 "안녕하세요"라고 인사를 건넸다. 잠시 후 다시 돌아온 그녀가 냄비뚜껑 하나를 들어 보이며 내게 그것이 알루미늄이냐고 물었다. 철제로 보여서 나는 아닌 것 같다고 말했다. 그러고서는 내 진단이 맞는지 확인해보려고 열쇠고리에 항상 달고 다니는 작은 자석을 꺼냈다. 다행이다! 자석이 뚜껑에 붙는 걸로 보아 철이 함유된 전도체이다.

잠시 후, 우리 둘은 돈을 받기 위해 기다리면서 다정하게 대화를 나눴다. 그녀는 텍사스 노동자 특유의 악센트와 몸짓을 했다. 생계를 위해 온갖 풀이나 물건들을 치우는 일을 하다가(립스틱은 예뻤지만, 그을린 피부가 그녀의 말을 증명했다) 많은 물건들을 발견하게 되었다고 했다. "깡통이나 뭐 다른 폐품을 찾아다니고 그러지는 않고요." 길거리 세계의 위계질서에서 가장 낮은 계층의 사람들과는 구분되고 싶었던지 자신의 일을 하다가 '부가적으로 얻는 수입'일 뿐이라고 강조했다. 그리고 자신이 먹어대는 다이어트 콜라 깡통도 장난이 아니라고 했다.

그녀는 최근에 오래된 금전등록기를 하나 발견했는데, PBS에서 방영하는 〈오래된 로드쇼〉에 그것과 너무나 흡사한 금전등록기가 나와 자그마치 1만 5,000달러에 팔리는 장면을 보고서는 흥분해서 엄마에게 전화를 걸었다고 한다. "엄마, 나 드디어 부자 됐어!" 안타깝게도 그녀가 발견한 금전등록기는 중요한 구리도금부가 부서지고 없어서 350달러밖에 안 된다고 했다. 이야기를 나누는 동안 그녀의 목걸이가 자꾸 눈에 들어왔다. 목젖 조금 아래서 반짝이는 것이 금인지 다이아몬드인지 아니면 금도금인지는 모르겠지만 '로빈'이라는 글자가 새겨져 있었다. 또 다른 이야기는 그녀가 전남편과 함께 남편 측 친척 집을 청소하다가 발견한 7만 달러에 달하는 채권과 현금에 관한 것이었다. 그때 몹시 흥분했지만 결국은 남편 식구들이 다 챙겨갔다는 이야기였다.

나는 그녀에게 오래된 인형 신발과 그것을 팔아서 돈을 좀 벌었다는 이야기를 해주었고, 그녀는 자신이 잘 아는 친구가 포트워스 북부에서 인형 옷을 만들고 있는데 다음번에 또 인형 신발을 찾으면 그 친구에게 보여주고 싶다며 맞장구를 쳤다.

그리고 그녀는 갔다. 삑삑 소리가 나는 낡은 베레타를 타고 38번가를 지나 북쪽 메인 지역으로 멀어져갔다. 이제 남은 건 다시 남자들뿐이었다.

　몇 분 뒤, 일을 끝낸 나는 야적장 건너편에 잠시 차를 세우고 쉬었다. 북쪽 메인 지역의 심한 교통체증을 바라보는데, 저편에서 한 백인 늙은이가 팔을 베고 누워 있는 것이 눈에 띄었다. 그는 머리를 큰 나무 쪽으로 향하고 그늘에 최대한 온몸을 숨기고 있었다. 지난번처럼 뜨거운 오후였던 것이다. 쓰레기 수집 카트는 바로 옆에 있었다. 카트 양편에 덜렁거리는 5갤런들이 플라스틱 버킷에는 꾹꾹 쑤셔 넣은 깡통들이 가득 찼다가 비워지곤 했겠지. 핸들에는 낡은 군용 가방과 손가방이 걸려 있었다. 우리는 둘 다 시원한 그늘에 앉아서 또 한 번의 쓰레기 수집에 나서기 전에 잠시 휴식을 취하는 중이었다. 쓰레기 수집의 세계, 저 거룩한 도시로 말이다.

2002년 7월 18일

부활

　메인 북쪽에 위치한 아메리카 재활용 센터로 물건들을 실어 나르면서 나는 오래된 포트워스 북쪽 지방의 문화적 다양성에 놀랐다. 카우보이 문화의 흔적이 묻어 있는 '서부 의상', 멕시칸 가족이 운영하는 작은 레스토랑, 창 없는 라틴 바와 댄스 홀, 어렵게 번 돈을 멕시코 가족에게 보낼 수 있는 환전소, 허름해 보이는 미용실 등.

　재활용 센터 근처에 이르자 환경은 점점 더 다양해졌다. 내 옆으로 나이 많은 흑인 남자가 양철이나 주철 따위를 낡은 셰비 픽업에서 내리고 있었다. 트럭은 기름과 먼지로 얼룩지고, 짐칸은 물건들을 싣고 내리느라 부서지고 녹슬었으며, 각 창의 바람막이가 부서져 있었다. 센터 가장자리에서는 갈색 재킷을 입고 야구 모자를 쓴 비슷한 연배의 다른 노인이 알루미늄으로 가득 찬 쇼핑카트를 밀고 길 건너편에 있는 텍사스 산업 금속 재활용 센터로 향하고 있었다. 내 일을 도와주려고 몸이 마른 백인 친구가 한 명 왔다. 오늘 싣고 온 물건도 적지 않아서 알루미늄 클립이 15파운드, 추출 알루미늄이 35파운드, 알루미늄 캔이 13파운드, 최상급 구리가 21파운드, 밝은 색 구리가 39파운드, 전기 모터와 잡철이 208파운드로 총 62달러 87센트를 받았다.

북부 메인 지역을 떠나 집으로 돌아오는 길에 그곳의 문화적 다양성을 바라보며 나는 생각에 잠겼다. 낡은 셰비 트럭을 몰던 그 남자는 어떻게 재활용품에 의지하여 살아왔을까? 500파운드에 달하는 양철을 들고 와 겨우 10달러를 벌었다. 주철은 20달러라도 받았을까? 쇼핑카드를 몰던 그 늙은이는 어떻게 하루하루를 살아가고 있을까? 멀리 볼 것도 없이, 며칠, 몇 주나 고생해서 온 도시를 뒤지고 알루미늄을 분류하고, 구리선을 벗기고, 이렇게 싣고 와서는 60달러를 받은 나는 어떻게 살아가고 있는 것일까?

너무 당연하게도 대답은, 우연히든 선택에 의해서든 필요에 의해서든 많이 버는 것이 불가능하다면 적게 쓰는 법을 배우면 된다. 아마 새로 뽑은 빛깔 좋은 픽업트럭을 몰고 얇은 양철을 주우러 다닌다면 적자를 면할 길이 없겠지만 창문도 없이 다 망가져가는 차와 함께라면 유지는 할 수 있을 것이다. 어쩌면 보험은 들지 못할 수도 있겠지만 말이다. 당신이 가진 것이 침낭 하나가 전부라면 알루미늄 깡통 가득 실은 쇼핑카트 하나로도 살아갈 수 있겠지만, 매주 60달러씩 쇼핑을 즐긴다면 불가능할 것이다. 쇼핑몰에서 멀리 떨어진 곳에서도 살아갈 수 있다면, 감사하게도 작은 집이라도 있다면, 재활용품을 옮길 때 말고는 온종일 차를 주차시켜도 괜찮다면 수입이 적어도 살아갈 수 있다. 그러나 재활용 센터가 쇼핑몰이나 값비싼 물건을 파는 상점들 가운데 있다면 그런 삶은 불가능할 것이다. 우리에게 일용할 부분을 수집하고 재활용해서 살아갈 수 있는 낙후된 환경이 요구된다.

  이 누추한 정치경제적 환경이 바로 쓰레기 수집의 세계만의 아름다움이다. 이렇게 땀으로 녹슨 쓰레기 수집인들의 노고가 없다면, 그들의 낡아빠진 트럭과 그 짐칸에 실리는 수백 톤의 알루미늄, 구리, 주철 및 재활용품 들을 받아주는 야적장과 재활용 센터 대신 쓰레기 매립지만 남는다면, 우리 생태계는 영원히 퇴화해갈 것이다. 운이 좋아 소비생활을 좀 더 누리는 그들은 어제 구입한 물건과 지난해 얻은 전자제품을 너무도 쉽게 버린다. 초라하기 그지없는 바를 이용하고, 싸구려 모텔에 몸을 누이면서 낡고 부서진 트럭을 모는 그 늙은이가 없었다면, 그렇게 쉽게 버려진 물건들은 치워지지도 않았을 것이다. 버려진 모든 물건은 누군가에 의해 치워지고, 분류되며, 다시 한 번 삶을 얻는 부활을 경험한다.[18]

  매일같이 도시를 누비고 다니는 이 정비되지 않고 가난한 쓰레기 수집 군단은 알루미늄 캔과 구리선, 낡은 세탁기 등을 찾아다니면서 소비사회가 날마다 망치는 환경을 되살리는 핵심적인 임무를 수행한다. 각 개인의 모습과 환경이 절망적으로 보이거나 독립적으로 보일지라도, 청결하거나 안락하지 않을지라도, 소비사회가 쓰고 버린 것들에 의지하고 있을지라도 그들은 자신들이 맡은 임무를 충실히 이행해내고 있다.

  재활용 센터에서 만나는 이들은 노동자이자 환경보호주의자다. 환경보호주의자 가운데서도 가장 중요하고 효과적으로 일하고 있는 환경보호주의자들이다.[19] 가정에서 동으로 만든 램프 하나를 버릴 때 길거리의 수집인들은 다른 것 하나를 살리고, 대학에서 알루미늄 깡통 하나가 버려질 때 길거리 수집인들은 수천 개의 깡통을 살린다. 주 정부가 계획하고 시 정부가 운영하는 쓰레기 매립 프로그램은 우리가 살아갈 마지막 토양의 안전까지도 묻어버린다. 모조리 파묻어버리는 파괴 프로그램보다 이 도시의 쾌적한 환경을 위해 수많은 부활을 이루어내고 있는 이들을 오히려 장려하고 지원해야 하는 것은 아닐까 하는 생각을 해본다.

모으고 보니 5

상부상조의 정신은 …… 지금 이 순간에도 흘러가고 있으며, 미국이나 중세 도시, 원시부락이나 씨족사회 등 역사와 장소에 국한되지 않고 인간의 관념 속에서 깊고 넓은 원류를 형성하고 있다.

피터 크로포트킨, 1902.[1]

상부상조

쓰레기 수집의 세계가 쇼핑카트를 끌고 다니는 사람, 길가 쓰레기를 뒤지는 사람, 환경론자 등 어중이떠중이로 가득 차 있지만, 그들 사이에는 오묘한 상부상조의 관계가 형성되어 있다. 서로가 서로를 돕는 그들만의 성긴 그물망은 알루미늄 캔을 한가득 모으고서도 8달러밖에 못 받는 사람들이 생존할 수 있도록 만든다. 우선 그들은 여러 의미에서 혼자 쓰레기를 수집하지 않는다. 함께 가거나 다른 이를 위해서 수집하며 이를 통해 총체적인 이익의 극대화와 독립성을 확보해낸다. 시간이 가고 횟수가 더해가면서 같은 쓰레기더미나 쓰레기통을 살피게 되는 경우, 서로 다른 필요와 구체적인 요구에 따라 옷이 필요한 사람에게는 옷을, 음식이 필요한 사람에게는 음식을 주고받는 등 서로 다른 관심이 동시에 충족되는 효과를 낸다는 것을 나는 깨닫게 되었다. 쓰레기 수집인들은 특정한 공간과 상황 속에서 이처럼 분화된 관심을 통해 집단적인 생존을 확보하고, 항상 그런 것은 아니지만 때에 따라서는 법적·정치적 정당성까지 확보할 수 있게 된다.

쓰레기 수집의 세계에서 앞마당 세일이나 창고정리 세일 등은 상부상조하는 생존에 일정 기여하는 바가 있다. 일단 적어도 세일을 통해 수집인들은 자신의 물건을 내다 팔아서 돈을 벌 수 있다. 지금까지 내가 재활용 센터나 쓰레기더미에서 만난 사람들과의 대화를 통해 이 면은 확실히 검증되었다. 길가 쓰레기더미에서 만난 랜디 팩 랫이라는 청년은 앞마당 세일이나 벼룩시장에서 물건을 팔아 수입을 얻는다면서 나에게도 제안했다. 랜디에게 물건을 파는 행위는 단지 돈을 얻는 데서 그치지 않고 자신이 원하는 방법으로 물건을 처리할 수 있도록 융통성을 극대화시키는 수단이 된다. 나에게도 노동의 대가를 확보하는 수단인 동시에 대화를 통해 다양한 아이디어를 얻는 기회이기도 하다. 물건을 판다는 광고는, 수집한 상자에 수집한 프린트물을 붙이고 집 근처의 공중전화 기둥에 수집한 망치로 수집한 못을 박아 알리는 것이다. 수집한 가격표에 가격을 써넣고 수집한 철제 금고에 물건 값으로 받은 돈을 넣는다.

이렇게 앞마당 세일을 잘 준비하고 나면 보다 본격적인 재활용 세일이 있기 전에 웃돈을 조금 보태거나 내주면서 필요한 물건들을 상호 교환하는 상부상조의 물물교환이 먼저 이루어진다. 벼룩시장이나 앞마당 세일, 창고정리 세일, 자선가게 등을 통해 쓰레기 수집인들과 이루어지는 변두리의 경제는 쇼핑몰이나 일반적인 소매점을 통해 이루어지는 것과는 완전히 다른 차원의 의미를 지닌다. 멕시코 이민자들과 최소 임금 노동자들은 우리 집에서 몇 블록 떨어진 교회의 자선가게인 '제나의 희망과 은혜'를 통해 중고 물건들을 구입하거나 나와 내 이웃들이 벌이는 앞마당 세일에서 자녀에게 옷을 입히고 집 안을 장식하며 일에 필요한 것들을 마련한다. 여기서는 버려졌다가 수집된 중고 물품도 싼 가격에 거래되면서 누군가의 필요를 충족시키는데, 바로 여기서 상대적인 경제적 자율성이 생겨난다.

이처럼 느긋하게 하루 종일 이루어지는 이웃 간의 물물교환은 금전으로 환산할 수 있는 이상의 가치를 지닌다. 오가는 사이 정을 나누는 이웃, 오래된 물건만 수집하는 사람, 수집가들, 단순한 구경꾼, 아이들이 모여든다. 그 어느 곳보다 인종적으로 자유로운 장소가 되기도 한다. 사람과 사람이 만나고 물물교환이 일어나며, 차에서 물건을 내리고 싣는 것을 서로 돕는 장소이기도 하다. 우리 집 앞마당 세일이든 다른 집 세일이든 '무료'라고 붙은 상자에 담긴 물건은 필요한 만큼 거저 가질 수 있다.[2] 안 그래도 싸지만 꼭 필요한 사람에게는 더 싸게 주고, 아이에게는 나눠주고, 누구에게는 퍼주다 보면 '장사'가 꼭 축제나 자선행사처럼 변하기도 한다. 수집한 돋보기안경을 팔려고 어떻게 쓰는지 보여주다가 내게 필요한 물건이라는 것을 깨닫고 팔지 않은 적도 있다. 한번은 이웃집 세일에서 히아신스 덩굴 씨앗을 조금 샀다. 시간이 지나자 덩굴이 우리 집 현관을 아름답게 장식했고 나는 그 씨앗을 다시 받아서 얼마 전에 다른 이웃에게 또 팔았다.

앞마당 세일은 이처럼 쓰레기 수집인과 중고 매수인, 이웃과 이웃을 연결하는 가교 역할을 하며 쓰레기 수집의 세계에서 한몫을 담당한다. 세일이 끝나고 남아서 버려진 물건은 수거하여 자선단체에 넘기거나 우리 집 앞마당 세일에서 되팔기도 한다. 가끔은 이전 집에서 붙인 가격표가 그대로 보일 때도 있다. 이웃 교회에서 진행하는 '제나의 희망과 은혜' 프로그램에서 시 조례에 저촉되지 않으려고 기부받은 물건들의 가격표를 열심히 제거하던 일을 기억할 것이다. 내 친척의 경우 앞마당 세일에서 판 물건을 몇 달 후 자선단체에서 짐을 정리하다가 본 경험도 있다.[3]

이렇게 앞마당 세일은 쓰레기와 재활용, 중고물품 판매, 기부문화를 연결하는 핵심이지만 대부분 불법으로 간주된다. 포트워스를 포함해 많은 도시가 앞마당 세일을 박멸하기 위해 혈안이 되어 있다. 공무원들은 조례가 잘 이행되는지 살피기 위해 자율 보안관 제도를 운영하면서 '불법 판매 광고물'들을 점검한다. 망가진 담장 너머를 기웃거리거나 앞마당에 선 차를 유심히 살피는 시민 보안관들은 대부분 앞마당 세일을 감시하는 것이다. 조례를 무시하고 법률을 위반한 사람들의 이름은 지역 신문에 실린다. 시민들에게 허용된 앞마당 세일은 1년에 단 두 번으로 한 번에 사흘 이상 지속할 수 없으며, 모든 물건은 마당 안에만 진열되어야 하고, 광고물에도 '세일이 있다'는 내용과 일시/장소 외에는 추가할 수 없다.[4] "조례를 어기고 벌금을 내고 싶은 분은 불법 앞마당 세일을 계속하세요"라며 시 당국은 경고한다.[5]

벌금이 최고 2,000달러나 되므로 수거한 물건을 되파는 많은 사람들에게는 큰 부담이 아닐 수 없다. "무허가 앞마당 세일에 대한 어떠한 광고전단도 건물, 나무, 가로등, 길가 등 공공장소나 사유지에 붙일 수 없다"는 조항을 어길 경우 200달러까지 벌금이 부과된다.[6] 리버오크 지역의 경우 허가받은 판매일 일몰 후 1시간까지 광고가 가능한데, 세일 허가 기간이 끝난 이틀 후에 전단지가 발견된 패트리샤 오델은 600달러의 벌금형을 선고받은 적이 있다. 지방법원에서 벌금은 450달러로 떨어졌지만, "경찰이 범죄에는 신경 안 쓰고 이런 전단 종이 몇 장이나 쫓아다녀서야 되겠냐"며 조례 개정을 위한 탄원을 진행하고 있다.[7] 나는 그와 같은 규제를 피하기 위해 탄복할 만한 아이디어를 냈다. '앞마당 세일, 오늘'이라 적고 장소만 추가한 전단지를 며칠이고 써먹었던 것이다. 또 내 친구와 나는 얄미운 이웃들의 이름으로 세일을 신청하기도 했다.

어쨌거나 범죄에 대해 보고하고 분석하는 것이 범죄학자로서의 내 역할이기에 가장 흔한 범죄 중 하나인 앞마당 세일에 대해 보고하자면, 허가받은 72시간이 지나고 나면 집에서 만든 모든 종류의 광고지(일몰 후에 걸은 것도 포함해서)는 불법 전단지가 된다. 내 동생의 사례를 보자.

동생 조엘과 나는 뉴욕 시에 사는 친구를 대신해서 앞마당 세일을 연 적이 있다. 뉴욕으로 떠나면서 남긴 물건들이 많아서 판매 금액도 꽤 되는 세일이었고, 판매금은 친구에게 현금으로 보낼 계획이었다. 그런데 이왕이면 내가 수집한 물건들도 같이 파는 것이 좋을 것 같아 함께 진열하기로 했다. 친구의 물건은 고가의 물건으로 골프공이나 장비, 주방용품, 옷, 책, 공구, 카세트테이프 등 다양했다. 도로가에 진열할 내 물건 중에도 골프공과 골프장비, 주방용품, 옷, 책, 공구, 카세트테이프가 있었다. 거기에 손으로 칠한 카우보이 모자, 낡은 손잡이와 핸들, 면허증, 샹들리에, 노리개, 〈45〉 싱글 앨범, 욕실 싱크대, 배관, 조명장치 등이 포함됐다.

세일 전날 밤, 중고 딜러 한 명이 찾아와서 여성용품이나 오래된 사진이 있는지 물었다. 또 세일을 막 시작하려 했을 때는 나이 많은 백인이 와서는 낚싯대와 릴이 있는지를 묻고서 나중에라도 있으면 팔라며 명함을 남기고 갔다. 한 백인 여성은 1950년대 인형을 원했다. 각 인형마다 5달러씩 달라고 했더니 한참을 망설이다가 인형들을 내려놓고 돌아가더니 몇 시간이나 지났을까 혹시라도 그새 인형이 팔리지는 않았을까 걱정되었는지 자신의 BMW를 타고 급하게 찾아왔다. 거의 32킬로미터나 떨어져 있는 집으로 돌아가 이베이에서 물건 값을 확인하고서야 사기로 결심했다고 한다. 물건값 20달러를 치르면서 그녀는, "애들 때문에 집에만 틀어박혀" 지내기 때문에 중고물건을 사다가 이베이에 되팔아 용돈을 번다고 했다.

한쪽에서는 히스패닉 노동자가 중산층으로 보이는 백인과 이야기를 주고받고 있었다. 두 집 건너 사는 귀여운 백인 꼬마는 아까 모자를 하나 사갔는데 다시 돌아와서 장신구를 살피고 있기에 이번에는 게임카드를 무료로 선물했다. 이 꼬마는 잠시 후 또 와서는 처음 산 모자를 가족들이 다 가지고 싶어 한다고 했다. 나는 아직도 10달러라는 가격표가 붙은 모자를 각각 50센트씩 할인해서 네 개를 팔았다.

조엘의 이웃인 히스패닉 가족도 왔다. 그들은 소니 TV를 단돈 10달러에 사갔다. 잠시 후 길 건너편에서 그들이 TV를 차 뒷좌석에 싣는 장면을 볼 수 있었다. 친구에게 선물하려는 것일까, 아니면 TV가 하나 더 필요했던 것일까? 물건을 팔랴 대화하랴 팔린 물건 건네랴 나는 너무 바빴다.

거의 탈진한 상태로 세일을 끝내고 나서 조엘과 나는 남은 물건들을 일부러 눈에 띄는 길가에 남겨두었다. 길에서 주운 소파로 바꾼, 바로 얼마 전에 중고상에게서 산 소파 모자걸이 하나, 모자 몇 개, 옷가방 등이었다. 잠깐 차를 타고 가서 식사를 하고 왔더니 옆

집 사람이 할 말이 있다고 했다. 우리가 떠나자마자 한 무리의 사람들이 나타나서 우리가 길가에 남겨둔 물건들을 싹 쓸어갔다는 것이다.

전혀 사용하지 않은 것처럼 보이는 운동기구를 옮겨서인지 운전도 하기 힘들 정도로 몸이 쑤셔왔다. 그래도 길가에 버려진 큰 구리 조명은 내려서 챙겼다.

병, 자전거, 물 사슴 그리고 폭탄

소비주의의 결과로 버려진 물건들을 줍는 내 수집품의 범위와 양이 엄청나기 때문에 앞마당 세일에서 상자 채로 넘겨버리기에 아까운 물건들이 너무 많다. 앞 장에서 이미 설명했듯이 침구류는 지역의 동물보호소로 가져가고 옷과 신발은 노숙자 보호소에 기증한다. 쓰레기더미에서 얻은 음식물은 다른 사람들이 가져가도록 남겨둘 때도 있지만, 푸드뱅크나 최근에 알게 된 '폭탄 대신 식량을$^{Food\ Not\ Bomb}$'에 대부분 가져다준다. 이 기관은 1980년에 설립된 비폭력 활동단체로 주로 버려진 음식이나 남은 음식을 수거해 노숙자와 배고픈 영혼들에게 무료 식사를 제공한다. 앞마당 세일과 마찬가지로 이 단체도 대부분 특별한 허가 없이 급식을 제공하기 때문에 여러 법적인 문제에 시달린다. 1988년에는 샌프란시스코의 골든게이트 공원에서 허가 없이 무료 급식을 돕던 자원봉사자 54명이 무장 경찰에게 억류당하는 사건이 있었다. 2000년에는 '시내 공원에서 무료 음식을 나눠준다는 이유로' 설립자 중 한 명을 체포했는데 체포 횟수가 무려 100회를 돌파했다. 그는 1995년 캘리포니아 정부로부터 세 가지 혐의로 25년간 구속 명령을 받은 적도 있다. 세 가지 이유란, 이 기관을 통해 계속 무료 급식을 진행한다는 것과 감자와 완두콩 커리, 으깬 두부의 제조법을 알려줬다는 것, '만약 경찰이 당신의 음식을 뺏는다면'이라는 제목의 가이드라인을 유포했다는 것이었다. 내용을 요약하자면, "최대한 많은 음식을 숨긴 후 도망가라. 그리고 경찰이 있다고 절대 멈추지 말라"는 것이다.[8]

'폭탄 대신 식량을'은 아니지만, 나는 '폭탄 대신 자전거를Bikes Not Bombs'에 소속되어 있다. '폭탄 대신 자전거를'은 '폭탄 대신 식량을'이 시작되고 2년 후 길거리에 버려진 자전거를 수리해 니카라과에 기증하면서 설립되었다. 이 기관은 버려진 자전거를 수거해서 각종 부품과 자전거를 파는 가게를 열고, 자전거 관련 교육 프로그램을 운영했으며, 미국과 남미 각국에서 자전거가 필요한 기관에 무상으로 기부했다. 포트워스에서는 '1919' 창고에서 같은 목적으로 자전거를 수거했으며 나 또한 기부한 적이 있다.

비슷한 기관도 많이 생겼다. 브루클린에서는 블랙레이블 자전거 클럽이 생겨나 길거리에서 수집한 다양한 자전거 부품을 활용해 키가 큰 자전거나, 바퀴가 특이한 자전거, 말처럼 생긴 자전거(탈 수는 없는 자전거였다) 등 다양한 형태의 커스텀 자전거를 만들었다. 베이 지역에서는 자전거 애호가를 위한 골동품 자전거 전시장과 박물관도 생겨났다. 시카고에서는 랫 패트롤이라는 이름의 '개조' 자전거 동호회가 온 도시를 휩쓸고 다니면서 다음과 같이 사람들을 불러 모았다. "개조 자전거와 길거리 청소에 열광하는 여러분, 랫 패트롤과 함께 달려봅시다."[9]

쓰레기 수집인들은 서로 도울 다양한 방법을 모색하던 중 수집된 물품들을 통한 일종의 사회적 변화를 시도한다. 진보적인 성향의 단체들과 마찬가지로 1919는 현재 '무료 가게'를 운영하면서 길에서 수거한 옷을 포함한 다양한 일용품을 사회로 환원하고 있다. 하와이의 예술가인 게일 찬의 경우 심지어 '무료 모바일 예술품 가게'까지 운영한다.

인터넷을 통해 운영되는 프리사이클 운동은 사용하지 않는 가구, 옷, 장난감 등을 무료로 주고받는 운동으로 2003년 애리조나 툭산에서 시작되어 2004년에는 253개 도시로 퍼져나가 웹을 기반으로 하는 쓰레기 수집의 장을 열고 있다. 프리사이클 운동을 통해 개집과 아이들 옷을 나눠준 경험이 있는 크리스티나 기아나다는 "중고 가게 등을 통하지 않고 직접 내 물건을 필요한 사람에게 줄 수 있으니 참 보람이 있더라고요. 그냥 쓰레기가 될 수도 있었잖아요"라며 소감을 전한다.[10] 이미 소개한 바 있는 라스 아이그너도 길거리의 쓰레기통에서 얻은 다양한 물건을 에이즈 환자를 위한 단체, 푸드뱅크, 친구들에게 전하고 있다. 그녀가 속한 레슬리 헴스트리트는 네브래스카 차드론의 모피용 동물 사육장 근처에서 굶주린 여우를 위해 일하며 새끼 여우들을 직접 기르기도 한다. 심지어는 도로에서 치여 죽은 동물 사체 치우는 법도 배웠다. 덫에 걸린 커다란 뮬 사슴을 작은 픽업에 싣기도 했다. 그녀는 말했다. "우리가 수렵을 하고 허가받았다고 생각하는 사람이 많아요. 죽은 사슴을 트럭에 싣고 달리는 것보다 상쾌한 일은 이 우주에 없었지요. 우리는 만나는 모든 사람에게 진실을 말했어요. '수렵? 흥. 죽은 동물들이라고!'"[11]

한편, 적은 돈으로 집을 건축하거나 건축물을 해체하는 인도적 차원의 해비타트 운동이 미국 전역에서 일어났다. 해비타트 운동은 자원봉사자들의 적극적인 참여로 유명하며 교회나 회사와 연계해 새집을 많이 지었다. 그러나 해비타트가 적은 비용으로 집을 지을 수 있었던 이유는 낡은 집에서 나온 물건들을 재활용했기 때문이다. 포트워스를 포함한 각 도시에 해비타트는 '재활용가게'를 운영하며 중고 건축용 자재를 기부받거나 팔아서 그 수익금으로 새집을 짓는 데 보탠다. 나도 알루미늄 창틀과 원목 문짝, 싱크대 등을 여러 차례 기부했다. 해비타트 자체도 폐자재 확보를 위해 열심히 뛰어다녔다. 해비타트의 자원봉사자 중에서도 '해체' 봉사자들이 유명하다. 집주인이 해비타트에게 집을 부수거나 리모델링할 일정을 알려주면, 그들은 낡은 집에서 쓸 만한 물건과 팔 수 있는 것들을 수거해서 재활용가게에서 되판다.

쓰레기 수집에 나선 8개월 동안 나도 해체 작업에 몇 차례 자원봉사자로 참여했다. 내가 혼자서 길거리를 뒤지던 것과 비교하자면, 조직적이고 허가받은 실내 쓰레기 수집이었다. 그러나 자원봉사자들이 훈련을 많이 받지는 못했기 때문에, 숙련도나 힘에서는 서로 차이를 보였다. 해비타트 코디네이터는 이렇게 낡은 집에서 나오는 물건들이 해비타트의 주요 수입원이라는 사실을 항상 강조했고, 우리는 장롱, 서랍장, 나무 패널들, 싱크대, 조명기구, 배관, 창틀, 놋쇠 방화기구, 우편함 등의 물건들을 조심스럽게 수거했다.

그중에서도 나무로 만든 바닥재는 특히 비쌌다. 수많은 사람들이 동원되어 바닥재를 뜯어내어 밖으로 옮겨 길이와 상태에 맞게 정렬했다. 자원봉사자들이 못을 뽑고 있는 사이 훔쳐가는 사람이 있을 만큼 가치 있는 품목이다. 집 안의 집기들을 이렇게 재활용하는 것은 욕심 많은 건축업자들이 불법으로 폐자재를 재활용하는 것을 막는 좋은 방법이기도 했다.

하루는 바닥재를 뜯어내다가 꿈을 꾼 적이 있다. 아직 이른 아침인 데다 잠도 덜 깨서 그랬는지, 우리가 작업한 그 엄청나게 큰 집이 1년 전에 토네이도로 망가졌다가 새로 지어진 집이어서 그랬는지, 일이 너무 고돼서 그랬는지는 모르겠지만, 옆에서 동료가 우리의 '해체' 작업이 얼마나 멋진 시작인지에 대해 말하는 것을 듣는 순간 나는 맹세하건대 데리다$^{Jacques\ Derrida}$를 봤다. 해체에 대해 설파했던 프랑스의 철학자 자크 데리다가 어떻게 거기 서 있는지는 모르겠지만, 허리에 연장 벨트를 두르고, 열심히 원목 바닥재를 뜯어내던 그의 얼굴에는 뜻 모를 미소가 어려 있었다.

현실로 돌아온 나는 '해체'라는 단어는 데리다뿐만 아니라 해비타트 사람들도 얼마든지 사용하고, 21세기에 이르러서는 일반용어가 되어버렸다는 사실을 기억했다. 해비타트에서 사용하는 해체의 의미와 데리다가 사용했던 기호체계나 논리학적 의미에서의 해체는 분명 다른 해체이겠지만 말이다. 재활용 전문 업체는 다음과 같이 말한다. "당신의 건물을 조심스럽게 해체해서 가치 있는 모든 부분을 재사용할 수 있도록 해드립니다." 미국 정부도 "선택적, 체계적으로 건축물을 분해하여 단순히 파괴시키는 대신 다른 건축물에 재활용할 수 있는" 해체에 대해 장려하고 있다.[12] 불도저로 깡그리 무너뜨리는 메타내러티브 대신 이렇게 다양한 의미로 해석되는 해체의 번성을 본다면 데리다도 아마 즐거울 것이다.

이른 아침에 내가 본 데리다의 해체에 관한 꿈이나 해비타트의 구체적인 꿈에도 불구하고, 심지어는 연방정부의 장려에도 불구하고, 지방 자치정부들은 저가로 제공되는 해비타트의 주택 공급을 문제 삼아 지역을 제한하고 있다. 포트워스와 애틀랜타의 알링턴, 버몬트의 벌링턴을 포함한 각 도시의 공무원들은 해비타트가 공급하는 저가 주택 때문에 도시가 계획하고 추진하는 주택 가치 인상 프로그램이 힘을 얻지 못한다고 불평한다. 이와 같은 이유로 알링턴을 포함한 여러 도시에서 주택의 기본 규격을 457평방미터 이상으로 규제한다.

해비타트 관계자들은 "불행히도 규제가 점점 더 심해지고 있다"며, 자원봉사자들이 힘들어질 뿐 아니라 가장 핵심인 공급비용이 지나치게 증가한다고 어려움을 호소한다. 해비타트에서 짓는 집의 크기는 대부분 335평방미터로, 침실 두 개에 화장실 하나로 구성되어 있다. 그 집이 작냐고 물으신다면, 나는 지금도 그런 집에 살고 있고, 해비타트 자원봉사를 하던 당시에도 그런 집에서 살고 있었다. 그러나 시 조례를 통해 쓰레기 재활용자들에게 "지옥 맛을 보여주라"던 포트워스 시 의원 벡키 하스킨에게는 이런 집들이 '즉석 빈민가'에 불과한 것 같다.[13]

그러나 시 공무원들은 자신들에게 쏟아지는 비난을 면하기 위해 특별히 큰 희생을 치를 필요가 없는 한 관련 조례의 원칙적인 시행을 유보하는 경우도 많다. 적어도 잠깐 동안은 상부상조가 잘 이루어지도록 돕는 것이다. 2003년 6월이었다. 포트워스 시가 지역방송사와 연계하여 길거리 정화 프로그램을 기획했다. 8주 동안 노숙자가 거리에서 빈 병을 주워오면 병당 3센트씩 주기로 한 것이다. 빈병들을 재활용하여 발생하는 수익은 도시 동편 언덕에 세워질 커다란 노숙자 캠프에 쓰일 예정이었기에 시는 3,000달러의 도시 정화 비용을 절감할 수 있었다. 이 노숙자 캠프는 한때 지역의 비즈니스를 총괄하던 '시민 리더들'을 위한 공간이었다. 사람들은 입을 모아 이 프로그램이 "도시 환경을 정화할 뿐 아니라 도움이 필요한 사람들에게 적지만 용돈까지 주는 좋은 프로그램"이라고 칭찬했지만, 시 당국자는 걱정을 표했다. "빈 병이 들어오면 얼마나 들어오겠어요?"[14]

나는 당연히 노숙자 캠프로 가서 실제로 어떻게 진행되는지 알아보기로 했다. 캠프 주위를 한 바퀴 돌아보고 나서 빈 병 모으는 곳을 찾다가 한 무리의 여자와 아이들을 만났다. 그들은 뜨거운 햇살을 피해 콘크리트 계단 그늘에 앉아 있었다.

"오늘 지낼 곳을 찾고 있나요?" 여자 중 한 명이 친절하게 물었다.

"아니요. 그건 아니고 단지 센터에 계시는 분과 이야기를 좀 나누려고요."

"아, 그러세요? 그럼 남자 숙소 쪽으로 가보세요. 여기는 여자 숙소예요."

여자가 안내해준 방향으로 걸어, 오늘 밤 숙소에서 지내려고 등록하는 줄에 서 있는 사람들을 지나쳤다. 병이 깨지는 소리가 들리는 주차장을 지날 때 내가 가장 먼저 본 것은 울타리 안에 있던 임신한 잡종견 두 마리였다. 멀지 않은 곳에서 화물열차의 기적 소리가 들리는 이곳은 재활용 센터가 밀집한 곳에서 약간 북쪽에 위치해 있었고 도시의 생태를 책임지는 싸구려 시장과 인접해 있었다.

지미 실콕스는 주차장 관리인이다. 인상 좋은 중년의 백인으로 한때는 노숙자였지만 이제는 이곳에서 숙식하면서 들어오는 병의 숫자를 세고 상응하는 금액을 지불하는 일도 하고 있다. 깡마른 라틴계 젊은이가 지미를 돕고 있었는데 그는 지난주에 출옥했다고 한다. 또 다른 흑인 보조는 특정 상호가 찍힌 셔츠를 입고 있었는데 분명히 중고 가게에서 구입했거나 길에서 수집했거나, 그것도 아니면 그곳에서 최저임금을 받고 일할 때 받은 것으로 보였다. 도착해서 몇 분 지나지 않아 덩치 큰 흑인 한 명이 카트에 병을 한가득 싣고 나타났다. 오늘만 세 번째라고 했다. 더운 날씨에도 긴 팔과 긴 바지를 입은 남부 출신의 친구도 개조한 플라스틱 카트에 병을 가득 싣고 왔다. 한때는 파키스탄에서 은행원으로 일했던 파키스탄인도 만날 수 있었다. 재활용 센터와 마찬가지로 공병을 수집하는 여기도 인종과 배경을 넘어선 민주주의적 평등을 만날 수 있었다.

주차장은 지미가 만든 체계에 따라 공병이 리드미컬하게 깨어지는 소리로 꽉 찼다. 지미와 두 명의 보조는 카트에서 병을 내려 잘 깨서 빈 병 저장용기에 넣었는데, 그렇게 해야 더 많은 공간을 확보할 수 있다고 했다. 다 담고 나면 깨진 병의 숫자와 각 병당 3센트씩을 곱한 금액, 돈 받을 사람의 이름을 장부에 기록했다. 수령자가 서명하고 나면 지미는 메고 있던 주머니에서 돈을 지불하는 방식이었다. 이 반복적인 작업은 그날 하루가 끝나고 깨진 병이 가득 찬 저장용기를 수거하는 차량이 올 때까지 이어졌다.

빈 병이 얼마나 들어올까 걱정하던 담당 공무원 얘기를 전했더니, 지미는 시 당국이 상상했던 이상으로 빈 병이 수거되고 있다고 했다. 여기에 있는 모든 이들은 어디에 가면 많은 병을 찾을 수 있는지 알고 있으며, 실제로 자신의 일지에 꼼꼼하게 써둔 기록들을 보여주었다. 일지에 따르면 어떤 친구는 한곳에서 주말에만 1,064개의 병을 모아서 월요일에 가져왔고, 심지어 1,799개를 가져온 사람도 있었다. "하루에 일곱 번이나 싣고 오는 사람도 있어요." 지미가 말했다.

"이 사람들은 한 병당 3센트를 벌려고 열심히 일하고 있습니다." 지미가 설명했다. "안 그러면 구걸하거나 훔친 물건을 팔지도 모르거든요. 거의 매일 병을 가져오는 사람이 많아졌어요. 이 프로그램은 적어도 사람들이 일을 할 수 있도록 도와주면서 길거리도 깨끗

빈 병이 가득 담긴 카트, 텍사스 포트워스, 2003년 6월.

하게 만들어요. …… 많은 사람들이 하는 말이 자신들은 일을 하고 싶어도 과거 등 여러 문제가 있어서 할 수가 없대요. 이 프로그램 덕에 그 문제가 해결된 거죠. …… 쇼핑카트를 몰고 오다 보면 언덕도 나오고 날씨는 덥고 점점 힘들어지죠. 그래서 처음에는 병을 125개, 150개 정도 가져와요."

그뿐인가, 목은 얼마나 마른데. "여기까지 오는 동안 제대로 물도 못 마시죠." 상점 주인들이 노숙자들이 모이는 것을 꺼리기 때문에 길거리에는 상수도가 없다고 지미가 알려주었다. 결국, 지미와 보조들이 물을 사서 나눠주기 시작했다고 한다. 그리고 몇 주

후 나는 새로운 미래를 보게 되었다. 포트워스 시에서 "포트워스 생수, 100퍼센트 수돗물"이라는 라벨을 붙이고 수돗물을 병에 담아 내놨다. 거기에는 "물을 드세요, 드신 후 병을 씻고 헹궈서 다시 사용하세요"라는 문구도 있었다.

여전히 남은 문제가 있었으니 병당 겨우 3센트의 대가를 받기에는 날씨가 너무나 더웠다. 내가 만난 사람들은 저마다 빈 병에 달라붙는 모기며 개미, 거미를 비롯한 각종 여름 해충들 때문에 겪는 고통을 늘어놓았다. 그들은 또 캠프 가까운 곳의 병은 다 동났기 때문에 3센트를 얻기 위해 점점 더 멀리 나가는 수고와 시간을 들이게 되었다고 말했다. 캠프 안은 물론 도시 여기저기에는 이제야 이 프로그램을 알리는 작은 포스터가 붙기 시작했다. "온 도시의 빈 병을 모으세요. 한 병에 3센트를 지불합니다." 글귀 아래로 포도주병과 맥주병이 춤추는 그림이 있고, 빈 병에 대한 자세한 설명이 덧붙여져 있다. "가만히 두면 지저분하게 환경만 더럽히는 …… 모든 종류의 유리 용기." 막바지에 접어드는 프로그램을 생색내듯 홍보하는 포스터였다.

"돈? 좋지, 주머니에 돈 좀 챙겨주시지." 한 노숙자가 생색내는 듯한 포스터를 보며 빈정거렸다. 며칠 후 다시 찾았을 때, 돈 좀 챙기는 새로운 방법을 나는 알게 되었다.

지미와 함께 다니다가 터프한 길거리의 백인을 한 명 알게 되었다. 그는 카트에 가득 싣고 온 병을 돈으로 바꾸려다가 나와 대화를 나누던 중 어떻게 하면 내 낡은 트럭으로 한번에 돈을 좀 벌 수 있는지 알려주었고, 나는 당장 동업에 뛰어들었다.

그가 흥분해서 말했다. "이봐, 그러니까 다음 주 목요일이야. 네 트럭을 가져오란 말이야, 알았지? 그럼 준비 끝이야. 오케이, 저 자식을 놀래주자고. 딱 한 번이면 하루 일당 떨어지는 거야. 내가 그 철 덩어리 두 개를 알아서 마련할 테니까……. 나도 보통은 금속을 수집해. 그런데 이거 나이도 들고, 더 이상은 차도 없고 하니까 좋은 게 있어도 가져올 수가 있어야지. 그런데 당신 픽업트럭이 있으니까 마침 딱이지. 난 너무 늙었거든."

"가는 길에 나 좀 저 아래 가게까지 태워줘." 그가 덧붙였다. 그의 말은 뭔가 어눌했지만 알아들을 수는 있었다. 그 백인 동업자가 말하는 곳은 재활용 센터였는데 갔다가 다시 돌아올 생각이라고 했다.

"쇼핑카트 좀 잠깐 두고 가도 되겠지?" 그가 지미에게 물었다.

"그래요. 제가 보고 있을게요." 지미가 대답했다. 언제 가봐도 지미가 있는 주차장에는 항상 주인 없는 카트가 다섯에서 열 개 정도 있었다.

"나한테 카트가 하나 더 있거든. 그런데 그게 워낙 무거워서 말이지." 그는 말을 이었다. "무슨 조치를 취하든지 해야 하는데 말이야. 병 파는 일을 이제 막 시작해서 아직 좀 익숙하지가 않아. 저 북쪽에 진짜 병 많은 데가 있는데, 무거워서 한 번에 옮길 수가 없어, 젠장."

말한 대로 그는 잠시 후 지미에게로 돌아왔다. "이거 주고 또 한 번 다녀오려고. 아직 이르잖아. 안 그래? 350밀리짜리 병도 받지, 응?"

"물론이죠. 유리병이면 다 받아요."

"그래. 그럼 좀 더 가지러 갔다 올게."

"돈 준비하고 있을 테니 얼른 다녀오세요." 지미가 웃으며 말했다. 지금까지 그가 가져온 병을 다 계산했더니 2달러가 조금 넘었다.

"오케이. 충분해, 좋아." 그가 웃었다.

나가는 길에 우리는 우리 계획에 대해, 또 길거리 수집의 매력에 대해 이야기를 나누었다. "이 물건이 장난이 아니야. 내 장담하는데, 한 덩어리 가져가면 20달러는 족히 나올 거다, 아마. 무거울까 봐 걱정하지 마, 트럭이 있잖아. 남을 위해서 일할 필요는 없어. 단지 너를 위해 일하는 거야. 저거 봐라. 망할 놈의 차바퀴하고 철판하고." 그는 손가락으로 차창 밖에 버려진 차를 가리키며 말했다. "저게 다 돈이야."

재활용 센터에 이르렀을 때 그는 다른 '돈' 될 만한 일을 생각해낸 것 같았다.

"여기서 아까 그 썩어빠진 차를 팔 수 있을 거야."

주차장으로 돌아갔더니 병을 팔러 온 다른 사람이 있었다. 병 하나당 3센트 받는 것에 대해 어떻게 생각하느냐 물었더니, "안 주는 것보다야 낫잖아요"라고 대답했다. 그뿐 아니라, "원하면 언제든지 그만둘 수도 있고요"라고 덧붙였다.

그때 테리가 빈 병을 가득 실은 트럭을 몰고 왔다. 그는 상당히 마르고 그을렸으며 웃통을 벗고 있었다. 나중에 안 사실인데, 그는 55세였다. "내가 23년 전 이 마을에 처음 왔을 때 캔을 주웠지." 그가 과거를 떠올리며 말했다. 이제는 알루미늄 캔 대신 병을 줍고 있다. 열흘 전쯤 이 프로그램을 지역 방송국에서 광고했을 때, 바로 테리가 카메라에 잡혔다. 그는 병이 가득 든 쇼핑카트를 끌고 바로 이 주차장으로 들어서던 참이었다.

"카메라맨이 물었지. '테리, 당신은 나이가 55세인데 병이 200개나 든 카트를 옮기고 있군요.' 그래서 내가 '당연하지, 이거라도 하지 않으면 할 일이 아무것도 없으니까 빈 병 200개 정도는 끌어야지' 하고 말했다네." 며칠 지나지 않았지만 센터 주위의 빈 병들은 벌써 상당 부분 수거되었기 때문에 테리도 점점 더 멀리 돌아다녀야 했다. "그러니까 이런 센터를 여기저기 설치해야 해요. 병이 많은 곳에 설치해서 사람들이 쉽게 올 수 있도록 말이지요."

테리는 또 내게 말했다. "짐이 너무 많으니까 이제 다리가 말을 안 들어." 우리는 만약 테리에게 휴대전화가 있다면 테리가 지미에게 전화해서 몇 개나 병을 모았는지 미리 알려주고 그러면 지미가 돈을 미리 준비했다가 언덕을 올라오자마자 줄 수 있을 거라며 농담을 주고받았다. 또 테리는 "쇼핑카트에다가 잔디 깎기 엔진을 달고 작은 의자라도 하나 얹으면" 아무리 병이 많아도 언덕 올라오기가 편하겠다며 웃었다. 테리가 말했다.

"그래도 괜찮아요. 아무리 힘들어도 구걸하지 않고, 정직하게 돈을 버는 방법이잖아. ······ 이렇게 노동해서 돈을 버니까 행복이 뭔지 아는 게지, 만약 같은 돈을 구걸해서 번다면 행복할까요? 그렇지 않을 거예요." 테리는, "누가 진작 이런 생각 좀 하지. 이웃도 깨끗하게 만들고 말이야. …… 내가 자란 북 미시간에서는 어떤 종류의 용기든 관계없이 하나에 10센트씩 쳐줘요. 그러니까 함부로 버리지 않는 게 당연하잖아요?"

나와 테리, 지미가 재활용 프로그램에 필요한 포트워스 시 재원에 대해 이야기를 나누는 동안 오티스가 도착했다. 오티스는 지미의 젊은 보조로 안경을 끼고 담배를 피우는, 담배상이다. 우리에 있는 잡종견 두 마리의 친구이기도 했다. 오티스는 방금 쓰레기통에서 괜찮은 운동화를 한 켤레 주웠는데 안타깝게도 젖어 있었다. 테리와 나는 길거리 세계의 선배로서 같은 조언을 해주었다. "그 신발, 발에 딱 맞게 만들려면 마를 때까지 신고 다녀요."

테리가 챙겨온 옷이 가득한 카트를 대는 동안 지미와 오티스는 마른 땅콩 캔과 감자 칩, 2리터들이 물병 등을 내리면서 숫자를 세고 있었다. "눈 조심하세요." 두 손으로 빈 병들을 집어던지면서 지미가 말했다.

지미와 친해지는 동안, 나는 더 이상 나이 든 동료를 만나지 못했고 우리의 계획도 자연히 지킬 수 없게 되었다. 테리는 병을 줍기 힘들어졌다고 말하면서도 휴일 다음 날인 지난 월요일 하루에만 9,040개의 병을 가져왔다. 지미의 장부에는 오늘도 적지 않은 분량의 빈 병들이 기록되었다.

352	$10.56
110	3.30

63	1.89
66	1.98
251	7.53
240	7.20
100	3.00
270	8.10
164	4.92
8	.24

지미에 따르면 재활용 프로그램에서는 지난 한 달여 동안 일종의 '교육'을 통해 텍사스의 엄청난 여름 더위 속에서 특별히 나이 많은 사람들이 다치지 않도록 가르쳤으며 앞으로 빈 병을 수거하는 시간도 조정할 생각이라고 했다. 오전 8시부터 오후 5시까지 진행하다 보니 수많은 사람들이 늦은 오후의 더위에 노출되기 때문에 오전 6시에서 오후 2시까지로 변경하는 것을 논의 중이라고 했다.

지미가 말했다. "한번은 시저에 대해 농담한 적이 있어요. 시저도 너무 더울 때는 탈진해서 병원에 가야 했다는데 …… 만약 오후 5시까지 문을 열어두면, 사람들은 다 쪄죽고 말 거예요." 지미는 다른 재미있는 생각도 가지고 있었다. "날씨가 더 더워지면 줄로 카트와 물병을 묶어주는 거예요. 당장은 싫어하는 사람도 있겠죠. '물 먹으면 맥주 먹은 게 희석돼서' 싫다는 사람도 있으니까요. 좋아요, 어쨌든 그렇게 묶어는 두는 거예요."

시 관계자들은 빈 병을 주워오는 사람들의 경제적 필요를 너무 나 저평가했다고 지미가 지적했다. "시는 이해를 못 했어요. …… 처음에 3,000달러의 예산을 들였을 때 8주는 지속될 줄 알았을 거 예요. 한 주에 빈 병은 200개쯤 모이고요. 솔직히 말하면 그들은 도 시 사람들이 얼마나 궁핍한지 몰라서 그런 거예요. 어떤 사람들은 빈 병을 양말이나 주머니에까지 채워서 가져와요. 그렇게 번 돈으 로 다음 몇 시간을 살아가고, 작은 빵을 하나 사먹지요. 나가다 보 면 나무그늘에 앉은 사람들 보이잖아요. 서로 그런 얘기들을 나눕 니다. '돈 받았어요? 담배나 한 대 사줘요. 아니면 맥주라도.' '뭐라 고? 내가 얼마나 열심히 노력해서 모은 돈인데 그렇게 쓰겠어요? 당신도 내려가서 직접 병을 가져와서 팔아요, 구걸하지 말고. 나도 구걸한 적이 있었지만, 이제는 내 돈을 벌기 위해 일한다고요.' 이 제 이 사람들은 다른 사람들까지 일하도록 만들고 있어요. 이해가 가세요? 저기서 맨날 빈둥대기만 하던 사람들이 이제는 돈을 벌고 그걸로 인해 행복해하고 있다고요."

빈 병을 줍는 사람이 기대 이상으로 늘어나고 길거리가 눈에 띄 게 깨끗해지기 시작했고, 이제 지미와 나는 다른 가능성에 대해 이 야기를 나누기 시작했다. 사람들에게 빈 병뿐만 아니라 알루미늄 이나 다른 재활용품에 대해서도 돈을 주면 훨씬 더 좋은 결과가 있 을 것이라는 내용이었다. 어느 순간, 나이 많은 흑인 워렌이 카트 를 밀고 올라왔다. 카트 안과 옆의 검은 비닐봉지에 빈 병이 한가 득 담겨 있었고 그중 하나에는 빈 병 대신 알루미늄 캔이 가득 들어 있었다. "돈이 다 버려지는 것을 볼 수 없어서요." 워렌이 웃으며 말했다. 빈 병을 교환하고 돈을 받은 워렌은 근처의 다른 재활용 센터에 캔을 바꾸러 갔다.

잠시 후 30세쯤 돼 보이는 흑인 남녀가 카트를 밀며 주차장으로 들어왔다. 지미가 말했듯, 무거운 카트와 뜨거운 햇볕 아래서 이루어지는 고된 노동의 현장에서 이 여자는 내가 처음 본 여자였다. 카트 두 개에 빈 병이 넘치도록 차 있고, 옆으로도 비닐봉지들이 잔뜩 달려 있었다. 남자의 카트는 빈 병을 더 많이 실으려고 큰 우유 용기까지 붙어 있었다. 남자는 과묵했는데, 여자는 끊임없이 떠들어대서 너무 비교되었다.

얼마 지나지 않아 또 다른 흑인 부부가 낡은 포드 에어로스타 밴을 타고 나타났다. 차 뒤쪽 유리에는 "106.1 KISS FM", "United Christian Alliance"라는 스티커가 붙어 있고 라디에이터 부동액이 줄줄 새고 있었다. 지미의 설명에 따르면 이곳은 밴에 빈 병을 싣고 오지 못하는 게 원칙이지만, 이들 부부의 밴에는 아이들이 타고 있고, 트렁크에다 빈 병을 검은 봉지에 넣어 잘 정리해 가져오기 때문에 특별히 허용되었다고 했다. 남자가 차에서 검은 봉지를 내리는 동안에도 부동액이 계속 흘렀다. 지미는 안으로 들어가 엔진 라디에이터에 쓸 물을 담아왔다.

"덥죠?" 내가 그늘에 앉아서 그들에게 말을 건넸다.

"덥냐고요?" 그가 땡볕에 땀을 흘리면서 되물었다.

오티스는 멀리 있고, 이 남자는 차에서 물건을 모두 내리고 돈을 받았다. 큰 덩치에 웃통을 벗은 근육질의 그는 땀을 뚝뚝 흘리면서 나를 향해 돌아섰다.

"같이 세시겠어요?"

"그러죠." 지미와 오티스가 없을 때 도움이 되고 싶어 그렇게 대답했지만, 곧 이것이 얼마나 중요한 일인지를 생각하게 되었다. 내가 세는 숫자가 이들 부부가 땡볕 아래서 여러 시간 수거한, 더럽고 쩍쩍 달라붙는 병들의 숫자를 결정하는 것이고, 그들의 자녀를 먹이고 자동차 라디에이터를 고칠 돈을 결정하는 일이었기 때문이다.

나는 남자가 건네준 병들을 큰 쓰레기통에 집어넣으면서 집중해서 숫자를 셌다. 한참을 세다보니 병이 깨지면서 들리는 소리가 섞여서 집중하기가 쉽지 않다는 것을 깨달았다. 잠깐 쉬었다 해도 자꾸 정신을 놓게 되어, 나는 숫자를 까먹지 않으려고 온 신경을 집중했다. 185개쯤 세었을 때 지미가 왔다. 자신의 권한을 빼앗기지 않겠다, 다른 도움은 필요 없다는 표정이었기에 나는 몇까지 세었는지를 알려주고 자리를 넘겨주었다. 그가 세는 동안 나도 계속 같이 셌는데, 100개가 될 때마다 그는 자신의 손바닥에 줄을 하나씩 그었다. 옛날에 할아버지나 다른 어르신들이 숫자를 세거나 도미노를 세울 때 숫자를 기억하기 위해 선을 긋곤 하던 기억이 났다. 마침내 병 세기가 다 끝났을 때 내가 기억하는 숫자는 465개였다. 입 밖으로 얘기하지는 않고 지미더러 몇 개인지를 물었더니 473개라고 말했고, 나는 맞는 것 같다고 했다.

465개든, 473개든, 덩치 큰 이 사내는 464개 혹은 472개를 던졌다. 하나는 실수로 잘못 던지는 바람에 바닥에 떨어져 깨지고 말았다. 누가 뭐랬든 그는 라디에이터가 깨져 부동액이 새는 뜨거운 트럭에서 아내와 아이들이 기다리는 동안 500개 가까운 병들을 옮기다 깨뜨리고, 세었고, 15마리쯤 되는 벌레들을 쫓았으며, 산산이 깨진 병조각을 쓸어 담으며 땀을 흠뻑 흘린 후에야 돈을 받을 수 있었다.

주차장에 마지막으로 방문했던 날, 빈 병 재활용 프로그램의 예산은 바닥이 났고 지미와 나는 뜨거운 거리를 걸으며 빈 병을 주우며 흘리는 땀방울의 의미와 그 혁신적 효과에 대해 이야기를 나눴다.[15] 별로 말이 없던 그 남자에 대해서도 이야기했다. 지미가 없을 때 그는 한 번 더 왔는데, 이번에는 혼자였다. "5, 6달러쯤" 값어치가 나가는 빈 병을 가져와서는 일주일간 노동한 결과를 기다리는 마음에 대해 얘기하고 갔다. 테리도 다시 왔다. 그는 이 프로그램을 위한 센터를 각 동네마다 돌아가면서 설치해야 계속 빈 병들을 주워 모을 수 있을 것이라고 이야기했다. 그러면서 그 방법을 쓰면 결국 길거리에 널린 병들이 다 없어질 것이라는 사실을 잘 알고 있었다. "어떤 병은 20년은 되어 보이더라고요. 어떤 건, 젠장, 내가 버린 병이었다니까!"

지미는 "모두가 빈 병을 찾는 자신만의 장소"가 있다고 말했다. 지미가 최근에 만난 한 남자는 도시 남쪽에서 술 마시는 사람들을 발견한 적이 있다고 했다. 그 사람은 자신의 카트에 실린 빈 병을 팔고는 얼른 돌아가서 사람들이 술을 마시자마자 빈 병을 걷어

빈 병 수집용 휠체어, 텍사스 포트워스, 2003년 6월.

왔다고 한다. 병 바닥에 아직 거품이 가시지 않은 상태였다는 말을 듣고 나는 한참을 웃었다.

지미의 주차장에는 수많은 종류의 카트가 있다. 어떤 것은 1달러 할인점의 작은 카트에서부터 '공룡' 사이즈에 이르는 것도 있다. 가게에서는 낡은 10달러짜리 카트를 돌려받기 위해 자사의 이미지가 망가지는 것을 원하지 않기 때문에 굳이 카트를 빼앗지 않는다. 또 무거운 병들을 가득 싣던 카트는 파손되기도 해서 돌려받아도 별 쓸모가 없다. 지미의 설명에 따르면, "사람들은 보통 작은 쇼핑카트로 시작했다가 시간이 지나 큰 걸로 바꾸면서 작은 것은 여기에다 버리고 가요. 걸어오는 사람들을 위해서 나는 그냥 다 두지요. 쓰고서 다시 반납하라고요. …… 어떤 카트는 다 망가져서 밀기가 쉽지 않아요. 그런 건 버리지요."

그러나 버리기보다는 고쳐서 쓰는 경우가 더 많다. 지미는 한 친구가 기존의 카트 앞바퀴 두 개를 고정형으로 바꿔 단 후 얼마나 더 편리하게 빈 병을 수집하게 되었는지 설명해주었다. 다른 사람들은 쇼핑카트에다가 우유 상자나 다목적 비닐봉투 등을 붙여서 더 많은 빈 병을 싣는다. 어떤 사람들은 심지어 바지 벨트를 카트 앞에다 달아서 최대한 많은 빈 병을 묶기도 한다고 했다. 하수구에서 찾은 쓰레기 상자를 활용하는 사람도 있고, 휠체어에 주운 바퀴와 쓰레기통을 달아 활용하는 사람도 있다.

물론 1장에서 언급한 것처럼, 부에노스아이레스 카르토네로스가 사용하는 500파운드나 되는 철제를 옮길 수 있는 장치에 비길

만한 것은 없다. 카르토네로스의 운송기구를 조금만 손보면 텍사스 포트워스의 바텔라로스(병을 옮기는 사람들)가 망가진 카트를 끌고 힘겹게 언덕을 올라오지 않아도 될 것이다. 그러나 이 같은 방법의 단순한 적용은 위험할 수도 있겠다. 비평가들은 아르헨티나의 카르토네로스가 "책에는 없는 변방의 빈민들을 양산"하고 있다고 비판하면서, "급격한 빈곤을 가져올 수 있는 가능성"이며 "국가의 통합을 방해하는 눈에 보이는 고통의 상징"이라고 표현한다. 그러나 미국의 빈 병 수집가들은 결코 그런 존재가 아니다.[16]

다시 한 번 기억해야 할 것은, 여기 도시의 공무원들은 빈 병 재활용 프로그램을 통해서 얼마나 도시가 깨끗해졌는지에는 관심이 없고 단지 병이 몇 개나 들어와서 얼마나 돈이 나갔는지에만 관심을 둔다는 사실이다. 지미가 알려준 또 다른 사실은, 도시의 경찰들은 이 프로그램 때문에 사람들이 돈을 벌려고 도둑질을 하지는 않을까 걱정하고 있다는 것이었다.

지미는 걱정하지 않았다.

"저요? 제게 병을 가져와 돈을 받아가는 사람들은 오히려 저를 보호해줄 거예요. 나는 저들의 친구이자 은행이거든요. …… 제가 얼마나 공평하게 대했는지 그들이 알거든요." 그는 설명을 계속했다. "만약 누가 이 돈을 훔쳐간다고 쳐요. 그럼 나는 사람들에게 지불할 돈이 없고, 다들 병을 팔고자 하는데 돈을 받을 수 없으면 결국 내 친구들 모두가 돈을 받을 수 없게 되는 거거든요. 친구들 모두가 어려운 상황에 처하게 되는데 아무도 그런 상황을 원하지는 않아요. 모두가 최선을 다해서 병을 모아 와서 돈을 받는데 만약 돈이 사라졌다? 분명 여기 오는 모든 사람들은 저를 의심하지는 않을 겁니다. 물론 나도 저들을 의심하지 않을 거고요."

지미와 테리 그리고 그 자리에 있던 다른 사람들도 몇 번이나 이 말에 동의하며 웃었다. 노숙자 보호센터에서, 철길에서, 고속도로에서, 나무그늘 아래에서 만나는 이 모든 이들은 서로를 이웃이라 불렀고, 3센트짜리 빈 병 수집 프로그램은 적어도 잠깐 동안은 그들이 깨끗한 환경을 유지할 수 있도록 해주었다. 빈 병 수집인들은 카트를 고쳐서 돈을 벌었다. 지미는 그들의 카트와, 때로는 옷과 가방을 고쳐주었고 더위에 지쳤을 때 물을 주었다. 그리고 사람들은 부서지고 깨진 병들을 치웠다.

"어떻게 보면 말이죠. 우리는 한 가족처럼 일하고 있어요." 지미가 말했다.

버려진 예술품들

쓰레기 수집인들은 대부분 빈민이지만, 보다 고상한 것을 지향하는 사람도 적지 않다.[17] 병이나 캔을 모아 돈을 벌고, 옷가지와 각종 공구들을 쌓으며 생존을 위해 최선을 다하기도 바쁘지만 때로는 아름다운 예술품도 발견하게 된다. 이미 설명했듯이 나의 쓰레기 수집 동료인 일레인만 해도 자기 집 마당에 각종 나무와 마네킹을 배치하고 길거리에서 수집한 각종 장식들로 시기에 맞게 꾸미고 있었다. 나 자신만 하더라도 수작업으로 장식한 카우보이 모자와 달력, 사진 등을 입수했다. 가끔은 예술 책을 얻기도 한다. 1년 전 덴버에서는 길가의 한 쓰레기더미에서 하드커버로 만든《호리즌^{Horizon}》1950년대, 1960년대, 1970년대 판을 발견해서 지금까지 보물로 잘 간직하고 있다. 그중에서도 1970년 겨울호는 마티스의 예술품이 들어 있어 소장 가치가 높다. 최근에는 폴 레너의 1964년작 《색채: 질서와 조화$^{Color:\ Order\ and\ Harmony}$》, 크리스토퍼 달링의 1977년 작, 즉 발레 무용수인 카렌 케인과 프랑크 어거스틴을 찍으며 연구한 사진집《케인과 어거스틴》, 내가 애지중지하는 그웬 프로스틱의 1958년 수공업 석판 작품집《동행$^{A\ Walk\ With\ Me}$》을 수집하기도 했다. 스튜어트 데이비스와 조지 벨로의 작품집이 잔뜩 든 쓰레기봉투도 있었다. 이 책들은 1980년대 아몬카터 박물관에서 발간된 책들이라 나는 이 책을 돌려주려고 한다. 독자 여러분께서 얼마나 관심이 있을지는 모르겠지만, 나는 국제 피아노 콩쿠르에 참가한 이들의 대회 실황을 녹음한 테이프도 15개 가지고 있다.

다른 쓰레기더미에서도 마찬가지로 삶을 윤택하게 만드는 물건들이 발견되곤 한다.[18] 예를 들어 콘프레리 생테티엔이 쓰고 가죽 커버를 입힌 1972년산《와인과 음식 다이어리$^{Wine\ and\ Food\ Diary}$》에는 보르도 지도와 함께 와인을 생산하는 하우스가 자세히 표시되어 있고, 각 하우스의 추천 와인 및 와인글라스까지 기록되어 있다. 또한 꼼꼼히 살펴볼 수 있도록 달력과 함께 단단한 나무로 만든 펜도 함께 있다. 또 다른 세련된 노트는 알루미늄 커버에 "스테이틀러 힐튼 1956"이라는 문구가 새겨져 있다. 그러나 찢어진 쪽 한 모퉁이에 "주노에게 이메일하기"라는 메모가 있는 것으로 봐서 실제로는 최근에 읽은 것으로 보인다. 또 막 리모델링을 시작한 영국 성공회 교회—1장에서 이미 소개한 곳으로 강가에 있는 컨트리클럽을 지나 발드리지 하우스 근처에 있다—의 쓰레기통에서는 3미터에 달하고 크롬 장식이 있는 값비싼 램프를 발견했다. 이 램프는 지금 친구 집 천장을 장식하고 있다. 같은 쓰레기통에서 찾아낸 샹들리에는 지금 우리 집 뒷마당 새장에 달려 있다.

그러나 지금까지 발견한 물건 가운데 예술적으로 가장 가치가 있는 것은 이렇게 호화로운 물건이 아니라 매일의 삶 속에서 사용되는 소소한 소비와 관련된 것들이다. 우리 집 뒤 현관은 깨진 유리등 조각으로 장식했고, 고풍스러운 유리 손잡이로 책상을 장식했다. 쓰레기통 바닥에 있던 1940년대산 부엌 스토브에서 떼어낸 크롬 장식의 시계는 여전히 우리 집 벽에서 잘 돌아가고 있다. 꽃장식이 달린 1950년산 대형 TV 장식장은 검은색과 민트그린, 황금색 꽃 디자인이 아름답게 어우러지는데 우리 집 거실 장식으로 안성맞춤이었다. 또 거실 벽에는 웃고 있는 쌍둥이얼굴과 아이의 첫 돌을 축하하는 사진 등 마음을 감동시키는 다양한 사진 액자들이 걸려 있다. 수입산 축음기 앨범들—〈알 카이올라 기타〉, 〈로이 에젤 블루 트럼펫〉(스패니시 브라스), 〈에르네스토 르쿠오나 앨범〉(로스 판초스 트리오)—은 눈보다 귀를 즐겁게 만드는 수집품이지만, 오렌지, 빨강, 라임그린색 등으로 장식되어 눈도 즐겁게 해준다. 뉴욕 지도와 노웰 토마스의 세계지도, 세계 곳곳에서 구입한 아름다운 엽서들은 1959년 7월 31일에 "산타리타, 뉴멕시코에서" 보낸 추억만큼이나 내 마음을 풍요롭게 해준다.

그러나 내가 수집한 샹들리에 크리스털과 고풍스러운 베이크라이트의 손잡이, 나무 창틀을 모두 설명할 수 없어 아쉬울 뿐이다. 또 발렌타인데이 전날 저녁 튤립과 장미, 데이지, 백합을 수집해 내 사랑하는 아내에게 꽃다발을 선물하면서 느꼈던 기쁨을 다 기록할 수 있을까. 레슬리 헴스트리트의 마음도 같았을 것 같다. "내 친구이자 파트너인 맷은 쓰레기통 뚜껑에 이상이 있자, 거기에 키스하고 고쳤는데, 그것이 진짜 사랑이었다는 것을 안다. 나도 이제는 쓰레기통과 사랑에 빠졌다."[19]

길거리 세계의 예술가들

1920년대와 1930년대에 걸쳐 독일 바이마르에서는 "사진을 이용한 인쇄술이 발달하면서 이미지 기반의 새로운 문화"가 번성하기 시작했다. 라울 하우스만[Raoul Hausmann], 막스 에른스트[Max Ernst], 한나 호크[Hannah Hoch]와 같은 다다이스트들은 사진 몽타주, 컷업, 콜라주 기법 등을 활용하여 새로운 이미지 예술에 몰입했다.[20] 19개의 언론사와 잡지사를 소유한 한나 호크는 대중잡지에 소개된 각종 재료를 활용해서 방탕한 이미지의 작품들을 만들었는데 이처럼 다다이스트들은 반문화적 예술 활동을 활발히 전개했다. 인간의 머리나 총,

입술, 기계, 누드 사진, 유인원 등은 기존의 카테고리를 넘어서는 범주의 재료로 다다이스트를 포함한 그밖의 다른 예술가들의 콜라주 작품에 활용됐다. 대량생산되는 이미지에 파묻힌 세계는 이제 대량생산되는 예술을 통해 자신을 대면하면서 스스로를 비판하게 되었다.

대량생산되는 비주얼 문화는 21세기에도 이어지고 있으며, 비판도 돌려받고 있다. 1950년대와 1960년대의 예를 들면, 프랑스의 상황주의자들은 대량생산되는 만화책을 이용해 매일같이 반복되는 대량 사회의 잡동사니를 정면으로 비판하고 나섰다. "삶을 통한 매일의 혁명"을 꾀하면서 그들은 만화에서 지루하게 반복되는 대화를 파괴적인 슬로건들로 바꾸는 작업을 했다. 상황주의자들에게 이는 대량소비를 위해 대량생산되는 매일의 반복을 뒤흔드는 과정의 일부였다. 오늘날에도 이미지를 재활용하거나 대화만 진보적으로 바꾸는 방식의 예술은 계속되고 있다.[21]

20세기에는 이미지를 활용한 수많은 제품들이 대량생산되었고, 이를 통한 물질문화와 더불어 다다이스트나 상황주의자와 같이 이미지를 모방한 많은 예술가들이 배출되었다. 그들은 이젤이나 유채물감보다는 길거리의 버려진 물질문화의 잔해들을 소재로 한 작품을 주로 만들었고, 때문에 '대중예술가' 혹은 '아웃사이더 예술가' 등으로 불리거나 더 구체적으로 '재활용 예술가', '스크랩 예술가' 등으로 불렸다. 중요한 사실은 화방과 상업적인 갤러리에서 주로 유통되는 전통적인 예술 세계에서 이들이 단순한 '물리적 아웃사이더'만은 아니었으며 매일 소비되는 대중문화라는 개념에서도 '아웃사이더'였다는 사실이다. 그들에게는 소비문화의 속도와 경험이 뒤집고, 파괴해야 할 대상이었다. 또 다른 이들이 버리고 무시하는 것들이 그들에게는 귀한 정신세계와 예술의 원천이었다.

미국 전역의 감옥을 방랑했던 조지 다이너는 1929년, 한 노숙자가 뉴저지 바인랜드의 황량한 쓰레기장으로 가라고 지시하는 환영을 보았다. 그곳으로 찾아간 다이너는 몇 년간 꼼짝 않고 전념한 끝에, 희망 없던 경제 대공황을 주제로 한 기념비적인 작품 '침체의 궁전'을 완공해낸다. 이 건축물은 건축학적으로도 기념비적인 것이었다. 다이너는 건축 과정에서 공구를 전혀 사용하지 않았음은 물론이고, 소재 또한 자동차 문짝과 침대 프레임 조각, 문틀 등 온갖 버려진 것들만을 재활용해서 썼다. 비슷한 사례로 아프리카계 미국인 아웃사이더 예술가인 에디 윌리엄슨과 티리 가이턴은 지난 수십 년간 '잔디밭 전시회'를 통해 아프리카의 정신 세계와 전통을 표현한 작품을 전시하고 있다. 이들은 자동차 휠 커버나 버려진 병 등 "걸신들린 것처럼 버려진 소비제품을 그러모아다가" 작품을 만들었고 자신들의 낡은 집 앞에 전시했다.[22] 휴스턴에서는 우편배달부인 제프 맥키삭이 자신이 다니는 길목에 버려진 각종 쓰레기들을 수집하여 '오렌지쇼'라는 작품을 만들었다. 같은 휴스턴에서 비슷한 시기 존 밀로비스코는 5만 개의 알루미늄 맥주 깡통과 다른 수집품을 활용해서 집을 지었다. 사이먼 로디아는 30년이 넘는 기간 동안 로스앤젤레스 거리에서 주운 주전자, 유리잔, 타일, 거울 등을 활용하여 거대한 송전탑을 만들었다.[23] 같은 기간, 워싱턴DC에 있는 한 정부기관 청소부인 제임스 햄튼 주니어는 낡은 창고 안에서 〈천국의 계단〉이라는 작품을 만들었다. 햄튼의 작품은 지금 스미스소니언 연구소를 장식하고 있다.

아마 당신은 버려진 전구로 가득 찬 쓰레기봉지를 들고 열심히 정부 청사를 오가는 그를 봤어야 한다. 아니면 누런 가방을 메고 온 거리를 쏘다니면서 거리에서 만나는 주정뱅이들에게 빈 병들을 줄 수 없냐고 묻고 다니던 그를 봤어야 한다. 그는 푸른색 유리잔이나 샌드위치 포일, 상자를 찾기 위해 쓰레기통을 뒤졌다. 그러나 그의 활동 중 정부를 위해 가장 잘했던 일은 단지 자신이 좋아하는 디자인이 아니라는 이유로 사람들이 멀쩡한 물건들을 버릴 때, 그것을 모두 주워가는 것이었다. 세상을 지배하는 사람들이 모두 떠난 이후 청소하면서 그는 버려진 물건들 속에서 진짜 가치를 찾으며 즐거워했다.[24]

오늘도 쓰레기 재활용을 통한 작품 활동은 계속되고 있다. 필라델피아에서는 약 40여 명에 이르는 '재활용 예술가'들이 마르셀 뒤샹이나 파블로 피카소의 전통을 좇고, 뉴욕에서는 길거리에서 수집한 재료를 가지고 브라이언 매튜가 공기역학적 비행체나 꼭두각시 인형을 만든다. 사우스캐롤라이나에서는 수많은 재활용 예술가들이 모여 '재활용 디자인 캠프'를 열었다.[25] 샌프란시스코에는 쓰레기장에서 사는 예술가들이 있다. 워싱턴 주 외곽의 마초지에는 게리 빅이 만든 무게 3톤, 크기 670센티미터에 달하는 재활용 메탈 황소가 있다. 오클라호마 게이그에 사는 짐 파워는 정부의 규제로 인해 자기 집에서 운영하던 재활용 수집장을 폐쇄해야 하는 상황에 이르자 실물 크기의 용접 조각품을 만들기로 결심하고 재활용 메탈을 활용해 코끼리며 공룡 등을 제작하기 시작했다. 오클라호마 리디에서는 조 스미스가 온수기와 폐기된 송유관을 이용해 13미터 높이의 선인장을 세웠다.[26] 수많은 사람들이 데이비 로스바트에게 자신이 보낼 수 있는 잡동사니나 길에서 주운 편지 등에 관한 목록을 보내왔고, 로스바트는 《발견^{found}》이라는 잡지와 책을 통해 이들을 소개했다. 이후 〈발견〉 쇼 프로그램도 만들어졌다.[27] 그동안 밴쿠버에서 재활용품으로 만든 악기로 연주 활동을 한 캐러비언 드럼 밴드는 계속해서 콘서트를 열었고, 작곡가인 레슬리 헴스트리트는 '라몬스 스타일의 록 음악'을 썼다.

나는 급진적이고 위험한 보모
(3회 반복)

불쌍한 당신네 아기들은 버거킹과
온갖 스티로폼을 먹으니
나는 당신 가족에게 생존이 뭔지 가르치려 하네.
이제 아이들에게 쓰레기통을 뒤지라 하네.[28]

포트워스 지역에서도 재활용 예술은 계속되었다. 에드 쉐퍼는 못해도 기타 한 대에 6,000~9,000달러를 호가하는 미국 최고의 기타 브랜드다. 그러나 30년 전에는 기타 수입상 뒷골목에 있는 쓰레기통에서 부서진 기타 부품을 모아다 재조립해서 한 대에 50달러에 팔았다. "저야말로 진짜 범죄자죠." 그는 농담조로 말했다. "그러나 그런 법은 나가 죽으라고 해요."[29] 브라이언 라센의 친구들은 산업 폐기물이면 무엇이든 그에게 가져다주었다. 그러면 브라이언은 폐기물을 활용해서 벽장식이며 커피 테이블 등을 만들었다.[30] 콩고 이민자인 우기 웅켈레는 포트워스 공항의 버스 운전사이다. 운전 스케줄이 없을 때면 공항 내 쓰레기통에서 금속을 수집하여 "아프리카의 정신을 가장 잘 표현하는 작품"을 만들었다.[31]

여기서 론 드로윈을 빼놓을 수 없다. 재활용 예술가인 그는 한때 놀라운 작품들을 많이 만들었다. 론 드로윈의 작품 활동은 처음에는 불순한 이유로 시작됐다. 텍사스 알링턴에 거주하던 그는 마당에 쌓아둔 수집품 때문에 이웃으로부터 많은 원망을 들었다. 마침내 시에서 시정 명령을 내렸을 때, 그는 물건들을 치우기가 싫어서 대신에 수집품을 활용해 예술품을 만들기 시작했다. 이웃 주민들은 여전히 불만이었지만 예술품을 마당에 두는 것은 불법이 아니었다. 론은 "예술은 아무나 손 못 대지요"라고 말했다.[32]

1년 반이 지나는 동안 그는 모터와 2층 침대 프레임, 자전거 의자, 자동차 범퍼, 사다리, 손수레 등을 이용해 칠면조, 공룡, 기린, 거북이 등의 '생명체'를 만들었다. 그의 예술 활동은 계속되었다.

작품 영역을 넓혀서 동물뿐만 아니라 자전거 베어링을 활용한 풍차나 대형 등대 등의 건축물도 만들기 시작했다. 그가 제일 좋아하는 재활용 센터는 텍사스 발크 스프링에 있었는데 거기서 다양한 재료를 조달받았다. 친구들은 체인 등 다양한 금속 스크랩을 론에게 가져다주었고, 론의 마당에 있는 작품들을 보기 위해 학생들은 스쿨버스를 타고 견학을 왔다. 견학생 중에는 경찰도 있었다. 이제는 친구가 운영하는 가게에 론의 작품이 있으면 사람들이 그의 작품인 줄 알아보기 시작했고, 텍사스 대학 알링턴 캠퍼스에서 열린 지구의 날 행사에는 론의 공룡 작품들이 초대 전시되기도 했다. 그 이후로는 작품 일부를 팔아 작품 활동에 전념할 수 있게 되었다.

그러나 재활용 예술가라는 론 드로윈의 직업에 다시 법적 문제가 생겼다. 이번에는 마당에 쓰레기를 쌓아두느냐 마느냐를 따지는 정도가 아니라 마약 복용과 관련된 문제였다. 슬프게도 내가 마지막으로 그를 만난 것은 공룡과 기린이 있는 그의 정원이 아니라 포트워스 북쪽의 그린베이 교도소 면회장이었다. 푸른색 페인트칠이 군데군데 벗겨지고 귀에 거슬리는 소리가 들리는 가운데 그는 감옥 생활에 대해 말해주었다. 스크랩 작품을 만드느라 바쁘지 않아 하루 종일 잠만 자는 것도 문제지만 론이 기르던 개 두 마리와 떨어져 지내는 것이 수감 생활을 하는 데 가장 힘든 문제라고 했다. 감옥에서 그는 GED 수업을 가르치고 있는데 출옥하면 자유 세상에서 엔지니어링 기술을 살려 거북이나 칠면조보다 더한 것들을 만들고 싶다고 했다.

단 필립스를 마지막으로 만난 곳도 텍사스 헌트빌의 교도소였다.[33] 자유인일 때도 단은 헌트빌에 있었다. 일주일에 한 번씩 I-45 트럭을 몰고 헌트빌을 벗어나 휴스턴 고물상으로 향했다. 단이 아니었으면 쓰레기 매립장으로 보내졌을 수많은 잡동사니들을 가지고 그는 시온 산 침례교회 근처의 작업장에서 집을 지었다. 자동차 번호판으로 지붕을 얹고 문짝, 창문, 셔터, 싱크대, 수도꼭지, 조명, 타일 등으로 벽을 세웠다. 단에게 트랙터와 트레일러를 빌려준 친구네 창고에는 지금도 창문과 문짝 등이 많이 남아 있다. 내가 쓰고 있는 책의 제목을 들은 단은 자신과 그 친구야말로 '길거리 세계'에 푹 빠져 산 사람들이었다며 웃었다.

길거리 세계에 푹 빠져 살면서, 단은 길에서 얻은 물건들로 손수 집을 지었다. 1장에서 이미 밝혔듯이 단의 집은 그냥 집이 아니었다. 《피플^{People}》지나 《멋진 집짓기$^{Fine\ Homebuilding}$》등에서 소개해도 될 만큼 건축학적으로 혁신적이었을 뿐 아니라 구조적 일체성도 훌륭한 작품들이었다.[34] 단은 건축가로서 기술도 뛰어났지만, 각종 산업과 소비로 버려진 잔해들을 가지고 상당히 섬세한 부분까지 다양한 가능성을 실험했다. 특히 5×10센티미터 크기의 조각 수백 개를 벽돌처럼 쌓아서 만든 탑은 상당히 견고해 보인다. 낡은 목기구에서 떼어낸 목재로 내부 문을 만들고, 골동품 신발은 삼나무로 만든 계단에 덧댔다. 화장실 변기의 부서진 조각들을 모아서 우아한 곡선의 샤워실을 만드는 한편, 슬라이딩 유리문을 천장에 붙여 자연광을 그대로 받을 수 있도록 했다. 히코리 재목의 가구를 해체해 현관을 만들었다. 특히 나무 계단 아래에 단만의 비밀 공간을 만들었다. "저는 비밀스러운 공간을 아주 좋아하거든요." 단이 말했다.[35]

그는 어려운 상황에 처한 사람들과 함께 일하기를 좋아했다. 단은 그들을 최저 임금으로 고용해서 집을 짓는 데 돕도록 하고 대신 목수일과 다양한 잡일을 가르쳐 새로 습득한 기술을 가지고 나중에 좋은 직업을 찾도록 도와주었다. 또 집이 필요한 사람에게 지은 집을 팔기도 했다. 1990년대로 그는 기억하고 있었다. "저는 집짓기를 좋아했어요. 그런데 너무 많은 것들이 단순히 매립지에 묻혀 버리는 것을 보고 화가 났어요. …… 이제는 저소득층 사람들을 위해 집을 짓습니다. 길에 앉아 구걸하는 사람을 보면 마음이 아팠어요. 그들의 삶은 점점 더 어려워지고 있잖아요." 우리가 이야기하는 사이 변호사가 와서 얼마면 그런 집을 살 수 있느냐고 물었다. "당신은 너무 부유해요. 당신 같은 사람에게는 안 팔아요." 부드러운 목소리로 그가 말했다. "중학교를 중퇴한 사람이나 편모, 아이가 많은 사람, 잡일을 하는 사람, 신용 문제로 어려워하는 사람 모두가 집을 가질 자격이 있습니다."[36]

이런 방법으로 단은 수많은 사람들이 예술과 기술을 배워 스스로 살아가는 일을 익힐 수 있도록 도왔다. 한때 전문적인 댄스 교육을 받고 또 가르친 경험이 있는 단은 자신의 작품에 대해 날카로운 평가를 내렸다(내가 처음 길거리 세계에 나왔던 때 그랬던 것처럼, 단도 학교의 "행정주의적 편견이 지긋지긋해서" 그만두게 되었다고 한다). 단에 따

(사진 위) 단 필립스가 차량번호판으로 만든 지붕, 텍사스 헌트빌, 2002년 4월.
(사진 아래) 단 필립스의 마당과 창고, 텍사스 헌트빌, 2002년 4월.

단 필립스의 작품, 텍사스 헌트빌, 2002년 4월.

르면 산업혁명 이전에는 기술의 개념이 "가장 기본적인 형태와 재료를 발전시켜 자신이 의도하고 만들고자 하는 형태로 만들어가는 것"을 의미했다고 한다.[37]

그러나 지금은 규격화된 건축자재와 바닥부터 꼭대기까지 똑같은, 효율성만 남은 빌딩들이 "건축에서 유기적인 인간의 흔적을 모두 제거해버렸다." 단이 말했다. "우리는 월마트적인 생각에 사로잡혀 있어요. 월마트식 예술 원칙이 모든 것을 지배하도록 만들었습니다. 마치 정신적 자살과도 같지요." 더 나쁜 것은 이렇게 규격화된 건축양식은 끊임없이 천연자원을 소비하기 때문에 합법적으로 세상을 망치고 있다는 것이다. 단이 말을 이었다. "모든 건축물은 규격화된 같은 자재를 사용합니다. 규격화된 자재는 지구 밑둥을 잘라먹고 있습니다. 우리가 시작한 이 문화가 세상을 멍들게 하고 있어요. 이제 멈춰야만 해요!"[38]

규격화는 대량생산되는 물질 및 현대적 건축물들과 함께 개성이라고는 찾아볼 수 없는 직선, 네모 상자로 온 세상을 뒤덮고 또 파괴할 것이다. 단은 이전의 상상력을 되살려, 재활용품을 활용한 진짜 예술로 돌아갈 것을 제안한다. 그는 존 드위가 1934년에 쓴 《경험으로서의 예술 $^{Art\ as\ Experience}$》을 인용하여 예술가는 항상 창의적 변증을 수행해야 한다고 했다. "물질의 외형은 자연히 그 내면을 조직하기 때문에 안과 밖은 함께일 수밖에 없다. 재활용품을 활용한 건축의 가장 큰 장점은 청사진을 가지고 작업을 시작하지만 일단 건축이 시작되면 그 결과는 상상 이상일 수 있다는 것이다. 이것이 바로 진정한 예술이다. 재료가 무엇이든, 그 자재가 네게 말을 하도록 하라. 한 번도 예상하지 못한 결과를 얻을 것이다."[39]

단의 집을 포함한 이 대안적 모델은 발견되는 세상과 나 사이에 기분 좋은 가능성을 제시해줄 것이다. 매번 똑같이 반복되던 것들이 진짜 기술과 예술로 바뀔 것이며, 월마트식 건축이 고품질의 희망을 가득 품은 집으로 변할 것이다. 대량생산의 낭비와 값싼 능률은 버린 것들을 돌아보는 약속과 불가능해 보이는 것들에서 가치를 찾아내는 기쁨으로 승화될 것이다. 전 세계로 수출되던 미국 스타일의 제품과 소비가 멈추고 새로운 길이 열릴 것이다. 단은 주장한다. "가난한 국가들은 표준화된 재료를 구할 수가 없어요. 그들은 자신들이 가진 것을 사용해야만 합니다. 그들뿐만이 아니라 우리도 그래야만 하지요."

단 필립스와 대화를 나누는 동안 그의 기술보다 예술적 측면에 더 초점을 맞추어서 그랬는지는 모르겠지만 나도 무엇이든 예술로 만들 수 있을 것 같은 생각이 들었다. 나도 사실 우리 집 뒷마당 잔디밭에서, 길거리에서 주운 자전거 바퀴며, 커튼 봉이며, 메탈 등을 활용해 작은 조각품들을 만들고 있었다. 전화벨과 메탈 필터, 와이어 등을 활용해 작은 자동차나 모빌도 만들었는데 바람이 불면 소리가 나기도 한다. 물론 단 필립스의 탑이나 세공품, 볼리스 심슨의 풍차에 비하자면 아무것도 아니겠지만 말이다.

볼리스 심슨이 처음으로 풍차를 만든 것은 제2차 세계대전이 한창이던 사이판에서였다. 아주 작고 간단한 것이었는데 지금은 상당히 크고 복잡한 풍차를 만들고 있다. "당신의 본성이 어떤 능력을 가졌는지 보기 전에는 아무도 몰라요." 볼리스가 말했다. "하느님께서 날 5년만 더 살게 하신다면 난 시인이 되겠습니다." 시인 칼 샌드버그가 죽기 전에 예술가 호쿠사이가 칼에게 한 말인데, 이미 80대인 볼리스 심슨은 이 말을 인용하며 이렇게 말했다. "나는 재활용품으로 풍차 만드는 일을 10년이나 12년 일찍 시작했어야만 했어요. 그랬다면 아마 훨씬 좋은 것, 그것도 큰 풍차를 만들 수 있었을 거예요."[40]

볼리스 심슨도 자신의 작품이 대단치 않다고 생각했는데 하물며 작은 자동차 모형이나 만드는 나야 오죽하겠는가. 지하세계에서 몇 년간 그래피티에 심취해 있는 동안 나는 캔 스프레이를 다루는 다양한 방법을 익힐 수 있었다. 그림자 주기, 흩뿌리기, 페이드 등의 기술도 기술이지만 어떻게 다양한 재활용품으로 스텐실 작품을 만드는지도 배울 수 있었다.[41] 하루 종일 재활용품만 모으는 게 나의 일이었기에 나는 그 기술들을 활용해서 나만의 스타일로 작품을 만들고 이를 팔아 스크랩 활동을 유지하는 데 필요한 자금을 충당하기도 했다. 이를 위해 필요한 캔버스며, 봉투, 스프레이 페인트 등은 모두 길거리에서 충당했는데 심지어는 내 서명을 새길 수 있는 인장도 구할 수 있었다. 물론 그 모든 것을 통해 내 작품을 만든다는 것이 가장 큰 즐거움이었다.

나는 배운 대로 작품 활동을 더 많이 할수록 길거리 세계에 더 깊이 들어갈 수 있었다. 도시가 버린 것들에 대해 더 깊이 생각하

제프 페럴의 재활용 스텐실 작품.

고 더 많이 느낄 수 있었다. 무엇보다 단 필립스의 말처럼 외형적 가능성과 예술적 의도 사이의 창조적 긴장을 배울 수 있었다. 재활용품을 활용해서 좋은 스텐실 작품을 만들려면 깨끗한 절단면이나 멋진 외형을 가지고 있어야 한다. 게다가 평편해야 하고 구부러지거나 푹 꺼진 부분이 없으면 더 좋다. 그래야 그 위나 주위에 스프레이를 뿌릴 때 종이와 캔버스에 좋은 그림이 나온다. 또 스프레이를 뿌릴 때 나오는 강한 바람에 날아가지 않아야 하기 때문에 강철로 만든 다각형과 같이 무거울수록 깨끗한 이미지가 만들어진다. 같은 입장에서 볼 때, 납작하고 무거우면서도 절단면이

5. 모으고 보니   271

깨끗한 알루미늄 판들이 있었으니 바로 자동차 가게 쓰레기통에 있는 휠 커버였다. 상자나 종이를 이용할 때는 아무리 주의를 기울여도 안 되는 것도 이 덮개들을 이용하면 아주 깨끗한 모양을 만들 수 있었다.

횟수를 거듭할수록 스텐실을 만드는 기술이 늘어갔고, 어느 정도 시간이 지나자 내 창고에는 단순히 공구나 파이프뿐 아니라 다양한 스텐실 작품도 하나둘 늘어갔다. 둥그렇게 꼬여 있는 전선이나 망가진 기타 보디의 곡선, 장식 몰딩, 배수관, 보드게임 조각, 낡은 사진 액자, 메탈 펀치, 와셔, 시계 스프링, 톱날 등 모든 수집품을 가지고 하나의 스텐실 작품을 만들어냈다. 스프레이를 뿌리는 기법이나 컬러 레이어 기법 등 다양한 기법을 구사하고 스프레이를 뿌리는 팔의 각도를 잘 조절하여 내가 궁극적으로 상상하지 못했던 결과들을 만들어낼 수 있었다.

기술을 연마하고 스텐실 작품을 만들어가던 나에게 길거리의 세계는 드디어 변화무쌍한 이미지의 세계로 다가오기 시작했다. 좋은 작품을 만들 재료를 찾으려는 눈으로 바라본 길거리의 세계는 내게 도시의 또 다른 면모를 보여주었고, 낡은 옷가지와 캔에 묻은 악취를 넘어서는 예술적 가능성이 가득하다는 것을 일깨워주었다. 다른 말로 하면, 그저 보는 것만으로도 생기 넘치는 재활용 수집 활동이라는 예술적 행위에 동참할 수 있게 되었다.[42]

또 이렇게 만든 스텐실 작품을 가끔 팔아서 경제적인 필요를 채울 수 있었기에 또다시 재활용품 수집 활동이 가능했다. 이렇게 재활용품을 활용한 스텐실 작품 활동은 되풀이될 수 있었다. 아무것도 버릴 것이 없다. 더 이상 쓸데없다고 여겨지는 물건이 있는가? 그럼 예술을 하는 데 사용하면 된다. 물질세계의 의미는 이렇게 다시 한 번 변화를 겪는다. 이번에는 버려진 물건이 누구도 상상할 수 없었던 가능성을 갖는 위대한 변화다.

6
도시를
구하라

이 책의 첫 번째 장에서 나는 도시를 탐색한다는 것은 언어적 정의에서 보든, 역사적 관점에서 보든, 그 어느 면에서 보더라도 현재까지도 그 의미가 다양하게 변화하는 불명확한 사회적 활동이라고 주장했다. 나는 수개월, 수년에 걸친 길거리 수집인으로서의 경험을 통해 이를 확인할 수 있었다. 매일 나를 포함한 수많은 도시의 탐색자들은 사유재산과 버려진 공적 자원 사이의 경계를 넘나든다. 버려진 물건들 주위에는 가져가라는 의미의 표시가 있고 우리는 그 의미를 자의적으로 해석한다. 이로써 합법과 불법의 경계는 모호해진다. 쓰레기통을 뒤져서 나온 물건들은 모두 한때 누군가가 갖고 싶어 샀다가 지금은 잊히고 버려져 쓸모없어졌지만, 이제 수집인들을 통해 다시 한 번 쓸모 있는 물건이 될 것이다. 그래서 내 경험에 따르면, 길거리 탐색에 관한 이 모든 모호한 설명이야말로 오히려 길거리 탐색의 생명력을 가장 잘 보여주며, 도시 곳곳에서 일어나는 수집 행위의 생동감을 역설적으로 증명하는 것이다.

그러나 이 모호함이 생각보다 큰 문제를 야기할 수도 있다는 사실을 나는 깨닫게 되었다. 이는 길거리 수집인들이나 쓰레기통 주인들에게서 비롯된 문제는 아니다. 가정집 앞에서 수집할 때 나는 오히려 내가 찾는 물건이 무엇인지를 알려주기도 했고 집에서 더 물건을 꺼내준 사람을 더 많이 만났으며, 정리를 돕기까지 한 사람도 만났다. 그렇다고 그들이 경찰이나 경비는 아니었다. 대개는 그들을 피해 다녔지만, 어쩌다 마주쳤을 때도 내가 쓰레기 뒤지는 것을 그만두면 힐끔 쳐다보고 마는 정도였다.

진짜 문제는 따로 있다.

매일의 경제와 사회적 변화

사실 문제는 버려진 검은색 쓰레기봉지를 열었을 때 아기 신발, 일기장, 학위증, 멋진 웨딩 앨범, 출생신고서, 상패 등에서 사랑하는 사람의 죽음이나 이혼, 집을 팔게 된 이유 등이 쏟아져 나온다는 데 있다. 1장에서 이미 소개한 에피소드를 돌이켜보면, 포트워스 서쪽의 큰 맨션 가에서 발견한 쓰레기봉투에서 뜯지도 않은 아기 선물들이 나왔다. 아기 선물들을 발견한 그날, 리버크레스트 컨트리클럽 근처의 다른 쓰레기더미에서는 재봉틀, 롤스로이스 손목시계와 함께 "가난은 지독하다"는 문구의 포스터를 발견했다. 사실 그 물건들은 몇 날 며칠이고 그 자리에 있었지만 그 주위에는 날마다 다른 신발이며 옷가지, 업무용 수첩, 골프채, TV, 골동품들, 보석류가 버려졌다.

도시의 거리와 길모퉁이의 쓰레기통, 쓰레기더미, 쓰레기봉투 등에서 끊임없이 쏟아져 나오는 물건들을 보면서 나는 확실한 문제를 발견하게 되었다. 바로 끝없이 확산되는 미국의 소비문화, 나날이 커져가는 빈부 격차, 문화적 물질주의에 기반한 글로벌 경제의 대량생산과 그 결과로 나타나는 낭비에 관한 것이다. 소비문화 속에서는 만족이란게 없다. 상품을 만드는 회사는 광고를 통해 새로운 욕망을 사람들에게 심어주고, 사람들은 새로운 상품과 소비에 대한 욕구가 나날이 커져갈 뿐이다. 소비문화 속에서 개인과 개인의 정체성은 점차 사라지고 쓰레기통에는 낭비만이 남게 된다. 매일같이 쏟아지는 광고, 물건들로 넘쳐나는 쇼핑몰, 우리들 옷장을 보면 소비문화의 파괴성을 알 수 있다. 길거리 쓰레기통을 살펴보고, 쓰레기더미를 파헤쳐보고, 쓰레기 매립지를 한번 둘러보면 소비문화의 결과를 볼 수 있다.

토스타인 베블린은 같은 문제를 이미 1세기 전에 파악하고 있었다. 항상 새로운 물건을 바라는 사람들의 소비 행태를 그는 "헤픈 소비"라고 불렀다. 유명한(신랄하기도 한) 베블린의 주장처럼 소비는 필요한 물건을 얻는 활동일 뿐 아니라 사회문화적 현실을 반영

한다. 또 자신이 태어난 사회적 계층에 따라 타고난 경제적 지위를 반영하기도 한다.[1] 후기 자본주의 소비사회의 발전과 함께 소비는 실제적인 필요와는 별 상관없이 진행되기 시작했다. 소비재를 생산하는 회사와 광고 에이전시 들은 매일의 기본적인 삶과는 관계없는 새로운 필요와 욕구들을 생산해냈고, 이를 반영하는 새로운 시장이 형성되었다. 사람들은 신분 상승의 욕구에 따라 새로운 문화적 정체성을 받아들이기에 바빠졌다. 누구도 더 이상 이와 같은 진행 과정에 이의를 제기하지 않았고, 새롭게 만들어진 상품들이 새로운 사회적 지위를 부여하는 헤픈 소비는 아무런 제재 없이 성장하고 있다.

그러나 이미 새로운 것으로 꽉 찬 그들에게 더 새로운 것이 끼어들 자리가 여전히 남아 있을까? 한때는 충분히 새롭고 가치 있던 물건들이 이제는 더 이상 새로운 가치를 제공해주지 못한다면, 또 그다음 물건이 곧 같은 이유로 가치를 상실하게 된다면? 미국 문화에서 이와 같은 질문에 대한 분명한 대답을 찾을 수 있다. 창고를 늘리고 더 큰 집을 장만하고 재산을 더욱 늘려서 삶을 더욱 풍요롭게 만들라는 것이다. 차가 네 대 정도는 들어갈 차고를 만들고 그 속에 SUV를 네 대 정도 채우고 살라는 것이다.[2] 그러나 버려진 물건들을 둘러싼 불법적 행위들과 나날이 황폐해져만 가는 환경은 또 다른 대답을 전하고 있다.

특히 넘쳐나는 쓰레기더미들을 보면서 나 또한 베블린의 문제의식에 동감하게 되었다. 약 50개의 쓰레기더미 건너 하나마다 나오는, 포장조차 뜯지 않은 선물상자나 가격표도 떼지 않은 블라우스들은 생일파티가 끝난 직후나 생각 없이 즉흥적인 쇼핑을 한 후 버려진 것들이다. 이렇게 새 물건들이 쓰레기더미 사이에 묻힌 것을 발견할 때마다 베블린이 지적한 헤픈 소비에 대해, 저속한 선물 문화에 대해 다시 생각하게 된다. 1899년에 진행한 수업에서 베블린은 소비가 '의례적 성격'과 '명예'의 속성을 가졌지만, 둘 다 소비자의 부를 증명하기 위한 저속한 포장에 지나지 않는다고 주장했다. 그러나 아이러니하게도 이렇게 부를 증명하는 포장 자체도 어려운 일이 되어서 각각의 상황에 맞는 적절한 관례와 절차가 있기에 "도움을 주는 친구들과 경쟁자들"에게 "가치 있는 선물이나 값비싼 음식, 오락을 제공하게 된다."[3]

이렇게 주고받은 선물이 주는 사람과 받는 사람 사이의 관계나 지위의 특권에 대해 확인하는 상징과 같은 것이라면, 일단 파티가 끝난 다음에는 그 선물을 어떻게 하겠는가? 당연히 실제로 필요한 물건이 아니므로 집 안에 두고 쓸 일이 없다. 포장이 잘되었어도 파티가 끝난 다음 날 아침이면 쓰레기더미 속에 파묻히게 된다. 혹시라도 그 선물을 준 사람이 보기라도 한다면 큰 문제가 생길 수도 있고, 재활용품을 수집하는 사람들의 눈길이라도 끌었다간 이웃에게 민폐를 끼칠 수도 있기에 쓰레기더미 꼭대기를 장식하는 일은 거의 없다. 그러니 최선은 잘 찢어지지 않는 검은 봉지 깊숙이 파묻는 길일 것이다. 그러면 별 문제 없이 쓰레기 매립지까지 편안히 인도될 수 있을 테니 말이다.

8개월간 거리에서의 시간이 끝나갈 무렵, 크리스마스를 일주일 앞둔 어느 날 나는 베블린도 놀랄 만큼 큰 쓰레기더미를 발견했다. 포트워스의 멋진 몬티첼로 저택들을 지나 리버크레스트 컨트리클럽 근처의 한 근사한 집 앞이었다. 집에는 "팝니다"라는 간판이 붙어 있었다. 물건들을 살피려고 허리를 굽히려는 순간 집주인으로 보이는 여자—날씬한 금발로 20대 후반으로 보였다—가 다른 쓰레기봉투를 들고 나왔다. 나는 일어나서 당당한 기색으로 말했다. "제가 쓰레기를 좀 보고 있는데요, 괜찮은 게 있으면 좀 팔아볼까 합니다." 여자는 좀 당황한 기색으로 말했다. "그래요? 팔 만한 물건이 있었나? 그렇지는 않은 것 같네요." 그렇게 말을 마치고는 급히 집으로 들어갔다.

그러나 당연히 괜찮은 물건들은 아주 많았다. 우선《텍사스 인터내셔널 미술품, 노스파크 이스트, 회화, 조각, 가구, 귀금속, 은 세공품 등, 2001년 11월 1~7일》이라는 제목의 윤기 나는 하드커버 책이 있었다. 여가와 관련한 모든 종류의 헤픈 소비를 장려하는 내용들이 넘쳐났다. 책에는 텍사스 주지사인 릭 페리와 댈러스 시장 론 커크의 감사 편지도 실려 있었다. 멋진 장식의 컬러 광고지들 가운데는 후안 미로와 마르크 샤갈의 작품 원본 판매에 관한 광고와 "완벽한 당구 시설이 있는" 요트(아틀란티스 요트사가 후원사였다) 광고, "조지 3세의 실버 와인쿨러 세트"(편의점에서 파는 와인쿨러와 비교하지 마시라!) 판매 광고 등이 게재되어 있었다. 책 뒤편에 있는 광고들은 뉴욕이나 팜비치에서 볼 수 있는 일반적인 광고들이었다.

쓰레기더미에는 이처럼 헤픈 소비를 직접적으로 증명하는 물건들이 많았는데, 그중에서도 부패하여 악취를 풍기는 음식이나 낡은 옷들은 소비주의의 추한 양면성을 그대로 보여주는 듯했다.

또 다른 검은 봉지에는 베크, 데이브 매튜스 밴드, 밥 말리, 비틀즈 등 수백 개에 달하는 CD가 들어 있었다. 그중 스눕 독이라는 팀의 〈도기스타일^{DoggyStyle}〉이라는 앨범은, 커버에 옷을 입은 개가 개집 위에서 꼬리를 치켜들고서는 개집 안에 갇힌 흑인 여자를 향해 으르렁거리는 그림이 있었다. 여자는 거의 벌거벗은 채로 엉덩이를 들고 있었고, 발목과 엉덩이에는 핑크색 장신구를 하고 있었다. 그 옆에는 다음과 같은 문구가 있다. "스눕은 항상 최고다." 수록된 곡목은 다음과 같다. '살인', '연쇄살인범', '모든 검둥이와 창녀를 위하여', '펌프 펌프'.

나는 갑자기 내가 가르치던 학생들이 하나같이 좋아했던 영화 〈사무실$^{Office\ Space}$〉의 한 장면이 생각나서 한참을 웃었다. 영화에서 한 백인 남자는 오피스로 가는 길에 차가 막혀서 꼼짝을 못하고 있었다. 그는 창을 내리고 큰 소리로 랩 음악을 틀어놓고서는 자랑스러워했는데 중앙선에서 꽃을 파는 흑인 남자가 다가오자 창을 올리면서 음악을 줄였다. 나는 아까 그 여자와 그 남편(쓰레기더미에는 남자 운동화가 있었다)이 고급 렉서스 자동차에서 스눕 음악을 크게 틀고 있다가 신호에 걸려 서 있을 때 주위에 진짜 검둥이와 연쇄살인범처럼 보이는 사람이라도 근처에 있다면 창을 올리면서 움츠렸을 장면이 상상되었다. 아니면 지저분한 백인 쓰레기 수집인이 자기 집 앞의 쓰레기더미에만 나타나도 꼼짝 못할 것이다. 남편은 아마 이렇게 말할 것이다. 이 여자야, 내가 술 한잔하고 집에 들어올 때는 스눕 독 스타일이 최고야. 아니면, CD 표지에 있는 만화에서 스눕이 흑인 여자에게 하는 말처럼 "이년아, 한번 달려보란 말이야! 호!"라고 말할지도 모르겠다. 그것도 아니면 스눕의 친구인 C-스타일이 하는 말처럼 "다 죽여버려!"라고 할지도 모르고.[4]

아, 스눕과 C-스타일 그리고 그들의 못된 친구들이 벌이는 크리스마스 파티란. 거기서 끝이 아니다. 쓰레기 상자에는 한정판 KSA 컬렉션이 있었다. 선물 꾸러미를 가득 멘 '산타의 꿈' 시리즈였다. "KSA 한정판 컬렉션, 각각의 산타 인형에는 전체 7,500개 생산품 중 몇 번째인지를 알리는 숫자가 새겨져 있습니다." 상자에 든 것은 1770번이었다. "이 산타상은 어린 시절 크리스마스의 신비스럽던 여러분의 꿈을 되살려줄 것입니다." 상자에는 아주 확신 있게 써 있었다. "아름답게 조각된 산타상은 칠이 아주 정교합니다. 크리스마스 선물로 안성맞춤입니다."

설명대로 칠은 정교한 것 같았다. 그러나 상자에 인쇄된 "인도네시아 커크 S. 애들러 컴퍼니"를 보고 있자니 다른 그림이 보이는 듯했다. 어린이 노동자와 젊은 인도네시아 여성 노동자가 하루에 12시간, 14시간씩 최저 임금을 받으면서 '크리스마스에 최적'인 생산품을 만들기 위해 자신을 위해서는 아무것도, 크리스마스에 대한 아무런 '신비스러운 기억'도 만들지 못하고 물건을 만들고 있는 장면이 떠올라 쓴웃음이 나왔다. 커크 S. 애들러와 그의 동료들은 이렇게 구조적으로 인도네시아 어린이들의 꿈을 갈취하고 있는 것이다. 또 다른 크리스마스와 관련된 생각이 떠올랐다. 이렇게 비인도적인 방법으로 크리스마스 선물을 만드는 글로벌 경제는 아마도 값싼 문화적 추억과 전통, 사기, 가공의 기억 등으로 이루어진 "미국 중산층 가정만을 위한 유물" 이외에 아무것도 남기지 못할 것이다.[5]

다른 한쪽에는 정교한 장식이 새겨진 산타 모양 인형이 있었다. 뚜껑을 열면 안에 또 인형이 들어 있는 러시아 전통 인형이었지만, 바닥에는 "Made in China"라고 써 있었다. 사회학자 윌리엄 그레이더의 언급이 기억났다. "지난 세대를 거치면서 공산품의 바닥에 새겨진 이름은 점차 바뀌어왔다. 처음에는 홍콩과 한국에서, 다음에는 타이완, 태국, 인도네시아로, 그다음에는 중국과 베트남, 방글라데시로, 아마 그다음에는 미얀마와 네팔, 캄보디아로 넘어갈 것이다."[6]

그러고 보니 이 쓰레기더미는 단순히 헤픈 소비를 증명해줄 뿐 아니라 지구촌의 저임금 노동구조를 한눈에 보여주는 증거이기도 하다. 아마 내년 이맘때쯤 중산층 주택 앞에 버려진 쓰레기더미를 뒤지면 미얀마와 네팔에서 생산된 물건들을 볼 수 있을지도 모르겠다. 크리스마스를 며칠 앞둔 날, 음식물, 일회용 면도기와 함께 검은 쓰레기봉투 안에서 이 모든 것들을 발견했다.

희망을 수집하라

한편으로는 이렇게 소비문화의 타락과 마주치는 순간이 많지만, 이와는 대조적으로 고귀함이나 희망을 발견하게 되는 경우도 있다. 글로벌 경제는 미국의 임금을 떨어뜨리고 중국과 인도네시아에서 노동 착취 현장을 만들어낸다. 그러나 한편으로는 쏟아지는 쓰레기들 속에서 일자리와 임금을 빼앗긴 미국인들이 살아나갈 또 다른 방식의 공급이 이루어지기 시작했다. 오늘날 전 지구적으로 만연한 소비주의적 상황이 복잡한 대안적 경제를 형성시킨 것이다.

지금까지 많은 발견을 해왔지만 그 대안적 경제를 형성하고 있는 다양한 사람들이 누군지 이해하게 된 것이 그중에서도 가장 중요하고 놀라운 일이었다. 작업복을 입고 집으로 향하는 최저 임금 노동자, 영주권이 없는 이민자, 운전면허나 일정한 거주지 주소를 갖지 못한 가난한 대중들, 쇼핑카트에 의존해서 살아가는 노숙자, 연금을 받고 살아가는 장애인들, 오갈 데 없는 노인들, 그들 모두가 생존을 위해 길거리의 쓰레기더미 주위를 맴돌고 있다. 그러나 분명한 사실은 안전하고 자유로운 네트워크를 누리고 있는 지구촌 경제가 그들에게 대안적인 경제의 틀을 제공해준 적이 없다는 것이다. 다만 자기 모순적 경제구도와 법적 장치들 사이에서 그들 스스로의 용기와 혁신을 통해 더러운 쓰레기통, 꽉 묶인 쓰레기봉투 가운데서 생존을 위한 대안적 경제를 발전시킬 수 있었다.

이런 의미에서 길거리의 세계가 대안적이라면 그곳에서 생활하는 동안 지하경제의 실체는 내게 현실로 다가왔고 한 병당 3센트를 얻기 위해 빈 병을 수집하던 사람들을 만나는 동안 더욱 분명해졌다. 노숙자 보호센터 주차장에서 일하는 지미 실콕스와 많은 사람들은 빈 병 재활용 프로그램이 정규직 일자리는 아니더라도 얼마나 많은 사람들이 그 기회로 돈을 벌게 되었는지, 일할지 말지 스스로 결정할 수 있는 자유를 주었는지에 대해 몇 번이고 되풀이해서 말하곤 했다. 또 사람들은 병으로 가득 찬 카트를 밀고 오가면서 운전면허증이 취소되고 다른 여러 장애물들로 인해 노예적인 노동에서 벗어나지 못했다는 말을 하면서 호탕하게 웃을 때면 나는 기쁨을 느꼈다. 그러고 보니 우리 모두는 병, 구리, 알루미늄 캔 등을 찾아 나선 도시의 개척자들이었다.

그들도 나도 점차 힘들어져가는 도시 노동자들과 달리 이 도시 안에서 우리 스스로 정한 규율에 따라, 생존을 위한 스스로의 길을 찾아 나선 개척자들이다. 말 대신에 조금 낡은 자전거를 타고, 노새 대신에 버려진 쇼핑카트를 끌지만, 기대하지 못했던 것들을 향해 떠나는 그들의 발걸음은 여전히 모험과 위험, 실망과 흥분이 공존하는 개척의 길을 걷고 있다. 때로는 구리 튜브가 가득한 쓰레기통을 발견할 때도 있고 때로는 알루미늄 깡통이나 납추 몇 개가 전부일 때도 있다. 때로는 큰 쓰레기더미를 뒤지다가 왜 그러고 있는지 변호해야 할 때도 있고 때로는 쓰레기통 주위를 맴돌며 다음 쓰레기통에는 무엇이 있을까 살피느라 노심초사할 때도 있다. 때로는 나만의 비밀 금광을 발견하여 알루미늄이나 주류를 잔뜩 손에 넣을 때도 있다. 때로는 발견한 물건을 잡초나 벽 사이에 숨길 때도 있고 나보다 더 필요한 사람에게 그 물건을 양보할 때도 있다. 항상 추위나 더위, 비와 싸워야 하지만, 자유로운 모험의 일부로 여기고 그냥 그것들을 참아내거나 좋아하는 법을 배우기도 한다. 그들이 겪는 상황이 어떻든 적어도 월마트에서 최저 임금을 받는 노동보다는 빈 병 수집이 더 낫다고들 말한다.

그들은 모두 재활용품을 돈으로 만드는 법을 배웠고, 가져온 물건에 합당하게 돈을 받고 싶어 한다. 지미가 관할하는 빈 병 프로그램은 그래도 공정한 편이었지만 다른 재활용 센터는 이야기가 달랐다. 찌는 듯 더웠던 8월의 어느 날, 포트워스 북부의 재활용 센터 근처에서 한 베테랑 재활용품 수집인과 나는 나무그늘에 앉아 쉬고 있었다. 그가 나에게 도시를 탐색하고 뒤지는 일이 얼마나 정밀한 일인지 가르치는 중이었다. 수염이 반백이고 건장한 이 백인은 50세쯤 되어 보였고, 길가에 세워둔 자신의 장비 옆에 앉아 있었다. 장비란 오래된 식료품가게 카트였는데 카트 양옆으로는 물통을 달고 나무로 깃대를 세웠다. 그는 북쪽 지역 토박이로 그 동네의 비밀스러운 역사와 정치적 사건을 잘 알고 있었을 뿐만 아니라 어느 땅을 누가 누구에게 팔았는지도 다 알고 있었다.

내가 가끔 아메리카 재활용 센터에 들른다고 말했더니, 그는 격분해서 새된 탄성을 질렀다. 그도 한때는 아메리카 재활용 센터를 이용했지만, 분명히 5달러는 받아야 하는 물건에 1달러 79센트만 주겠다는 날 이후로는 더는 가지 않는다고 했다. 카트 가득 싣고 온 물건들의 값어치를 그는 잘 알고 있었기 때문에 화가 나서 이렇게 말했다고 한다. "1달러 79센트는 그냥 팁으로 가지시지." 주인도 화가 나서 카운터에서 뛰쳐나와 시비를 걸었고, 다행히 주먹다

짐으로까지 가지는 않았지만 그 이후 그는 29번가에 있는 J&E 센터에만 간다고 했다. "그 집주인은 우리처럼 길거리 사람이야." 때문에 우리처럼 길거리에서 재활용품을 줍는 사람들의 마음을 누구보다 잘 이해하고 있다고 한다. "다음번에는 깡통에 묻은 것 좀 더 떼고 와요"라고 말할 만큼 물건이 아주 깨끗하지 않아도 일단은 최대한 금액을 쳐준다는 것이다.

이 대안적 경제 세계에서는 길거리에서 수집한 물건들을 팔아 돈을 바꾸는 방법을 아는 것이 생존에 가장 결정적인 능력이 된다. 이 세계에서 지낸 동안 내가 배운 것은, 소비사회가 버린 물건들을 가장 효율적으로 수집하여 환금할 수 있는 능력을 기르면서 동시에 최대한 가게에서 물건을 구입하지 않는 방법이다. 수집한 물건들을 환금하더라도 매일의 삶에 필요한 물건들을 스스로 공급할 수 있는 능력이 동시에 요구된다. 많은 순간 그들도 재활용 센터에서 받은 돈과 앞마당 세일 등을 통해 얻은 돈이 필요하겠지만, 일단은 집에서 모든 것을 해결하고 오히려 남은 물건을 팔아서 돈을 버는 것이 최고다. 쓰레기 수집인의 세계에 있어서 경지에 이른 라스 아이그녀는 알루미늄 캔 수집에 관해 다음과 같이 말했다. "알루미늄 캔 자체는 그 속에 들어 있던 것과 똑같은 가치를 지니고 있다."[7]

자급자족의 삶을 살든, 필요한 만큼 돈으로 바꿀 수 있을 정도로 많은 알루미늄을 수집하거나 구리선을 구하든, 그 모든 활동은 소비사회와는 대응되는 새로운 대안적 경제 활동, 즉 재활용이라는 구체적인 삶의 방법이다. 도시의 탐색자들은 단순히 소비사회가 버린 것들에 의지하여 사는 사람들이 아니다. 그들은 버려진 것들을 모으고, 저장하며, 자신들만의 고유한 방법으로 재생산한다. 최근의 한 연구에 따르면 부에노스아이레스에서는 카르토네로스가 매일같이 "66톤에 달하는 종이와 상자 쓰레기를 수거하여 매립장으로 가는 대신 재활용하고 있다"고 한다.[8]

포트워스의 한 시민단체 대표는 빈 병 수거 프로그램 이후 달라진 거리를 본 놀라움을 숨기지 않는다. "빈 병을 거리에서 더 이상 볼 수가 없어요. 이전에는 발에 치였는데, 이제는 쓰러져 있는 빈 병을 찾기란 하늘의 별 따기죠."[9] 뉴욕에 사는 베트남 출신의 노숙자 주안 테일러는 온 도시의 알루미늄 캔을 주우러 다니는 스스로를 "어쩌다 보니 환경주의자가 된 사람"으로 부른다. 그는 말했다. "세상 사람들이 알아주지 않더라도 나는 세상의 더러운 일을 도맡아 하고 있지요. 사람들은 내가 제공하는 서비스에 대해 감사해하지 않지요."[10] 만약 경찰이 사회적 질서와 범죄 사이의 경계에서 역할을 하는 사람들이라면 도시의 탐색자들은 소비자의 낭비와 쓰레기 매립장 사이에서 매일같이 버려질 수도 있었을 엄청난 자원의 낭비를 막는 역할을 감당한다. 이처럼 탐색자들이 자신의 생존을 위해 수집 활동을 할 때, 쓰레기와 함께 버려지는 사회의 질서와 생존 또한 유지될 수 있는 것이다.

그러나 다시 한 번, 단순히 사회질서의 유지가 아닌 변화에 희망이 있음을 우리는 보게 된다. 파괴적인 조각 양식을 가진 젊은 예술가들을 향해 딕 헵디지는 다음과 같이 평가했다. "그들은 전통적인 방법과 관점을 뒤집어 모든 것을 재배열하고 재편성하는 훈련을 통해 새로운 것을 발견한다. 알튀세르가 말한 것처럼 '매일같이 훈련하는 실패의 분명함'을 통해 숨겨진 것을 끄집어내는 새로움을 배울 수 있는 것이다."[11]

길거리 세계의 많은 탐색가들에게도 헵디지의 지적은 유효하다. 젊은 조각가들과 유사한 방식의 정치적 동력을 가지고 매일같이 일어나는 소비사회의 현상을 뒤집어 읽을 수 있는 능력을 발현하여 소비문화가 낭비한 것들 가운데서 새로운 가치를 찾아내고 사회를 재구성한다.

'폭탄 대신 식량을'이나 '폭탄 대신 자전거를' 등과 같은 단체들은 사회의 약자들이 운영하는 보잘것없는 단체 같으나, 아나키즘의 직접적인 행동강령과 반권위주의적 정신으로 무장하여 정부의 군사주의에 도전하는 활동을 전개한다. 레슬리 헴스트리트는 자신의 쓰레기 수집 활동을 "혁명의 수단"이자 환경운동을 위한 최고의 행동강령이라고 말한다. 다른 환경주의 단체들도 "성문화된 법령조차 낭비를 조장하고 있다"고 주장한다.[12] 앞서 살펴보았듯이, 단 필립스도 규격화된 건축기법이 얼마나 숨막히게 예술성과 창의성을 가로막는지 지적한 바 있다. 부에노스아이레스의 카르토네로스들은 더 나은 임금과 자율성, 자녀교육을 위한 학교와 의료 환경 개선 등을 위하여 지금도 싸우고 있다.[13] 텍사스 댈러스−텔레에반겔리스트 목회자들이 TV를 통해 다양한 프로그램을 운영하고 있

도시의 탐색자, 뉴욕, 2004년 10월.

다―의 행동주의자 올 안토니는 TV를 통해 편안하게 기도와 이익을 구하기보다는 TV를 쓰레기통에 집어넣어버리라고 제안한다.[14]

점차 성장하고 있는 '프리건freegan' 운동도 마찬가지로 도시의 쓰레기 수집과 문화적 변화라는 반정치적 행동을 연계시키고 있다. 미국의 정치적 주류문화와 달리 무정부주의, 반자본주의, 동물 보호주의 등 다양한 지하문화는 채식주의와 함께 남에게 해를 끼치지 말자는 철학을 바탕으로 소비 및 낭비의 영역까지 그 관점을 확장하는 중이다. 그들 스스로 지적한 것처럼 "프리건은 채식주의라는 단어로 요약될 수 있다". 그러나 "기계를 소비하는 자본주의의 경제적 파워를 전혀 의지하지 않고 통화의 가치를 거부하기로 결정함으로써 단순한 채식주의를 넘어선다". 쇼핑을 하거나, 쇼핑할 돈을 얻기 위해 노동을 하는 대신, 프리건들은 "현대 자본주의 사회의 쓰레기로부터 벗어난 삶"을 추구하며 채소, 과일 및 다양한 생필품 등을 쓰레기통으로부터 얻어 자급자족하며 살아간다.[15] 이렇게 그들은 적잖이 의식적으로 글로벌 경제의 두 축인 일과 지속적인 소비를 멀리하는 대신 쓰레기통에서 필요한 것들을 찾아내어 하루하루를 살아가는 생존의 정치를 구축하고자 한다. 이와 같은 방법으로 그들은 이전 장에서 몇 번이나 언급했던 《탈출》의 정신을 반영하는 것이다.

프리건들과 마찬가지로 《탈출》의 저자와 그 친구들은 자본주의 경제에 조력할 목적으로 필요한 모든 것들을 "훔치거나, 사기를 쳐 얻거나, 그것도 아니면 버려진 것" 중에서 구하기로 했다. 그러니 "한 걸음이라도 움직이기 위해서는 엄청난 노력이 따를 수밖에 없었다."[16] 차를 얻어 타거나 열차 화물칸에 숨어들어 미국을 횡단하고, 빈집을 들락거리고, 광장을 어슬렁거리면서 함께 수집한 물건들에 의지하여 생활했다. "일상에서의 혁명"을 이루기 위해 소비주의의 버려진 것들을 삶의 수단으로 삼는 그들의 삶의 방식은 분명히 공격적인 반소비주의였다.[17]

가끔씩은 기존의 경제 질서를 의도적으로 무시하는 그들의 자세가 쓰레기 수집과 좀도둑질 사이의 경계를 모호하게 만들어서 문제가 일어나기도 했다. 그들은 스프레이 페인트를 사용해서 공식적으로 좀도둑질을 금지하는 게시판을 만들었다. 게시판에는 역설적인 내용의 문구가 써 있다. "좀도둑질은 상당히 재밌습니다. 범죄를 저질러봅시다." 그리고 홀든 콜필드 코만도의 책 내용이 인용되었다. "노동을 하지 않으면 지루해지고, 하루하루가 무미건조하며, 노예근성에 빠져 당신의 정신과 육체를 갉아먹을 것이다. 그렇게 되지 않도록, 우리 자신만의 자본주의에 빠지지 않도록 스스로 조심하라."[18]

그렇게 저자와 그의 친구들은 글로벌 경제의 물질주의에 찌든 삶에 반대하며 각지를 다니면서 경험한 일들을 기록으로 남겼다. 《탈출》의 저자는 이렇게 며칠, 몇 달 동안 쓰레기통을 전전한 후에 구체적인 질문에 도달했다. 레슬리 헴스트리트도, 단 필립스도, 빈 병을 줍던 사람들도, 프리건과 '폭탄 대신 식량을' 행동주의자들도 같은 질문을 던진 적이 있었다. 나조차도 몇 번이나 스스로에게 던졌던 이 질문은 바로 "누가 진짜 야만인이며 비열한 사람인가?" 하는 것이었다.

《탈출》의 저자는 이렇게 대답한다. "기계를 사용하고, 사람들을 노예화하며, 지구를 피 흘리게 만드는 사람들이다. 버리기 위해 생산하고, 채우기 위해 구덩이를 만드는 사람들이다. 혹은 그 모든 부조리를 뻔히 보고 있으면서도 기계 그늘 속에 숨어서 빵 부스러기라도 집어먹으려고 겸손히 기다리는 사람들이다."[19]

법, 범죄 그리고 도시의 삶

《탈출》의 저자는 조그만 마을들을 지날 때 빵부스러기를 주워든 경험이 있었다. 레슬리 헴스트리트는 네브래스카 차드로 외곽도로에서 차에 치인 짐승을 돌본 적이 있다. 그러나 나와 다른 쓰레기 수집인들의 경험에 따르면 길거리 세계 사람들 대부분이 도시의 가장 일반적인 현상을 만나게 된다. 도시에 사는 사람이라면 누구나 겪는 일상의 현상들을 만나고, 도시의 경제적 리듬을 경험하고, 법적·정치적 통제에 부딪히게 된다. 사실상 쓰레기를 수집하는 삶이란, 오늘날 도시의 삶과는 너무나 배치되는 것으로 보인다. 일반인들에게 그런 삶을 경제적 생존을 위한 대안적 삶의 방식으로 소개하거나, 또 다른 방식의 법적 제재와 통제를 만들기 위한 기준으로 내세우기는 힘들다. 그래서 우선 일반적인 도시적 환경을 이해해야만 한다.

  지난 수년간, 범죄학자들은 도시의 사회적·문화적 생태환경에 대해 구성원들의 혈연관계나 인구, 주거지의 집중도, 신구 시가지의 대비, 인구의 이동과 상징적인 상호관계에 관한 패턴의 변화 등이 범죄에 미치는 영향에 대해 다양한 견해를 제시해왔다. 범죄학자들은 또 도시의 특정한 환경과 특정 형태의 범죄 성향이 일치한다는 주장도 해왔다. 아마도 특정한 범죄성이란 그 사회의 조직체와 도시 지역의 인구 변화와 같은 비조직체 사이에 존재하는 긴장 사이에서 유발되기 때문에 그와 같은 주장이 가능할 것이다. 풀어서 설명하자면 한 도시가 인정하는 성공의 기준과는 상관이 없으면서도 자신들끼리는 같은 문화적 동질성을 유지하는 집단 가운데서 폭력집단이 발생하기 쉽다. 즉, 도시 구성원 간에 존재하는 지나친 빈부 격차나 라이프스타일 차이로 인한 상대적 박탈감의 경험이나 견딜 수 없는 불평등의 경험이 폭력적 형태나 다른 불법적 행위로 발전하게 된다는 것이다.[20]

그러나 도시의 인구밀도가 높은 환경은 그렇게 단순하지만은 않다. 사람과 인구, 상대적 박탈감, 불평등의 경험도 문제가 될 수 있지만 도시 사람들은 그보다 더욱 다층적인 문화적 경험을 공유한다. 대부분의 도시에서 인구의 4분의 1이 매일같이 유동하고 있으며, 도시 물질문화도 동반하여 매일같이 급격한 변화를 겪는다. 주거환경과 고용환경이 날마다 변하고 수백만의 거주민들과 그들이 소유한 사유재산이 변하고 또 생존을 위한 엄청난 소비가 일어나는 공간이 바로 도시다. 아파트가 새로 들어서고 창고와 사무실, 쇼핑카트, 자동차, 저장을 위한 설비들, 쓰레기통, 빈민가, 뒷골목 등이 늘어가는 도시는 도시만의 총체적인 무게를 가지고 도시만의 밀도와 정체성을 각 구성원들이 각자 다른 위치에서 경험으로 느끼도록 만들고 있다.

어쨌든 단기적으로는 이와 같은 도시의 변화가 날이 갈수록 가속화될 것이다. 고도의 소비주의 경제는 전 세계를 뒤덮을 것이고 세계의 도시들은 인구와 소유가 더욱 늘 것이다. 이런 현상을 두고 월드워치 인스티튜트는 다음과 같이 보고한다. "지금의 경제 시스템에는 문제가 있다. …… 소비에 근간을 둔 사회는 환경과 사회적 문제로 인해 스스로를 지탱할 수 없다."[21] 세계적으로 소비문화가 심화되면서 심각한 환경 훼손을 야기하는 것은 진작부터 알려진 사실이지만, 이런 소비주의 사회가 오랫동안 존속할 수 없는 "사회적 이유들"에 대해서도 범죄학자와 연구자들은 주목하기 시작했다. 사실 점점 늘어가는 도시의 소비는 도시 구성원 간의 불균등 문제를 일으키는 등 각종 부작용을 양산하고 있다.

예를 들어, 내가 이미 지적한 것처럼 오늘날의 법적·경제적 권위는 도시 공공의 공간을 보호하기보다는 사유화하는 데 사용된다. 구체적으로는 고도의 소비 지향 사회에서 경제 발전이라는 '상징'과는 어울리지 않는 노숙자 등의 아웃사이더를 몰아내는 데 그힘을 쓰고 있다.[22] 도시의 특권층들은 자신의 재산을 보호하기 위한 시스템에 더 많은 투자를 하고 경비견이든, 따끔한 경계용 가시덤불이든, 될 수 있는 한 세련된 방법으로 자신이 구축한 물질적 부를 보호하려고 애쓴다. 한편으로는 고객으로서 나날이 팽창해가는 시장에서 자신의 탐욕과 두려움을 쇼핑한다. 이러한 긴장이 지겨워진, 더 부유한 사람들은 도심을 벗어나 자신들만의 고유한 커뮤니티를 구축하고 자신들만의 풍요를 누린다. 그렇게 떠나지 못한 이들은 자동차가 도둑맞을까 봐, 신분이 도용당할까 봐, 상품 사기를 당할까 봐, 강도라도 만날까 봐, 소매치기를 당할까 봐, 자신들이 가지게 된 물질이 조금이라도 상하게 될까 봐 온갖 걱정을 안고 살아간다.

도시는 물질적으로 점점 밀도가 높아지기 때문에 사람들이 예의 걱정을 벗어버리기란 불가능하다. 대신 그 결과 법과 범죄, 사회적 통제 등의 문제가 발생된다. 도시 거주자들이 자신의 사유재산을 지키는 데 민감한 만큼 그 재산을 어디에 둘 것인지의 문제와 또 둘 곳이 없어진 물건들을 어떻게 처리할 것인지의 문제를 두고 고민한다. 소비자로 가득 찬 도시는 항상 새로운 상품을 기다리는 헤픈 소비에 시달리고 있기 때문에 버리는 것 또한 많을 수밖에 없으며 남은 물건들을 어떤 과정을 거쳐서 없애야 할지, 혹은 다른 사람에게 전달해야 할지 불편한 타협을 항상 해야만 한다. 특히 도시의 생태적·물리적 밀도 때문에 물건을 얻거나 보호할 때와는 달리 모순적인 과정을 거쳐야 하는 상황이 발생하게 마련이다. 이렇게 버려지는 물건들은 법적·도덕적 문제를 야기하며 도시의 삶을 더욱 복잡하게 만든다.

물질문화의 가장자리에서, 소비와 도시의 삶 사이에서, 법과 도덕의 복잡한 혼돈 속에서 길거리의 또 다른 세계가 존재한다. 길거리 탐색자들은 도시 뒷골목과 쓰레기통, 거주지와 도로 사이에서 빛을 발하는 자신들의 역할처럼 물리적으로도 도시 가장자리에 머물고 있다. 말할 것도 없이, 도시 탐색자들은 경제적으로 불안한 삶을 살아간다. 물리적·공간적·경제적으로 항상 변두리에 있기 때문에 그 역할에 대해서 한마디로 정확한 정의를 내리기가 사실상 불가능하다.

길거리 탐색자에 관한 정의 가운데는 "쓰레기를 뒤져서 어떤 음

쓰레기 수거, 뉴욕, 2004년 10월.

식이 버릴 것이고 어떤 음식이 먹을 만한 것인지를 가리는 사람들"이라는 뜻도 있다. 또 수많은 시행착오와 노력을 통해 개인의 필요와 시장 가치를 이해한 상태에서 어떤 물건이 건지거나 주울 가치가 있는 물건인지 그리고 재사용하거나 팔 만한 물건인지 가려내는 사람들이다. 도시에서 금속을 수집하는 사람들은, 따라서 알루미늄, 구리, 동, 납, 주철, 강철 등과 같은 각종 금속의 질에 따른 등급 차이를 알아야 하고, 쓰레기통에 통째로 버려졌을 때 그것만 찾아내는 능력이 있어야 한다. 또 시세를 알아야 어떤 금속을 버리거나 가져갈지 결정할 수 있다.

길거리 탐색자의 위치나 역할에 관한 불분명한 이해와 관련하여 발생하는 중요한 문제는 개인의 소유와 공공자원, 소유와 비소유 간의 불분명한 경계 때문에 생기는 법, 범죄에 관한 부분이다. 쓰레기 수집인들이나 도시의 탐색자들에게는 자신들이 서 있는 공간이나 처한 상황에 대한 빠른 분석이 가능해야 한다. 대형 쓰레기통들은 일반적으로 공공물로 인식되기 때문에 각 지방단체의 규정에 따라 보호될 뿐만 아니라 함부로 접근하는 것이 금지되어 있다. 아무리 작은 도시라고 할지라도 쓰레기통에 대한 비공식적 접근은 금지되어 있기 때문에 쓰레기 수집인들이 비공식적으로 접근할 경우 상황에 따라서, 교통량에 따라서, 빌딩과의 거리에 따라서, 이웃의 성향에 따라서 가게 주인 혹은 보안요원에 의해 제지당할 수도 있다.

하우스 리모델링, 잠시 쌓아둔 짐, 청소, 퇴거, 상가 정리, 입주 등 상가나 길가에 있는 물건들 하나하나에서 각기 다른 상황이 벌어지곤 한다. 쓰레기 수집인들은 다양한 이유로 버려진 이 물건들을 그냥 지나칠 수 없기 때문에 상점 주인과 집주인 들도 그들을 무시할지, 아니면 많이 가져가도록 오히려 도와줄지, 아니면 쫓아버려야 할지 결정해야 한다. 이들의 상호작용으로 사유재산은 도시의 환경으로 변화하게 되고, 이때 도시 탐색자들의 역할과 위치도 정의될 수 있다. 사실 그들은 어떤 역할에도 적응 가능하다. 그만큼 그들이 누구인지는 모호하며 계속해서 그 역할이 만들어지는 과정에 있는 사람들이다.

같은 의미에서, 도시 곳곳에 버려진 쓰레기더미와 쓰레기통도 단순히 '버려진 물건'이 아니라 다양한 의미로의 초대이며 경고이자 새로움을 향한 유혹이다. 쓰레기더미는 과정의 산물일 뿐이다. 어떤 쓰레기더미는 다양한 이웃이 던지는 쓰레기와 합쳐져서 날마다 커져가고 어떤 쓰레기더미는 쓰레기 수집인들이 걸어가거나, 자전거, 트럭 등을 이용해서 가져가는 바람에 점점 작아진다. 때로는 물건 주인들이 어떤 물건들인지 잘 알 수 있게 내놓고, 빨리 수거해갈 수 있도록 신발이나 작은 장비들을 길가에 잘 정리해두기도 하고 "가져가세요" 혹은 "무료입니다. 아무나 가져가세요"라는 쪽지를 물건 옆에 둬서 안심하고 가져가게 독려하기도 한다. 한번은 조리기구 필터와 바닥 타일, TV 테이블 옆에서 다음과 같은 쪽지를 발견한 적도 있다. "트렁크와 사진들을 실수로 두고 가셨더군요. 이 쪽지를 보시면 연락 주세요. 삐삐 817 977 7942, 오피스 817 373 8444, 참 그리고 트렁크를 가져가시는 대가는 100달러입니다." 이쯤 되면 쓰레기인지 보물인지 구분이 안 되지 않는가?

주변성, 불명확성, 해석 가능성, 이 모든 도시 탐색자들의 특성은 결국 현재 도시의 물질적 상태와 그것을 둘러싼 소유와 재소유의 과정에서 발생하는 것이다. 역사와 어원적 기원을 찾아봐도 마찬가지다. '탐색하다^{scrounge}'의 어원이 되는 단어 '생존하다^{scrunge}'도 독립적으로 생존하다는 의미와 불법적인 방법으로 획득한다는 뜻 사이에서 여전히 주변적인 의미에 머물러 있다.

중요한 사실은 이런 주변성이 결코 어쩌다가 불행히 생겨난 것이 아니라, 도시가 존재하기 위한 필수적 요소의 그림자와 같다는 것이다. 도시의 탐색자들은 쓰레기더미에 숨겨진 의미를 읽는다. 가져가도 괜찮은 물건인지, 쓸 만한 것인지, 그 가치는 얼마나 될 는지를 조심스럽게 판가름하고, 만약 충분한 가치가 있다면 이 보물이 매립장에서 사라지기 전에 건져낸다. 집주인이나 가게 주인들이 그들의 의도를 잘못 이해해 법정 공방으로까지 시비가 확대되기도 한다. 그러나 법정에서 생각해야 할 합법·비합법의 문제는 단순히 탐색자들의 몫만은 아니다. 사유재산 침해의 문제와 더불어 주거지 불법 쓰레기 투기, 합법적인 소유권 행사에 관한 사항도 함께 다루어져야만 한다. 쓰레기를 버리는 것과 재활용하는 데 있어서 일어나는 분쟁에 어떤 법적 요소를 적용시킬지 여부는 여전히 협의의 대상이다.

이처럼 도시의 중요한 경계선들은 사실상 열려 있다. 도시 사람들은 매일같이 개인의 재산 가운데서 넘쳐나는 일부는 그 경계선으로 내어놓고 사유재산에서 공적인 영역으로 넘어가는 변형의 과정을 거치게 된다. 그 과정에서 많은 부분은 도시의 탐색자들을 통해 소비자들이나 도시의 공무원들이 생각지 못한 방법으로 가치를 보존하게 되며 이를 통해 경제적·정치적·생태적 균형이 유지될 수 있다. 소비 지향 도시의 집중화된 불평등 한가운데서 도시의 탐색자들은 날마다 남아도는 도시의 부를 재분배하는 역할을 담당하고 있다. 아무도 이를 강제로 지시하거나, 정치적으로 결정한 적은 없지만 도시의 모든 도로와 골목마다에서 그들은 자신의 몫을 다

재활용 경제: 빈 병과 캔 수집, 뉴욕, 2004년 10월.

하고 있는 것이다. 도시의 탐색자들은 직접적인 사회적·경제적 행위를 통해 관대한 정부와 다국적 기업, 정부 관료기구들의 통제 밖에서 비공식적인 재활용 경제를 꾸려간다.

물론 이와 같은 역동성을 칭송하기보다는 도시의 어두운 면으로 이해하는 사람들이 적지 않다. 결국은 거대하고 집중화된 도시민 삶의 경제적 불평등이 이와 같은 물질적 변두리를 만든 것은 물론이고 도시의 가난을 도시민 자신에게로 전가하기까지 한 것이니 말이다. 끝없이 소비가 가능한 사람들은 그들이 가진 특권을 이용해 경제적 비특권층에게 자신이 소비하고 남은 찌꺼기에 의지하여 살아가도록 만들고 있다. 이런 관점에서 본다면, 자본주의가 잉태한 심각한 경제적 불평등은 매일같이 거만한 낭비를 통해 도시민들의 비애감을 양산하고 비특권층에게 도시 변두리의 가장 더러운 역할에서 벗어나지 못하도록 한다. 더 나쁜 것은 항상 새로운 것을 소비하도록 길이 든 세상이기에 낡은 쓰레기를 줍는 사람들은 더럽고, 남에게 기생하며 살아간다는 오명에서 벗어나기 힘들다는 문화적 편견이다. 역사적으로 볼 때, 전쟁이 벌어질 때마다 쓰레기 수집은 더욱 활발히 일어났다. 오늘날도 마찬가지일 것이다. 도시 자본주의라는 계급 간의 전쟁에서 쓰레기 수집은 여전히 번성하고 있다.

도시의 특권층과 가난한 사람들이 만나는 뒷골목과 쓰레기통들은 여전히 열려 있는 물질의 경계선이다. 비록 완전히 열려 있다고는 말할 수 없으나 상대적으로 꽉 막힌 종교적 자비심이나 정부 기관들의 소심함에 비한다면 쓰레기통과 쓰레기더미들은 상대적으로 훨씬 자유롭게 상호간의 필요를 채워주는 역할을 하고 있다. 쓰레기 수집에 동참하는 수많은 노숙자와 최저임금 노동자, 미등록 노동자, 장애인, 독립적 쓰레기 수집인들은 자신의 생계수단으로서 쓰레기 수집이 얼마나 귀중한 일인지 잘 알고 있다. 도시 경제의 대안으로 그들이 공헌하는 것의 핵심은 도시의 쓰레기들을 매일같이 정화함으로써 도시에서 쓰레기 수집 활동이 얼마나 필요한지 그 가치를 알리는 일이다. 진보적인 사회 변혁과 경제 변화를 향한 가능성은 도시의 근본적 실상을 바로 아는 것에서부터 출발한다. 도시가 살 수 있도록 하라.

도시를 구하라

그렇지 못하면? 당연히 도시는 죽게 될 것이다.

주의 깊은 독자라면 지금까지 내가 길거리 세계에서 경험하고 기록한 글들 중 상당 부분에서 다양한 법과 정부 당국의 조례들이 내가 하는 활동을 돕기보다는 오히려 억압하고 방해했다는 사실을 기억할 것이다. 이 책 5장까지 여기저기에서 소개한 다양한 법적 제재들은 결코 그럴 수도 있는 작은 부분이 아니다.

미국의 크고 작은 도시들은 점차 쓰레기통이나 쓰레기더미를 살피거나 거기서 물건을 빼내는 일을 불법으로 규정하기 시작했다. 펜실베이니아 화이트홀의 공무원들은 심지어 쓰레기를 뒤져도 된다는 면허증을 만드는 것까지 고려하고 있다. "누가 쓰레기를 뒤지고 있는지 확실히 하기 위해서죠. 길거리에 서 있는 자동차를 보고 순찰관이 그 차가 허가를 받은 차량인지 아닌지 아는 것과 마찬가지죠."²³

포트워스를 포함한 많은 도시들이 앞마당 세일과 이를 광고하는 것을 엄격히 금지하고 있으며, 이를 어길 시 막대한 금액의 벌금을 부과한다. 감독하고 관리하는 공무원들은 앞마당 세일뿐만 아니라 적은 양의 길거리 수집품에 대해서도 규제를 강화하고 있으며, 재활용 센터들도 점차 규제를 받기 시작했다. 이런 분위기라면 휠체어로 수집 활동을 하는 사람은 불법 컨테이너 운반에 관한 법률 위반이 아닌지도 걱정해야 할 것 같다. 프랭크 존슨이 건축물 관리 기준법에 저촉되어 도시로부터 쫓겨났듯 많은 단체와 개인이 점점 더 악화되는 상황을 맞고 있다. '제나의 희망과 은혜' 자원봉사자들은 자선을 행하기 위해 시 당국과 싸워야만 하고, '폭탄 대신 식량을'은 여러 곳에서 제공받은 음식을 나눠주는 것만으로도 계속적인 위법 판정을 받고 있다. 단 필립스와 같은 개인은 물론이고 해비타트와 같은 단체들에서 더 나은 건축물을 짓고자 하는 시도마저도 날마다 더 큰 제한에 부딪히고 있다.

중요한 문제는 이와 같은 법적 제한의 목표가 살인이나 폭동과 같은 폭력적인 죄를 다스리고자 함이 아니라 정부에게 재원을 조달하는 스폰서들의 의지를 반영하고 있다는 것이다. 자율 보안관 제도를 만든 장본인으로 길이 기억될 포트워스 시 의원 벡키 하스킨은 "지옥 맛을 보여주세요" 등의 발언을 서슴지 않으며, 해비타트가 지은 집들에 대해서도 "인스턴트 슬럼"이라고 평가한다. 다른 시 의원들도 새로운 길거리 쓰레기 처리 방안을 내놓으면서 벡키의 의견에 적극 찬동하고 나섰다. "우리 도시는 지금 큰 문제에 봉착해 있습니다." 시 의원 제프 웬트워스의 발언이다. "바로 지금 우리가 앉은 이 자리에 쓰레기와 해충이 넘쳐나고 있습니다." 시 의원 짐 레인은 해충에서 한 걸음 더 나아가 괴물과의 전쟁으로까지 문제를 격상시켰다. "매일같이 이 문제가 커져가고 있습니다. 도시 속 괴물이 너무 빨리 자라나고 있기 때문에 그 괴물과의 전쟁을 더 이상 늦출 수가 없습니다."[24]

한편 박식한 댈러스 시장은 다음과 같이 제안한다. "길거리에서 노숙자들이 쓰레기를 뒤지고 있으면 창문을 내리고 소리를 지르세요. 쫓아버리세요. 여러분이 그렇게 협조해주실 동안 시에서는 정해진 구역 밖에서는 쇼핑카트를 사용할 수 없도록 시 조례를 개정하겠습니다." 그렇게 하면 댈러스 시의 노숙자 인구가 줄 것이라는 계산에서였다.[25] (포트워스를 포함한 근처 도시의 다른 노숙자, 쓰레기 수집인들도 당연히 그 소식을 들었다. 그들은 새로운 법이 만들어지기도 전에 자신들의 쇼핑카트를 버리고 손수레와 유모차를 개조해서 새로운 운송수단을 만들기 시작했다.)[26] 1장에서 언급했던 것처럼 뉴저지 뉴워크 시장은 "지역 주민의 안전을 위협하는 중대한 국가적 문제"라고 언급하였다.[27] 같은 문제가 전 대륙을 통틀어 일어나고 있으며 캘리포니아 호손에서도 비슷한 일이 있었다. 호손에서는 경찰 내에 쓰레기 수집인들을 감시하는 '특별 순찰대'를 조직하고, 시와 계약을 맺은 재

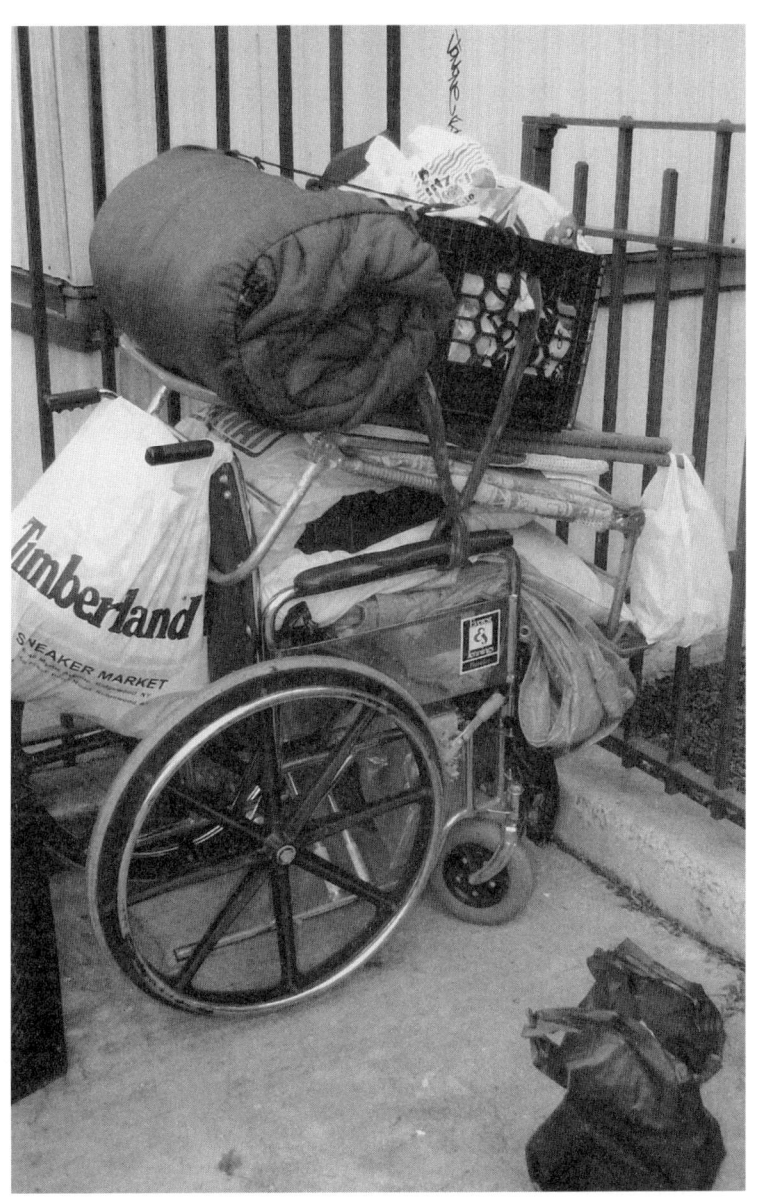

쇼핑카트 대신에, 뉴욕, 2004년 10월.

활용업체를 통해 불법적인 쓰레기 수집인들을 파악하는 등의 노력을 펼치고 있다. 관계 당국자인 짐 로자노의 설명에 따르면, "시민들 가운데 이해가 부족한 사람들은 두려워하기도 합니다. 그러나 우리가 결코 양보할 수 없는 것은 쓰레기 수집 행위가 엄연한 불법 행위라는 사실이에요." 따라서 로자노는 관련 규제를 한 단계 더 강화할 것을 제안한다. "범죄에 활용된 모든 종류의 이동수단은 압류해야 합니다."[28]

이렇게 기괴한 법적 구속과 시민을 공포에 빠지게 만든 발표들은 모두 앞서 밝힌 이유에서 기인한 것이다. 멋진 소비 공간, 누구나 열망하는 도시의 라이프스타일을 기대할 때 떠오르는 고성장 경제도시와 같은 '상징적' 이미지를 구축하기 위해서이다. 이를 위한 노력의 일환으로 도시의 정치적·경제적 권위들은 오늘도 도시의 더 나은 소비계급의 경험에 입각하여 '보기 언짢은' 꼴들을 제거할 수 있도록 법적 규제를 강화하고 있다. 전 미국의 정부 각 기관들은 '공공질서'를 지키기 위한 노력에 총력을 기울인다. 구걸이나 길거리를 헤매는 행위, 사유지 불법침해는 물론이고, 심지어는 앉거나 서는 것까지도 불법의 범주에 포함된다. 마치 한때 영국이 '반사회적 행동에 관한 법률'을 통해 갱단 멤버가 "공공장소에 모습을 보이는 것"까지도 규제했던 것을 떠올리게 만드는 대목이다. 마찬가지로 도시의 그래피티 작가들을 포함한 거리의 예술가들도 자신의 작품들을 모두 지우고 공공장소에서 더 이상 작품 활동을 하지 못하도록 가로막혔을 뿐만 아니라 거리의 악사들도 연주할 수 있

는 공간이 줄어들고 있는 것을 체험하고 있다.[29]

이처럼 쓰레기 수집과 관련된 활동에 법적 제재를 가함으로써 그들은 두 가지 효과를 기대할 수 있다. 첫째는 상위계급의 소비지역과 커뮤니티를 쓰레기 수집인들의 활동 영역으로부터 보호할 수 있으며, 둘째, 이와 같은 소비자와 커뮤니티 소속원들이 만들어내는 쓰레기를 예측하고 통제할 수 있게 된다. 휴스턴에서 얼마 전에 공포된 규정에 따르면, "공격적인 구걸, 쓰레기통을 뒤지는 행위, 시내 도로에서 낮 시간에 잠을 자는 행위"는 엄격히 규제된다. 이에 대해《휴스턴 크로니클》지는 다음과 같이 논평했다. "온 도시를 상업공간으로 새롭게 단장하기 위해 시내의 오락, 주거공간은 이제 더 이상 가난한 사람들 가운데서도 가장 가난한 사람들이 머물지 못하는 곳이 되고 말았다."[30]

《탈출》의 저자도 그 모든 여행 끝에 비슷한 결론에 도달했다. "아무것도 없는 것에서 무언가를 창조하기 위해 노력할 때 부작용이 생긴다. 그 이유는 항상 '돈이 안 된다'는 것이다."[31] 매일 밤 판지나 깡통을 찾아 유령열차를 타고 부에노스아이레스로 향하는 카르토네로스들을 나는 다시 한 번 생각하게 된다. 자신의 다섯 자녀가 모두 카르토네로스인 미겔 마카도가 설명하는 유령열차의 내력은 "카르토네로스들이 마치 세상에 존재하지 않는 사람들 같기 때문"이라고 한다. 작가 헥토르 토바는 이렇게 덧붙인다. "사람들은 대부분 유령열차가 지날 때 눈을 돌리지요. 아마도 보지 않기를 바라기 때문이겠지요. 그게 아니라면, 아예 존재하지 않기를 바라기 때문일 수도 있고요."³² 미국의 정책 당국자들에게 쓰레기 수집인들이야말로 있어도 없었으면 하는 유령열차의 손님들은 아닐까.

쓰레기더미를 없애고, 쓰레기 수집인들을 없애자는 캠페인들은 결국 쓰레기 수집인들을 하찮은 문제덩어리, 혹은 사회적 부작용 정도로밖에 보지 않기에 법적 규제나 강제를 통해 해결해야 한다고 본다. 같은 입장에서 볼 때, 하나의 도시 내에는 두 개의 도시가 있는데, 첫째는 공식적인 도시요, 다른 하나는 매일같이 경험하고 있지만 통제를 가해야 하는 비공식적인 도시다. 그들은 매일같이 일어나는 도시의 비공식적이거나 불명확한 활동들을 제한하기 위해 공적 권위와 법적 제재에 최선을 다한다. 그러나 미셸 드 세르토, 키스 헤이워드와 같은 학자들이 논리적으로 지적했듯 당국자들의 그 모든 노력은 도시에 대한 부적절한 이해에 바탕을 두고 있다. 도시민의 정체성이란 칼로 두부 썰듯 정확하게 나눌 수 있는 것이 아니며, 그들의 삶의 공간과 문화적 경계, 그들의 삶조차도 상호 소통하고 있다는 사실을 이해하지 못했기 때문이다.³³

지금과 같은 이원화된 방식으로 도시를 통제하려고 하는 것은 "도시민들의 역동적인 삶을 방해하는 것은 물론, 도시의 사회적·공간적 의미조차 제대로 파악하지 못한 행동"이라고 범죄학자인 족 영은 지적한다. "표면적인 문제에 대해서는 바로 깨달았지만 그 이유와 각 이유의 유효성에 대해서는 잘못된 판단을 내리고 있다. 현실을 왜곡하여 바라보기에, 있지도 않는 구획을 끊어 소통을 방해하고 있다."³⁴

도로 표지판, 뉴욕, 2004년 10월.

잘못된 이해를 바탕으로 한 것이든 아니든, 이 캠페인을 통해 사람들은 쓰레기 수집을 엄격히 제한하고 범죄화하여 온 도시가 깨끗하게 정리된 상태이기를 바란다. 한 걸음 더 나아가 쓰레기 수집과 관련한 법적 모호함을 해결해 수집인들이 아예 사라져버리기를 바란다. 그러나 물질적으로 가장 풍요로운 시기를 누리는 오늘의 소비지향적 도시들을 지탱하는 것은 보이지 않는 곳에서 뒷받침하는 쓰레기 수집인들이다. 이들의 역할을 막는다면, 전 지구적 자본주의의 부작용이 온 도시를 쇼핑몰과 탑처럼 쌓인 쓰레기 매립장으로 덮인 디스토피아^{dystopia}로 만들것이다. 그리고 도시의 가장자리에는 쓰레기를 주울 권리조차 박탈당한 가난한 사람들이 죽음만 기다리게 될 것이다.

이 디스토피아는 도시 스스로를 파괴할 것이다. 쓰레기 수집 행위만 근절되는 것이 아니라 소비와 그에 따른 쓰레기, 매립지가 넘쳐나서 도시의 기본적인 형태조차 불확실해질 것이다. 아무리 거대한 경제규모나 정치제도를 자랑한다 할지라도 그 도시의 골목마다, 가게마다, 공공장소마다에서 도시민들은 사람과 사람이 서로 주고받았던 시절을 회상하게 될 것이다. 공공장소에 대한 법적 규제가 강화되고, 배타적인 주거정책이 사람들을 고립시키고, 도시경제가 악화되는 한편, 자동차 사용량이 늘어만 가는 이때, 도시의 쓰레기 수집인들까지 제한한다면 도시의 역동성은 곧 무너지고 말 것이다.

이제, 오늘의 도시를 살아가는 사람들은 늘어만 가는 법적 규제에도 쓰레기 수집인들이 자신의 역할에 충실할 수 있고 비단 소비 사회의 버려진 쓰레기뿐만 아니라 도시까지도 구해줄 것을 바라야 할 때이다.

7
선禪의 발견

나는 이 책을 통해 기존의 잘못된 질서를 바로잡는 데 조금이라도 도움이 될 만한 길들이 소개되었기를 바란다. 소비자들은 어제의 신제품을 오늘 쓰레기통과 길거리로 집어던지기 바쁘고, 거리의 탐색자들은 쓰레기더미를 분류하고 솎아낸 다음 그들이 찾아낸 것을 재활용한다. 결국 소비자도 탐색자도 함께 힘을 합하여 상품과 쓰레기, 공공과 개인, 소유와 버림이라는 단순한 이분법적 구분이 틀렸다는 것을 증명해내고 있다. 그 과정에는 소위 불법이 끼어들기도 하지만, 비공식적인 교환과 재활용을 통해 도시는 쪼개지지 않을 수 있었고, 사회적 계급이나 경제적 특권에 의한 도시의 분리를 막을 수 있었다.
　여기서 우리는 경제적 측면에 대해 다시 한 번 생각해볼 필요가 있다. 길거리의 세계는 중앙정부가 돌보지 않는 지하경제로서 집 없는 사람과 재활용품 수집인, 재활용 센터에 들락거리는 사람, 정크 아티스트, 앞마당 세일에 열광하는 사람 등을 서로 연결하는 통로 역할을 한다. 그러나 더 중요한 것은 소비경제가 버린 것들을 다루는 대안 경제로서 작동하고 있다는 사실이다. 또 경제적 독립성을 획득하기 위한 그들의 노력은 도시의 경계를 허물고 법적·정치적 권위의 지속적인 방해에도 절도와 환경 개선, 사회문제와 자기 충족 사이에서 전통적인 법의 구분을 넘어서는 힘을 발휘한다. 이와 같은 길거리 세계의 힘은 쉬지 않고 변화하는 이 세계만의 태생적인 속성에서 기인한다. 변화는 지금 이 순간에도 진행되고 있기 때문에 법, 소유, 통상 등의 개념은 계속 바뀌고 있다.

그러나 8개월간 완전히 도시 탐색자로 살았던 경험과 지금도 그들의 행렬에 동참하고 있는 나에게는 더욱 중요한 깨달음이 있다. 이 책의 앞 장들을 통해 많은 경험들을 공유했던 것처럼, 길거리 세계에서는 이전에는 너무나 당연하게 여겼던 기존의 질서나 고정관념을 뒤엎는 다양한 일들이 벌어지고 있다. 이는 상당히 실존주의적인 문제로, 존재와 의미, 정체성, 매일매일 살아가는 삶의 목표에까지 영향을 미친다. 그러나 개인적인 경험에 따른 관점의 변화와 밀접한 관련이 있으며, 길거리 세계 전체의 경제나 법적 주제와는 어느 정도 구분을 두어야 할 것이다. 물론 앞으로 살펴보겠지만, 정치적이거나 경제적인 주제와 전혀 상관이 없다고도 할 수 없다. 결국 개인적 경험에 입각한 존재론적 문제가 사회적 문제는 물론 범죄와 정의의 문제에 이르기까지 진부한 관념을 벗어버리는 데 도움을 줄 것이기 때문이다. 걷고, 자전거를 타고, 쓰레기더미와 쓰레기통을 뒤지면서 매일매일 길거리에서 보낸 나의 시간과 노력이 축적되면서 나는 단지 물질적인 것을 넘어서는 무언가를 수집하고 있다는 사실을 깨달았다.

나는 시간과 공간을 수집하고 있었던 것이다. 어쩌면 나 자신을 발견하고 있었던 것인지도 모르겠다.

시간

매일같이 걷거나 자전거를 타고 쓰레기를 수집하는 동안 나는 이전에 자동차를 타고 다니던 시간이나 사무실에서의 근무 시간, 도심의 쇼핑몰에서 보낸 시간과는 조금 다른 종류의 시간을 보내고 있다는 것을 깨달았다. 걷기라는 신체적 활동과 자전거 타기라는 물리적 활동이 그 원인이었다. 단순한 길거리 생활에 적응하면서 몸과 마음 모두 느긋한 속도에 익숙해졌다. 물리적인 제한을 받음과 동시에 생각지도 못했던 움직임이 내 안에서 일어나기 시작했다. 구석구석에 숨겨진 쓰레기통과 보도 위의 쓰레기더미들을 찾아다니고, 동전이나 깡통, 자동차 부품이라도 찾기 위해 도랑에 온 정신을 팔고 있자니 사물을 인식하거나 조사하는 모든 과정도 이전과는 달라지기 시작했다. 확실히 돈 들 일도 없고, 뭐든 알아서

하면 되는 걷기나 자전거 타기였지만 그만큼 주위를 향한 관심이 달라지기 시작한 것이다. 시속 90킬로미터 이상 달릴 수 있는 자동차와는 달리, 고작 시속 1.5킬로미터를 걸으면서 1시간쯤 거리를 배회하다 보면 좋은 기회를 만날 수 있다.

내 경험에 따르면, 쓰레기 수집인으로서 걷거나 자전거를 타는 또 다른 장점은 승용차나 픽업트럭을 이용해서 특정 장소에 도착했을 때보다 그 장소의 주인이나 근처 주택에 사는 사람들이 훨씬 덜 위협적으로 느낀다는 것이다. 한편, 차를 이용할 때와 달리 걷거나 자전거를 이용하게 되면 다른 여러 사람들로부터 방해받을 가능성도 훨씬 커진다. 그냥 길을 가던 사람, 자전거 타고 가던 사람, 주위의 건달 등이 끼어들 수 있는데 그럴 때면 안 그래도 느린 시간이 더 느려진다. 도시의 세밀한 부분과 부딪히고, 시민을 만나는 걷기와 자전거 타기는 많은 순간 느린 리듬을 타면서 강조점을 만들어낸다.

세상의 리듬을 벗어나 생존을 위한 길거리 세계에서의 시간이 하루 하루, 한 달 한 달 쌓여가는 동안 삶의 리듬은 날마다 불명확해져갔다. 시간이 갈수록 도시를 바라보는 나만의 복잡한 지도가 만들어졌고, 상황과 분위기, 기회를 이해하는 능력도 더 생겼다. 괜찮은 물건이 자주 나오는 쓰레기통을 찾아냈고 위험한 뒷골목과 무서운 집주인, 부서진 쓰레기통이나 피해야 할 쓰레기통, 특정한 금속 재활용품이 자주 나오는 것 등에 관한 정보를 얻게 되었다. 공사가 진행되는 지역의 이동식 대형 쓰레기통에서는 공사 진행에 따른 배관이나 전기용품 등이 천천히 나왔는데 이것들을 기다리는 시간은 느려도 너무 느려서 인내심이 요구된다. 길을 지나다가 맥주 거품과 사람의 침이 묻어 있는 깡통을 보게 되면, 지나는 자동차에 밟히고 태양열에 말라서 가져가기 좋게 될 때까지 기다렸다. 물론 날씨나 그날의 교통량에 따라 정확한 시간이 결정되었다. 사무실이 즐비한 거리의 쓰레기통은 회사원들이 퇴근하기 전인 오후 2시부터 5시까지 방문하면 괜찮은 물건들을 찾을 수 있고, 같은 시간 사무실 거리 근처의 주거지에서도 집주인들은 만날 일이 거의 없다.

쓰레기통과 쓰레기더미들 그리고 그 속에 들어 있는 물건들도 시간을 잊게 마련이다. 한번은 발렌타인데이가 두 달여 지난 4월 9일, 한 쓰레기통에서 큐피드 모양의 장난감을 발견한 적이 있다. 자주 발견되는 품목 중에는 오래된 전자레인지나 TV가 있는데, 때로는 품질보증서나 부품교환증명서 같은 서류가 같이 버려져 있을 때도 있다. 조금 더 오래된 기억들도 발견된다. 가장 많이 줍는 물건들 중에는 수십 년 된 낡은 아기 사진이나 대학 졸업 앨범, 100년은 된 학위증과 책들이 있다. 쓰레기통과 봉투 속에서 기저귀나 오물, 피자 상자, 리모델링 쓰레기 등과 함께 어울려 있는 세월의 흔적을 볼 때마다 너무나 쉽고 빠르게 이루어지는 오늘날의 소비를 삶과 죽음이, 오랜 세월이 이미 따라잡았다는 생각이 들곤 한다. 간절한 소망이나 기대도 시간이 지나면 모두 과거의 흔적으로만 남게 되는 것이다.

길거리에서 수집한 품목이 늘어갈수록, 나는 그 느린 속도의 날카로운 진면목을 배우게 되었다. 길거리의 세계는 소비를 위한 돈이 경제를 지배하는 바깥세상에서 필요한 모든 것들을 충족시켜주면서도 절대 빨리, 혹은 미리 알 수 있도록 하지는 않는다. 몇 주가 지나고 몇 달이 흐르고 보면 결국 필요한 것들은 이미 채워지고, 작은 문제들은 해결되어 있다. 단, 그 문제의 해답이 자연히 이루어질 때까지 기다리는 인내가 필요하다. 길거리는 하루하루를 살아가는 나에게 필요한 모든 것을 가장 적절한 시간에 제공할 만한 능력을 가지고 있다. 방범창, 뒷마당의 울타리, 11밀리미터 렌치, 스크랩 물건을 분류할 때 필요한 통들, 자전거 짐칸에 붙일 가방, 튼튼한 신발, 거실의 소파, 손전등까지, 아주 좋은 것은 아니었지만 이 모든 것들을 결국 구할 수 있었다. 선택적 인지의 힘에 의한 것이건, 우주의 친절에 의한 것이건 일단 내가 필요하다고 생각한 것들은 어김없이 길거리에서 공급되었다. 어떤 물건들은 필요함조차 잊고 있다가 몇 달 후에 발견하기도 했다. 나는 결국 당장 필요한 물건이 아니라면 원하지도 않게 되었다.

다양한 경험을 통해 이전에는 한 번도 생각조차 해본 적 없는 종류의 물건들을 활용하는, 느리지만 역동적인 지혜를 배우게 되었다. 쇠톱으로 썰고, 망치로 부수면서 만들어질 때와는 역순으로 각 물건들을 해체하여 쓸 만한 부속품들로 만들고 비슷한 목적의 물건들을 같은 통에다 모으는 동안 각 물건의 속성을 파악하게 되었다. 할인점과 벼룩시장에서는 이렇게 분리한 각 부품들이 훌륭한 상품이 될 수 있었다.[1] 궁극적으로는 내가 이미 원했던 것을 찾는 즐거움도 좋지만, 이렇게 기다리고 노력한 결과를 통해 생각지도 못한 더 크고, 더 즐거운 결과물을 얻을 수 있다는 깨달음을 얻게 된 것이다.

물론 이렇게 느린 속도를 따르면서도 이 모든 교훈을 얻을 수 있었던 이유는 필요한 모든 것을 얻으면서도 돈 한 푼 지불할 필요 없는 길거리 세계만의 특성 때문이다. 누군가에게 고용된 사람이 아니기 때문에 '시간이 곧 돈'도 아니었고, 가끔 필요할 때면 수집한 물건 중 일부만 내다 팔면 되니까 시간을 돈이나 가치에 빗대는 상투적인 격언을 따를 필요도 없었다. 《탈출》의 저자는 이렇게 기록하고 있다. "돈? 우리가 선택한 삶의 방식은 돈이 입고 있는 가치의 허울을 벗겨버렸다. 돈이란, 방금 우리가 수집한 물건, 쓰레기통에서 방금 건져낸 것을 설명하는 비효율적이고 직접적이지도 못한 방법에 불과하다."[2] 또 소비 위주의 경제사회를 벗어나 진부한 격언이 의미가 없어지고 이전에는 무시했던 사물의 새로운 의미를 찾아가던 나에게 또 한 가지 중요한 깨달음이 생겼다. 바로 '필요는 창조의 어머니'라는 말이 진리라는 것을 알게 된 것이다. 필요는 개인적 창조성과 혁신의 원천이 된다. 그러나 반대로 말하면, 현대 소비문화 속에서 우리에게 필요한 모든 것들을 완벽한 모양 그대로 쉽게 살 수 있다면, 그와 같은 편리함은 완벽한 자기만족의 어머니밖에는 못 되지 않겠는가?

이런 질문을 스스로에게 던지면서, 그리고 시간과 돈, 동기부여

등에 관한 너무나 자명한 문화적 이치를 곱씹으면서, 나는 현재의 경제와 정체성에 관한 핵심적인 질문에 다시 한 번 도달했다. 도시를 어슬렁거리면서 다니거나 시간을 허비하듯 소비문화의 버려진 것들에 심취하는 것, 문제를 즉각적으로 처리하지 않는 식의 느린 역동성이라는 것이 현대 문화가 생각하는 능률이나 창조성, 개인적 만족과는 상당한 거리가 있다는 것에 동의한다. 그러나 후기 자본주의의 지나친 소비문화 때문에 우리의 삶을 통한 소비와 버림의 사이클이 극단적으로 빨라졌고, 필요와 욕구가 즉각적으로 해결되어야만 '옳다'고 느끼게 된 것은 아닐까. 고속도로를 달리고, 고속의 인터넷을 접하고, 온라인으로 결제를 하고, 모든 것이 모여 있는 백화점과 '토요일에 종료'하는 세일, 이 모든 것이 돈과 함께 얽히고설켜 우리의 문화를 공황 상태로 몰아넣고 있다. 그들의 시각으로 보자면, 쓰레기 수집인들은 단순히 게으름뱅이나 패션 트렌드를 못 읽는 정도가 아니라 시간을 낭비하는 사람이요, 세상의 속도를 알지도 못하고 그런 세상에서 존경받을 만한 구석이라고는 찾아볼 수 없는 한심한 사람들일 뿐이다.[3]

그러나 그들 또한 자기기만에 빠져 있다는 것은 깨닫지 못할 것이다. 즉각적인 충족에 중독되면 영속적인 만족이란 완전히 사라지게 되고, 오로지 끊임없는 욕망과 욕망에 대한 충족만을 바라보게 되며 그 주기는 점점 더 짧아진다. 코카인에 사로잡힌 것과 마찬가지로 큰 편리함을 바라는 한편 불편함을 견딜 수 없어 더 많은 돈을 지불하게 된다. 이는 마치 병적인 식탐과 같아서 소비자들은 즉각적인 즐거움을 위해 물건을 구매하지만 잠깐의 시간만 지나도 환불하거나 버리는 행동을 반복하게 된다. 쓰레기통에는 포장조차 뜯지 않은 채로 이렇게 버려진 물건들로 넘쳐난다.[4] 거리의 탐색자들이야말로 소비문화에 중독된 사람들이 망쳐놓은 것들을 바로잡는 역할을 해나가고 있는 것이다.

개인적 경험과 사회적 관계들은 하나가 되어 도시의 탐색자들이야말로 삶의 대안적인 모습이며 소비사회에 대한 비평이라는 것을 이해하기 시작했다. 쓰레기더미를 통해 드러나는 과다한 구매는 인간 자신과 지구의 가능성을 낭비하고 있는 사회의 진면목이다. 길거리 탐색이 직장생활에 비해 자율성이나 자기만족의 수준에 있어 차이가 있다면, 시간과 효율성에 대한 관점에도 큰 차이가 있을 것이다. 내가 발견한 바에 따르면 도시의 탐색자가 된다는 것은 현대의 상처 입은 모습을 알아가는 과정이다. 내 주위를 스쳐가는 사람들과 차들의 야유에도 당장 가게로 달려가기보다 느린 해결책을 찾는 과정을 통해 우리 사회가 직면한 문제의 근본을 다룬다. 크리스 칼슨은 자전거 타기에 대해서, 더 정확히는 자동차를 사고 이용하는 대신 자전거 타기를 선택하는 것이 "인간을 가난하게 만들고 지구의 생태계를 파괴하는 모든 행동을 버리는 결단"이라고 말한다.[5] 만약 그렇다면 자전거를 타면서 쓰레기까지 수집한다면 시간과 돈 양면으로 불필요한 것을 버리는 행동이 되겠다.

쓰레기 수집의 세계에서 이와 같은 버림과 대안적 개선 활동에 명확한 구분이 있는 것은 아니다. 힙합 그래피티에 빠져 지냈던 지

참선參禪, 뉴욕, 2004년 10월.

난 몇 년간 나는 기존의 전통에 공격적으로 맞섰던 많은 언더그라운드 예술가들을 만나면서 그래피티 예술가들이 기존의 가치체계에 국한되지 않는 자신을 얼마나 자랑스럽게 여기는지를 보았다.[6] 덴버에서 지낼 때는 이웃의 한 라틴 노동자가 차를 너무 느리게 운전한다고 처벌받는 것을 보았다. 애리조나에서 잠시 지냈을 때에는 영국계 백인들이 천천히 운전하는 인디언들에게 경적을 울려대지만 속도를 높이지 않으니 어쩔 수 없이 같은 속도로 운전하던 모습을 자주 보았다. 식품과 관련된 행동주의자들은 기존의 '패스트푸드'에 대응되는 '슬로푸드' 운동을 전개하고 있으며, 인류학자들은 여유로운 세계 각지의 리듬과 비교하여 산업화된 세계의 틀에 박힌 '시간관념'이 얼마나 폭력적인지를 비판하고 있다.[7] 시간이란 문화적인 것이면서도 정치적인 것이어서 딱딱한 정치적 질서의 문화적 여백을 만들어주는 얇은 막과 같은 역할을 한다.

또 만약 시간이 문화적인 동시에 정치적인 것이라면, 시간을 정리해서 사용하는 것은 우리지만 그 안에 우리가 갇혀 지내기 때문에 시간은 또 개인적이고 인지적인 것이기도 하다. 오늘날 우리가 맞고 있는 소비문화의 엄청난 속도는 소비자들의 실속 없는 만족뿐만 아니라 상품과 서비스 시간을 원하는 대로 지배하고 싶어 하는 각 개인의 욕구가 맞물려서 지탱되고 있다.[8] 즉, 소비주의의 이데올로기는 성공적인 물건의 획득은 물론 시간, 쾌락 등 우리가 속해 있는 세상의 다양한 측면을 지배하고자 하는 것이다. 물질주의, 소비주의의 다른 이름은 바로 지배와 통제의 확신인 것이다. 대조적으로, 도시의 탐색자들의 삶은 각종 물질을 통제하는 능력을 포기하는 대신 들고 나는 물질들을 어떻게 맞고 어떻게 활용할 것인지에 초점을 맞추고 있다. 그래서 그들의 삶은 시간과, 돈, 통제를 잃은 삶인 동시에 소비문화가 지향하는 지배자의 정체성을 잃어버린 삶이다.

감히 말하자면, 내가 가지지 않은 것을 욕망하지 않는 삶, 내가 통제할 수 없는 것은 자연히 이루어질 때까지 기다리고 인내할 줄 아는, 바로 선(禪)에 이르는 삶이다.[9] 이것이 바로 소비문화의 근본을 꺾을 수 있는 존재론적 힘이다. 천천히, 자기 삶의 현재를 충분히 누리면서 사는 탐색자들의 삶 속에서, 소비자들이 버린 쓰레기 한가운데서, 다른 이가 이르지 못한 자기 존재의 평온함을 찾을 수 있다.

공간

이미 살펴보았듯이 쓰레기 수집인들의 삶의 속도는 상당히 느리며 매일같이 만나는 도시의 쓰레기를 통해 다양한 위험과 기회를 천천히 배워간다. 시간과 경험이 쌓일수록 그들은 쓰레기를 버리는 사람들의 습관과 방법을 습득하게 되고 매일매일 그 과정이 반복되면서 도시라는 특정한 공간에 있는 자신의 모습을 발견하게 된다. 내가 발견한 바에 따르면 도시의 탐색자가 된다는 것은 단순히 소비자들이 버린 물건들 속에서 쓸 만한 것을 찾아내는 것이 아니라 각각의 순간 판단과 협상이 필요한 공간과 상황을 계속해서 맞닥뜨리는 것이다. 성공적인 탐색자가 되기 위해서는 당연히 필요한 것들을 잘 주울 수 있어야 하겠지만 다양한 상황들 가운데 잠재된 부분을 읽어낼 수 있어야 한다. 그래서 머릿속에서는 도시와 그 가운데 버려진 쓰레기들을 잇고 통합할 수 있는 지도화 작업이 항상 진행 중이어야 한다.

탐색자에게는 도시를 높은 곳에서 조감하는 폭넓은 이해에서부터 작은 골목과 거리까지 세밀하게 파악하는 눈이 동시에 요구된다. 예를 들어, 나는 누가 어디에 쓰레기를 버리는지 알고 있었고 각 쓰레기통이 비워지는 스케줄을 모두 파악하고 있었다. 때문에 나는 공무원들이 쓰레기통을 비우는 일정에 맞춰 나의 동선을 정하거나 필요에 따른 특별한 계획을 그때마다 달리 수립할 수 있었다. 그러나 미리 계획한 대로 항상 결과가 나오는 것은 아니었기에 동선을 수립할 때는 될 수 있는 한 많은 교차로를 지나도록 해서, 될 수 있는 한 많은 쓰레기더미와 쓰레기통을 한눈에 볼 수 있도록 했다. 물론 거리 사정에 따라 계획은 수시로 수정되었다.

어떤 도로건 관계없이 도로라면 어디에나 만들어지는 공간도 있다. 자동차가 움직이는 패턴에 따라 거리의 잔해들이 모여서 이루어진 작은 삼각형 모양의 섬이 있다는 것을 나는 곧 알게 되었는데, 그곳에는 주로 납, 작은 자동차 부품들, 동전 등이 모여 있었다. 특히 도로가 움푹 파인 곳이나 과속 방지턱이 있는 부분에는 삐걱거리던 부품들이 충격을 받아 떨어져나온 경우가 많기 때문에 각별한 관심을 가지고 살폈다. 또 자동차 공구의 경우 한번 발견하면 길을 따라 다른 공구까지 발견하게 되는 경우가 잦았다. 아마도 제대로 묶어놓지 않은 차에서 차례대로 떨어지기 때문일 것이다.[10] 길을 따라 나 있는 평행주차 구간 근처나 주차장에서는 동전(쓸데가 많다)이나 열쇠(대부분 동으로 만들어져서 가치가 있다)가 많이 떨어져 있다. 특히 운전석 쪽이나 주차중 자판기 근처를 잘 살펴야 한다. 동전과 열쇠를 많이 손에 넣기 위해서는 시간과 공간, 방향감각까지 동시에 요구된다. 유리 애자를 찾기 위해서는 이른 아침 해 뜰 때

나 저녁 해질 녘에 선글라스(가장 많이 줍게 되는 품목 중 하나다)를 쓰고 나갈 필요가 있다. 동전, 귀금속 등을 포함한 다양한 금붙이가 햇빛에 반사된다. 가끔은 태양을 향해 곧장 가다 계획을 급히 수정하여 주차장으로 들어가기도 한다. 자전거를 타고 가다가 납덩이나 햇빛에 반사된 동전이라도 주으려고 잠시 멈춰 설 때면 아무래도 언덕이나 경사진 땅보다는 편평한 땅이 훨씬 좋다. 자전거를 타고 언덕을 오르다가 멈추는 건 정말 괴로운 일이다.

인도에 버려진 쓰레기더미나 뒷골목의 쓰레기통을 뒤지다 보면 새로운 공간 감각이 열리게 된다. 줄자나 거리로 주변을 재고 살피는 것이 아니라 혹시라도 끼어들 수 있는 불쾌함이나 방해의 가능성을 가늠해야 하기 때문이다. 그래피티 작가로서 활동하던 시절에 얻은 능력으로, 사실 나는 원치 않는 상황이 벌어질 가능성을 상당히 잘 예측하는 편이다.[11] 일단 주차된 차―특히 비싼 차―가 너무 가까이 있다면 피하고 볼 일이다. 주인이 본다면 스테레오를 뜯어가거나 차를 훔치려 한다는 오해를 살 수도 있다. 뒷골목에서는 사무실 뒷문이 너무 가까이 있지는 않나 살펴야 하고, 근처 창문에서 누군가가 불쾌하게 나를 살피고 있다면 그것도 피해야 한다. 한번은 이런 주의사항을 무시하고 작은 사무실과 아파트 사이에 있는 쓰레기통을 한참 살피다가 머리 위에서 누군가 크게 소리 지르는 것을 들은 적이 있었다. "뭐하시는 거예요! 그거 다 내가 쓰는 물건이에요." 나중에 알았지만, 감사하게도 2층에서 소리 지르던 그 남자가 원했던 것은 내가 막 분리해서 가져가려던 가구 손잡이뿐이었다. 학자로서 나는 사람과 사람 간의 상호작용이 주는 통찰력을 중요하게 생각한다. 거리의 탐색자로서 나는 필요한 물건이지만 두고 떠나는 마음이 어떤 것인지 배우게 되었다.

각 거리와 동네의 경계는 물론 도로의 구멍과 뒷골목의 세세한 길까지, 거리에서의 생활을 통해 나는 도시의 가능성을 한눈에 볼 수 있는 나만의 지도를 가지게 되었다. 좀 더 현실적으로 말하자면 이 지도는 나의 방법이다. 사실 40여 년 전에 이미 일련의 사회학자들이 방법론의 일종으로 각 사람이나 그룹이 매일의 삶에서 만나게 되는 현실을 대하는 방법을 두고 '인종방법론ethnomethodology'이라는 이름으로 부른 적이 있다. 해럴드 가핀켈은 이를 "매일의 삶으로 이루어진 세계의 구성적 현상학"이라고 불렀고, 인종방법론자들은 너무 작아서 인지조차 못하는 작은 일들이 결국 그 사람의 삶을 '완성'시킨다고 주장했다.[12]

인종방법론자들은 자신의 학설을 증명하기 위해 세심한 보고서를 쓰느라 고통스러웠겠지만, 우리는 이를 통해 심오한 통찰력을 얻을 수 있게 되었다. 농부, 마약중독자, 학생, 아파트 관리인, 음악가, 쓰레기 수집인 등등 그 누구도 가리지 않고 우리 모두는 매일같이 만나는 우연과 타협하기 위해 복잡한 자신만의 방법을 가지고 살아간다. 이를 통해 다시 한 번 중요한 결론에 이르게 되는데, 그것은 배운 사람이든 못 배운 사람이든, 성공한 사람이든 그렇지 못한 사람이든 관계없이 누구나 자신만의 경험을 통해 "복잡하면서도 정교한 지식"을 가지고 살아가고 있다는 것이다.[13]

쓰레기 수집인들도 도시 경험을 통해 복잡하면서도 자신만의 실제적이고도 정교한 방법들을 가지고 있다. 지난 장들을 통해서 충분히 여러분에게 소개되었기를 바란다. 다급한 순간에 내리는 그들의 현장 결정력과 순간순간 발휘되는 각자의 적용 능력은 도시의 시간과 공간을 자신의 방법으로 날마다 새롭게 재조합해내는 도시 탐색자들만의 능력이다. 시간과 공간의 자유로운 변용을 통해 도시 탐색자들은 남들과는 다른 자신만의 하루를 건설해가고 있는 것이다.

그들의 실제적인 삶의 방법은 또 기존의 가치를 전복하는 데 일조하고 있다. 단순히 법적 문제를 겪거나, 도둑으로 몰리거나 하는 정도에서 그치지 않는다. 그들의 방법론은 도시 자체를 전복시켰다가 재건하고 있다. 탐색자들이 빈둥거리는 것처럼 보이는 시간이 도시 소비문화의 기저를 흔드는 것처럼, 그들만의 방법으로 온 도시를 순회하는 동안 새로 구성된 그들만의 공간 또한 기존의 공식적 공간 구조를 허물고 있다.

물론 도시 공간을 파괴적으로 재구성하는 것은 길거리 수집자들만의 영역일 수는 없다. 다른 것은 그 파괴력에 있어서 다른 그룹과는 확연히 차이가 있다는 것이다. 예를 들어 온 도시를 아무런 속박 없이 떠돌아다니던 부랑인들^{flâneur}의 경우 끊임없는 도시의 방랑자로 유명했는데, 그뿐 아니라 도시 공간에 대한 탁월한 지식을 가진 사람들의 대명사이기도 했다. 마이클 키스에 따르면 부랑인들이 얻은 도시의 각 도로와 거리에 관한 지식은 사회적으로도 유용한 지적 자원으로, "도시를 계획할 때 도시 전체를 조명하는 힘"으로 쓸 수 있으며, "그 계획의 실용성 여부를 평가하는 잣대" 역할을 할 수 있다.[14] 도시의 거리가 아무리 복잡하다 한들 도시의 계획자들과 경찰, 개발업자 등이 감히 범접할 수도 없을 정도로 미시적인 지도를 머릿속에 담고 있는 부랑인들에게는 문제가 되지 않는다. 또 부랑인들의 지도는 도시 탐색자들의 지도와 마찬가지로 항상 고칠 준비가 되어 있기 때문에, 도시의 변화에 따라 시시각각 수정된다.

이미 소개한 바 있는 도시 이론가 미셸 드 세르토는 일반적이지 않은 도시인의 삶이야말로 변혁을 위한 힘을 가지고 있다고 말한다. 세르토에게 "도시를 재단하고 구획 짓는 사람들"은 도시민들의 실제적 삶에 대해서는 알지도 못하면서 추상적인 관념만으로 도시를 잘라 법적 제재와 효율, 통제에만 편리한 공간을 만들어낸다. 세르토는 바로 거기에 아이러니가 숨어 있다고 주장한다. 관료주의적으로 만들어놓은 도시민들의 삶 속에서, 그들이 도시를 걷고, 서로가 서로를 만나는 일이 계속되면 "도시를 꾸밀 때는 완전히 배제했던 요소들이 점차 허용되기 시작"한다. 복잡한 도시의 거리를 살아가는 사람들의 상호관계 속에서 "쓴 사람도 없고, 관객도 없는 도시의 새 이야기가 만들어진다."

도시 거주민은 도시 계획가와 정부기관이 당초 예상했던 것과 같은 방식으로 살 수 없으며, 새로운 삶의 방식을 창출해야 한다. 마찬가지로 도시의 탐색자들도 법에 무조건 굴복하거나 불복하지 못하며, 법적 한계라는 추상성을 넘어 자신만의 경험적 공간을 재건설해야만 한다. 경험에 입각한 새 지도를 그려야만 하는 것이다. 걷는 사람, 도시의 탐색자, 자전거 타는 사람, 어슬렁거리는 사람, 누가 되었든 미리 계획되고 통제된 도시의 신화를 버리고 자신만의 새로운 방법론에 입각한 새 지도를 가지게 된다. 세르토는 말한다. 도시를 통제하려고 하는 이들이 돈을 들여 만든 모든 공간적 구분은 결국 의미를 잃고, "사람들은 서로간의 교차하는 길들을 통해 자신만의 공간을 재조합한다."[15]

도시의 탐색자, 걷는 사람들, 방랑자들에 의해 재조합된 지도는 하루하루 닥치는 일들에 대한 구체적인 지침을 제공한다. 다른 도시 거주민들도 자신과 도시가 매일같이 변화되는 '매일의 혁명'을 맞고 있다. 상황주의자들—좌파 지식인, 예술가, 문화 이론가 등—은 매일같이 일어나는 진부한 소비사회를 전복시키기 위해 노력한다. 상황주의자들의 생각은 1968년 프랑스의 학생과 노동자를 중심으로 불꽃이 일었다가 1970년대 영국의 펑크 문화로 번졌고, 현재까지도 다양한 도시변혁운동과 환경주의운동으로 지속되고 있다.[16] 일상의 혁명주의자로서, 당연하다고 여겨지는 모든 의미와 감성에 대한 파괴자로서, 상황주의자들은 총과 폭탄을 쓰지는 않았다. 대신 그들은 상식으로 여겨지는 모든 것들을 부정하는 사유의 무기를 사용했다. 이해를 역전시키고, 급진적인 의미의 변용을 통해 일상이라는 안정을 우스운 꼴로 만들었다. 각종 광고판과 도로 표지판에 '비협조'의 의미를 담은 낙서를 남겼고, 진부한 만화에

도시를 재구성하라, 플로리다 탬파, 2004년 10월.

'진부함'을 새겨넣어 불법 복제하는 한편, 종교적인 상징들을 더럽혔다. 이 모든 것을 통해 상황주의자들은 사회와 존재의 불확실성에 대한 건강한 충격을 주고자 했다. 아마도 사회적 위계질서에 대한 도전이기도 했을 것이다.

도시 탐색자들이 맞고 있는 상황과 그들의 공간적 재구성 시도는 새로운 환경론적 전략으로서 훨씬 교육적인 효과가 클 것으로 여겨진다. 매일같이 만나는 도로 표지판과 빌딩들, 교통신호의 지루한 반복들 속에서 새로운 흥분과 놀라움을 맛볼 수 있도록 한다. 항상 똑같이 반복되는 사람들과의 관계, 일, 소비와 습관 속에서 벗어날 것을 권유한다. 그런 의미에서 도시 탐색자들의 시도를 통해 도시 전체가 개인과 마찬가지로 변혁될 수 있으며, 도시와 개인이 다함께 오래된 옛 지도를 버리고 새로운 지도를 그릴 것을 요구한다.

1953년에 상황주의자들이 주창한 '새 도시주의'를 예로 들면, 이반 치체글로프는 "딱딱한 도시"에서 "변화무쌍한 도시, 쉬지 않고 변화하는 도시"로 바뀌어야 한다고 주장했다. "한시도 쉬지 않고 움직이는 총체적인 변화가 필요하다."[17] 몇 년 후 기 드보르는 "정신사회학적 효과"를 고려한다면 산업화된 도시 가운데 흐르는 가능성의 모습은 부랑인들과 도시 탐색자들이 매일의 삶을 통해 실제로 만나고 있는 그것과 유사한 점이 있다고 말했다. 그 가능성이란 단순한 '기회'가 아니라, 마치 필요한 부분만 골라서 지도를 그리는 것처럼, 그 반대의 의미가 될 만한 요소들을 "찾아서 없애는 지식과 능력"을 의미한다.[18]

반세기가 지난 지금 상황주의자들이 그렸던 공간적 개념들은 새로운 모습으로 도시의 거리를 채우고 있다. 별로 '조직적이지 않은' 자전거 동호회 크리티컬 매스는 특정한 목적지나 경로를 정하지 않고 때때로 모여 자전거를 탄다. 도시의 교통체증에도 아랑곳 않고 도시의 거리를 천천히 누비며 새로운 도시를 창출하고자 한다. "우리가 바라는 세상을 살라."[19] 상황주의자들과 부랑인들의 전통을 좇는 오늘의 정신사회인들은 "지도 없는 방향"을 좇아 걸으며, 상점 선반에 물건을 몰래 두고 오는 '좀도둑 뒤집기'를 하는 등 도시의 지도를 날마다 새로 그리고 있다. 그들은 "당신의 환경을 다시 만들어갈 때, 혹은 그 안에서 놀라운 일들을 찾아낼 때, 당신을 기계로부터 해방시킬 것이다"라는 것을 믿는다.[20] 인류학자 스테파니 케인은 자신의 경험에 비추어 말하기를, "실수로 엉뚱한 길로 들어섰을 때 힘 있는 통찰력이 자주 떠오른다"며, "실수로 잘못 사용된 개인정보조차 사회적 통제에 저항하는 일에 쓰일 수 있다"고 주장한다.[21] 온 나라를 돌아다니고, 쓰레기통에 의지하여 살았던 《탈출》의 저자도 비슷한 통찰을 가지고 있었다. "나는 언제나 계획 없이 미래를 그려보곤 했다. 이를 통해 나는 내 상상력에 갇히지 않을 수 있었고, 모든 일이 가능했으며, 실제로 일어났다."[22]

포트워스의 거리를 누비던 나도 같은 것을 바랐고, 실제로 누렸다. 너무나도 실전적인 삶을 사는 동안 나만의 용어로 된 도시의 지도를 그릴 수 있었고, 전복과 놀라움을 경험했다. 길을 나설 때면 큰길을 피해 즉흥적으로 뒷골목을 더 많이 다녔다. 가장 좋은 상황보다는 가장 나쁜 상황을 기다렸고, 여행객들이 관심을 가질 만한 것이나 시민의 자랑보다는 부서지고 망가진 곳을, 쓰레기를, 깨진 관계성의 잔재들을 더 찾았다. 길거리의 가게들과 쇼핑몰에 감사했지만, 쇼윈도에 진열된 상품 때문이 아니라 그 뒤편에 자리한 쓰레기통의 깊이와 내용물의 질 때문이었다. 집값이나 학력보다 집 앞 보도의 쓰레기더미를 보고 그 동네의 수준을 판가름했다. 굽은 뒷골목을 다니면서, 특정한 시간에 구애받지 않고 지내던 그 시간 동안 나는 내가 지난 모든 도시의 구획을 재정리하고 있었다.

도시의 잊힌 의미와 공간을 되살리면서 나는 도시의 무한한 잠재성을 발견했다. 소비사회가 버린 공간에서 일하면서, 도시를 거꾸로 읽으면서, 기대하지 않는 한 모든 것이 가능하다는 것을 깨달았다. 길거리에서 만나는 모든 쓰레기통과 쓰레기더미에서 쏟아져 나오는 낡은 문고리이며 립스틱, 구리선, 소파 등 세상은 놀라움으로 가득했다. 한번은 이동식 대형 쓰레기통의 뚜껑을 열고 안으로 들어가서 리모델링 현장에서 나온 엄청난 양의 쓰레기 중에서 구리선과 동을 찾아 파헤치다가, 버려진 나무 자재가 우연히 주머니 모양으로 만들어져 있고 그 속에 흠집 하나 없이 쉬고 있는 골동품 대접 하나를 본 적이 있다.[23] 어떤 때는 더러운 쓰레기통 바닥에서 반짝거릴 만큼 깨끗한 카메라를 찾은 적도 있고, 쓰레기더미 바닥에 깔린 쓰레기봉지 속의 지갑에 든 외화를 발견한 적도 있으며, 가구 쓰레기 바닥에 있던 쓰레기봉지에서 1950년대 아기인형 신발 세트를 얻기도 했다. 신발이 든 작고 예쁜 핑크색의 상자들은 여전히 새것같이 깨끗했다. 당연히 다른 모든 사람들도 나와 똑같은 기회를 누리고 있으리라.

도시 환경은 날이 갈수록 감시와 통제가 심해지지만, 나는 버려진 것들 속에서 더 많은 놀라움과 모험을 즐길 수 있었다. 도시를 탐색하며 매일의 의미를 뒤집고, 일반적인 상황들을 특별한 사건들로 변화시키는 과정을 통해, 각종 법적 문제와 공간에 대한 정부의 통제란 나와는 상관없는 것이 되었다. 매일매일 일어나는 이 작은 혁명을 위해서는 상황주의자들과 마찬가지로 총과 포가 필요 없었다. 단지 공간의 전복이 필요할 뿐이었다. 그 짜릿한 즐거움도 좋은 모터사이클이나 스포츠카와 같이 끊임없는 상품의 구매를 통해서가 아니라, 어제의 소비자가 버린 물건을 분류하는 것에서 오는 것이었다. 상황에서 상황으로, 현재와 다음을 잇는 다양한 공간의 변화를 지도로 그리면서 나는 소비가 넘치는 도시로부터 탈출할 수 있었다. 그러나 이는 도망가는 탈출이 아니라 그 속에서 나를 잊고 새롭게 시작하는 것이었다.

사실, 그 모든 깨달음은 실제적인 삶과 함께 이루어진 것이어서 쓰레기 재활용 활동을 더 진행하면 할수록 더 깊은 깨달음을 얻을 수 있었다. 그뿐 아니라 생활에 필요한 모든 도구나 옷가지까지 제공되었기에 자급자족적 삶을 살아가는 데 필요한 모든 것들이 공급되는 즐거움을 항상 느낄 수 있었다. 관료주의적 계획이나 상업적 성공이라는 상투적인 관점으로 보자면 쓰레기 수집이란 더러운 활동에 지나지 않을지도 모르겠다. 그러나 나에게 있어서는 도시의 마법을 경험하는 매혹적인 활동으로, 라울 베니겜이나 상황주의자들이 그랬듯 낡은 도시를 "숨이 막힐 정도로 아름다운" 곳으로 만들어주는 것이었다.[24]

한번 상상해보자. 도시의 지루한 일상이 불확실성과 놀라운 순간으로 가득 차게 되는 마술과 같은 상황은 범죄자들의 심리를 설명해준다.[25] 강도, 길거리 레이서, 스케이트 펑크족, 그래피티 작가들, 갱단, 그들 모두는 도시의 법을 거꾸로 읽고 자신들의 욕구에 근거하여 도시를 다시 그리고 있다. 그들에게는 고속도로 진입

로나 도시의 뒷골목, 골목의 벽 등이 마치 불법의 세계로 들어가도 괜찮은 탈출구로 여겨질 것이다. 도시 탐색자들에게는 이렇게 도시를 다시 그리는 작업이 불법적인 행위의 성패를 좌우하는 아주 실제적인 문제가 된다. 그러나 공간 재구성은 동시에 인식론적이며 정서적인 문제여서 현실적으로 자물쇠가 몇 개나 부서졌는가, 도시 벽이 얼마나 그림으로 칠해졌는가의 문제라기보다는 내가 속한 도시를 어떻게 바라보는가 하는 문제에 더 가깝다. 지리학자 에드워드 소자는 "더 유연하고 균형 잡힌 비판적 지리학은 공간을 차지하는 사회적 부산물과 함께 사람이 어떻게 배열되었는지 살피는 눈을 요구한다"고 말한다.[26] 에드워드의 관점을 적용시키면 범죄를 저지르는 행위도 도시 공간에 관한 경험적 재생산과 같은 맥락에서 통합적으로 이해할 수 있을 것이다.[27]

쓰레기 수집 활동을 통해 나는 도시에 관한 새 지도를 그릴 수 있었다. 느림의 즐거움을 누렸고, 삶의 주변성으로부터 오는 가능성을 맛봤으며, 도시의 뒷골목과 버려진 공간이 내 속에서 재건설되는 것을 목격했다. 이 연구를 수행하기 위해 계약을 맺은 적도 없고, 직업도 없이, 리서치 프로젝트나 현장 경험이 아닌 단순한 탐색자로 도시의 '현상 자체가 되기' 위해 애썼다. 바로 그때 나는 가장 적절한 시간에 가장 적절한 공간을 차지할 수 있었고 도시 삶의 다양한 사회적 관계 속에 존재할 수 있게 되었다. 존경하는 시민들이 자기 쓰레기를 뒤지는 나를 경멸하는 눈길로 바라보는 것을 보았지만, 다른 시민들로부터, 또 다른 탐색자들로부터는 친절히 안

내받고 용기를 얻었으며, 쓰레기통에 물건을 더하거나 뺄 사람들과 부딪히면서 당황하기도 많이 했다. 그 모든 경험이 나에게는 살아 있는 통찰력이 되어 우리 모두가 구체적인 새로운 존재로 거듭나는 순간을 체험했다. 그들 모두가 탐색자로서의 나와 나의 감정에 대한 뭔가를 가르쳤고, 나는 이를 통해 탐색자의 세계가 무엇인지, 그들이 속한 도시가 무엇인지를 배울 수 있었다.[28] 겸손과 굴욕, 감사, 독립성, 자존심, 기쁨 등 그들 자신이 나의 과거가 되어주는 바람에 나는 나 스스로를 발견할 수 있었고, 나와 같은 상황을 나누고 있는 그들을 더 잘 이해할 수 있었다.

그리고 우리는 다함께 끊임없는 도시의 변화에 이를 수 있었다. 혹은 내가 있어야 할 유일한 장소, 방랑의 삶에 도달할 수 있었다.

결론

하루하루 즉흥적인 삶

버려진 옷이나 깡통이 어디에 있는지, 매일매일 어떻게 살아남았는지에 대해 온통 관심을 쏟게 되는 길거리의 세계는 철저히 현실적이면서도 동시에 깊은 대안적 의미의 세상을 품고 있다. 내가 그렇게 살았듯, 그 세계에서 살고 노동한다는 것은 오랜 세월에 걸쳐 이루어진 오늘날의 소비문화를 무너뜨리는 작업에 동참하는 것이며, 법과 범죄의 경계를 허무는 작업이며, 시간과 공간, 정체성의 현실성을 되돌아본다는 것을 의미한다. 탐색자만의 리듬을 가지고, '문화'란 결코 대중매체를 통해 보이는 것이나 도덕적 기업에 의해 형성되는 것만이 아니며, 세상에서 가장 일반적인 장소에서도, 사회적으로 가장 낮은 계층부터 가장 높은 계층까지 다함께 만들어나간다는 사실을 보여주는 것이다. 아름다움과 비극, 기억과 감정이 쓰레기통을 가득 채울 때 이를 의지하여 살아가는 사람들의 삶은 많은 이들이 주목하지 못할지라도 충분히 가치 있다.

길거리 세계 깊숙한 곳, 생존을 위한 대안적 수단을 강구하도록 강요받은 사람들 가운데서 나는 결코 비천함이나 세속적 계산 대신 관대함과 즐거움, 혁신, 예술을 발견했다. 길거리 세계에서 나누었던 문화—명예 관념, 상부상조, 상호 존중, 진보적 사회 변화를 위한 의지—는 단순히 범죄로 몰아붙이기에는 다른 어떤 가능성보다 큰 힘을 가지고 있었다. 쓰레기통 속의 미국 소비문화는 낭비를 낳았다. …… 하지만 꽃도 피웠다.[1]

범죄학적 복잡성에 대해서도 한 단계 깊이 이해하는 계기가 되었다. 쓰레기통을 뒤지는 모든 이들이 저지르는 불법에서부터 페인트 통을 쓰레기 사이에 버리는 사람까지 길거리 세계 도처에서 법적 문제가 터지고 있었다. 술 취한 쓰레기 수집인이 차를 운전하는 것, 또 그가 뒤진 쓰레기더미에서 나오는 총알과 주류는 물론이고, 단 필립스와 해비타트가 지은 너무나 아름다운 집 그러나 법적 기준보다 좁은 집, 그 모두가 갖가지 이유로 범죄라는 이름을 뒤집어쓸 수 있었다.

그러나 자전거를 타고 돌아다니면서, 내가 찾은 물건에 의지해서 단순히 생존하는 것이 목표였던 나는 결코 불법적인 프로젝트를 진행할 의사는 없었다. 대신, 길거리 세계가 나에게 무엇을 줄 수 있을지를 기다렸다. 이렇게 느린 속도와 우연으로 보이는 결과에 익숙해지는 것이 길거리 세계를 살아가고, 그 세계의 느린 변화를 누릴 수 있는 방법이었다. 내 동료인 메다 체스니-린드와 나는 학문적인 연구에도 이 방법을 적용시키는 것이 좋겠다고 몇 번이나 동의했다. 지난 몇 년을 돌아볼 때, 우리가 공동 연구했던 과제 중 가장 좋은 결과가 나온 것은 처음부터 확실한 목표의식을 가지고 출발한 것보다는 어떤 변수가 끼어들지에 대해서 그 가능성을 끝까지 열어둔 채로 진행했던 프로젝트였다. 진행 과정 중에는 목적과 가능성 사이에 창의적인 긴장이 개입되었고, 연구자들은 지적 탐색자가 되어 각 상황과 생각을 자유롭게 분류하는 역할에만 충실했다.[2] 그 결과, 마치 재즈 연주에서 같은 테마를 공유하는 연주자들이 협력하여 즉흥적인 음악을 뽑아내듯이 이전에는 기대할 수 없었던 연구 결과를 도출할 수 있었다.

이 긴장은 문화범죄학에도 적용되어 기존의 진부한 범죄학적 접근과는 구분되는 결과를 만들어내고 있다. 문화범죄학은 기존의 엄정한 사회과학보다는 그 끝이 열려 있는 재즈 연주에 가까워서, 문화범죄학자와 그들이 마주하게 되는 사람들과의 사이에서 벌어지는 다양한 순간과 상황이라는 연주가 그대로 연구에 반영된다.[3] 즉흥적으로 부딪혀가는 삶 자체가 우리 삶의 가치를 만들어가기에, 그 삶의 변화 자체가 진정한 가치인지도 모르겠다. "창의적 자발성의 순간이 바로 낡은 시각을 벗어버리는 가능성의 순간이다." 《삶을 통한 매일의 혁명 The Revolution of Everyday Life》에서 라울 베니겜은 이렇게 말한다. "이는 일원론적 순간이다. 즉, 하나이며 여럿이다. 삶의 기쁨은 나 자신을 잃음으로 인해 진정한 나를 찾는 것과 같아서, 내가 존재하는 것을 잊을 때에라야 나 자신을 깨달을 수 있다. 재즈의 즉흥 연주와 같이 경험을 의식하는 것도 여전히 변화 속에서만 가능하다."[4]

후주

1

1 예를 들어 "Degradation and Rehabilitation in Popular Culture"(Jeff Ferrell, Journal of Popular Culture 24(3)(1990), p.89~100; Jean Guiot & joseph Green이 편집한 *From Orchestras to Apartheid*(North York, Ontario: Captus, 1990)의 "Dancing Backwards: Second-Hand Popular Culture and the Construction of Style"(Jeff Ferrell), pp.29~43 참조.
2 Jeff Ferrell의 *Tearing Down the Street: Adventures in Urban Anarchy*(New York: Palgrave/St.Martin's, 2001; Palgrave/Macmillan, 2002), 3장 참조.
3 Gary Fisher는 Bill Strickland가 편집한 *The Quotable Cyclist*(New York: Breakaway Books, 1997)를 인용.
4 Susan Strasser의 *Waste and Want: A Social History of Trash*(New York: Henry Holt, 1999) 참조. 같은 주제에 대해 더 찾고자 한다면 Erving Goffman의 *The Presentation of Self in Everyday Life*(Garden City, NY: Doubleday, 1959)에서 앞부분과 뒷부분에 소개된 사회적 삶에 대해 살펴보라.
5 Donald Cressey의 *Other People's Money*(New York: Free Press, 1953).
6 월드워치 인스티튜트The Worldwatch Institute의 보고서 *State of the World 2004*(New York: W.W.Norton, 2004), p.4~5.
7 _____, *State of the World*, p.16.
8 예를 들어 Thorstein Veblen의 *The Theory of the Leisure Class*(New York: New American Library, 1953[1899])에서 "conspicuous leisure"과 "conspicuous consumption"; Janet Thomas, *The Battle in seattle: The Story Behind and Beyond the WTO Demonstrations*(Golden, CO: Fulcrum, 2000)를 참조.
9 Barney G. Glasser & Anselm L. Strause, *The Discovery of Grounded Theory: Strategies of Qualitative Research*(Chicago: Aldine, 1967) 참조.
10 Online Etymology Dictionary(www.etymonline.com); William Morris가 편집한 *The American Heritage Dictionary of the English Language*(Boston: Houghton-Mifflin, 1979), p.1168.

11 Oxford English Dictionary Online(OED Online, www.oed.com, www.askoxford.com).
12 *The Times*의 통신원인 프랭크 와이트Frank White는 사진작가 진 로이Jean Roy를 1956년 루셀 밀러Russell Miller에서 만났다. *Magnum: Fifty Years on the Front Line of History*(New York: Grove, 1997), p.133.
13 Morris, *American Heritage*, p.1168.
14 Strasser, *Waste and Want*, p.116.
15 Charles Loring Brace, *The Dangerous Classes of New York, and Twenty Years Work among Them*(New York: Wynkoop and Hallenbeck, 1872), p.147, pp.152~154.
16 Strasser, *Waste and Want*, p.73, p.77, p.115.
17 Stuart Herny, *The Hidden Economy: The Context and Control of Borderline Crime*(London: Martin Robertson, 1978), p.4, p.12.
18 www.allthingsfrugal.com
19 Gertrude Chandler Warner, *The Boxcar Children*(Niles, IL: Albert Whitman and Co., 1942), 뒤표지 안쪽 면과 pp.47~48.
20 Franz Lidz, *Ghosty Men*(New York: Bloomsbury, 2003), p.7, p.11.
21 Lars Eighner, *Travels with Lizbeth*(New York: Fawcett Columbine, 1993).
22 "'Junkyard' Junction," *Fort Worth Star-Telegram*, 2003년 6월 12일 자, p.3.; Robert Caldwallader, "Scrappers," *Fort Worth Star-Telegram*, 2003년 6월 14일 자, p.18B.
23 Alexis Swerdloff, "Pop Trash: French Photo-Journalists Go Dumpster Diving with the Stars in a New Exhibit," *Papermag*(www.papermag.com), 2004.; Joe Ratigan, *Salvage Style*(New York: Lark Books, 2001).
24 텍사스의 휴스턴 시 의원인 마크 엘리Mark Ellis는 그레브스Rachel Graves의 말을 인용했다. "City May Tell Homeless to Move Along," *Houston Chronicle*, 14 May 2002, pp.1A, p.10A.
25 "Search and Seizure-Garbage Searches," *Harvard Law Review* 102, no.143(1998년 11월), p.191~201 참조.
26 Dave Ferman, "Trophy Club Town Council Votes to Make Scavenging in Trash a Crime," *Fort Worth Star-Telegram*(www.infoweb.newsbank.com), 2004년 1월 20일 자, 관련된 내용으로 Steve Jusseaume, "Trash-Takers to Land in Heap of Trouble," *Hampton Union*(www.seacoastonline.com), 2002년 7월 30일 자 참조.
27 "Newark Targets 'Poachers' of Curbside Recyclable Trash," *U. S. Water News*(www.uswaternews.com), 1995년 10월.
28 C.T. Butler and Keith McHenry, *Food Not Bombs*(Tucton, AZ: See sharp Press, 2000), p.1, 이탤릭체 부분, pp.29~34. Richard Edmondson, "The Permit Game," *SFLR News*(San Francisco), 1999년 10월 31일 자 참조.

29 "Know Garage Sale Guidelines," Fort Worth Star-Telegram, 24 Feb. 2003, p.2B. 포트워스 시 규례는 또 "애완동물을 찾습니다"라는 포스터를 붙이는 것도 금하고 있다. Martha Deller, "Sign fine Spurs Petition Plans in River Oaks," Forth Worth Star-Telegram, 11 June 2003, p.7B 참조.
30 길거리에서 주운 물건을 팔아 돈을 버는 행위는 법적으로 엄격히 금지되는 위법 행위다. 그러나 다른 지하경제와 마찬가지로 암묵적으로 행해지고 있으며, 미국 정부는 이처럼 바보 같은 법에 대해 의문을 가지고 있다. Henry, The Hidden Economy 참조.
31 "Plice Nab Coin-Fishing Man," Fort Worth Star-Telegram, 7 Aug. 2002, p.9A; "Woman Caught Scooping Money from Fountain," Fort Worth Star-Telegram, 10 Aug. 2002, p.10A; 진 니글레스코Jean Negulesco가 감독한 영화, "Three Coins in Fountain"(film, 1954) 참조.
32 Ed Johnson, "Pond Diver Trapped in jail for Salvaging Lost Golf Balls," Fort Worth Star-Telegram, 3 May 2002, p.5A; "Golf-ball Scavenger Won't go to Jail," Fort Worth Star-Telegram, 21 May 2002, p.5A.
33 Michael Digregorio, "Recycling in Hanoi," Southeast Asia Discussion List(SEASIA-L@msu.edu), 5 Feb 1995; "Vietnamese Scrap Metal Collecting," Mine Action Information Center(www.maic.jmu.edu), 17 June 2002; Lisa M. Vanada, "GERGERA: Mine Action Activities in Vietnam and Laos," Journal of Mine Action: Landmines in Asia and the Pacific, Issue 5.1(2001년 봄호), p.49; "Nine Kyrgyz 'Metal Hunters' Die in Dump Collapse," Reuters(www.planetark.org), 12 April 2001; "Scrap Metal Thieves Raid Nuclear Lighthouse," Thomas Crosbie Media, Ireland(www.archives.tcm.ie), 24 May 2001.
34 "Scavengers Are Gauge of Rising Poverty," Los Angeles Times(www.latimes.com), 19 Nov. 2002. Jon Jeter, "Scrap by Scrap, Argentines Scratch Out a Meager Living," Washington Post(www.mre.ogv.br), 6 July 2003; Jonathan Goldberg, "One Man's Trash," the American Prospect(www.prospect.org/webfeatures), 21 Jan. 2003.
35 Jack Kerouac, Lonesome Traveler(New York: Grove Press, 1960), pp.5~6.
36 Eighner, Travels with Lizbeth, pp.117~118, p.121.
37 작자 미상, Evasion(atlanta: Crimeth Inc., 2003), p.21, p.64, p.119.
38 Glaser and Strauss, The Discovery of Grounded Theory 참조.
39 철로를 따라다니는 동안 우리가 보통 '철로변의 구슬'이라고 부르는 물건들도 찾을 수 있었다. 한 늙은 철로 수리공이 알려준 사실은 그 철로를 따라서 구슬을 운반하는 화물차가 지나가다가 가끔 화물을 떨어뜨렸기 때문이라고 한다. 이유야 어찌됐든 우리는 그 초록색 구슬을 좋아했고, 주운 구슬은 나중에 내다 팔 수도 있었다.
40 66번 도로에서 가장 유명하고 사진으로 기록이 남아 있는 것은 크고 오래된 뉴멕

시코 스타일의 창고다. 나는 나이가 들면서 자동차 문화에 대한 환상이 깨졌지만 자동차 휠 커버는 계속 수집했는데, 대부분은 아주 낡은 것들이었다. Ferrell, *Tearing Down the Street* 참조.
41 Strasser, *Waste and Want*, p.116.
42 Dan Phillips, "Making the American Dream Affordable," *Fine Homebuilding*, no.136(Jan. 2001), p.94~99; Jason Lynch and Gabrielle Cosgriff, "Surreal Estate," People(25 Mar. 2002), pp.81~82 참조.
43 Jean Genet, *The Thief's Journal*(New York: Grove, 1964), p.19.
44 Jeff Ferrell, *Crimes of Style: Urban Graffiti and the Politics of Criminality*(New York: Garland, 1993, and Boston: Northeastern University Press, 1996); Jeff Ferrell and Clinton R. Sanders, editors, *Cultural Criminology*(Boston: Northeastern University Press, 1995).
45 Jeff Ferrell과 Mark. S. Hamm 공동 편집, *Ethnography at the Edge*(Boston: Northeastern University Press, 1998); Jeff Ferrell과 Neil Websdale 공동 편집, *Making Trouble: Cultural Constructions of Crime, Deviance, and Control*(New York : Aldine de Gruyter, 1999); Jeff Ferrell, *Tearing Down the Streets: Adventures in Urban Anarchy*(New York: Palgrave/St. Martin's/McMillan, 2001/2001).
46 예를 들어 Stephen Lyng 편집, *Edgework: The Sociology of Risk*(New York: Routledge, 2005); Jack Katz, *Seductions of Crime*(New York: Basic Books, 1988); Ferrell, *Crimes of Style* 참조.
47 최근에 발표된 자료 참조. 예를 들어 *Theoretical Criminology* 8, no.3(2004), 문화범죄에 대한 부분; Jeff Ferrell, Keith Hayward, Wayne Morrison, Mike Presdee 공동 편집, *Cultural Criminology Unleashed*(London: Cavendish/Glasshouse, 2004); 또 *Crime, Media, Culture: An International Jouranl*(London: Sage)의 모든 이슈 참조.

2

1 Michel de Certeau, *The Practice of Everyday Life*(Berkeley: University of California Press, 1984) 참조.
2 그녀의 진짜 이름은 아니다.
3 Luis Bunuel이 감독한 영화, *The discreet Charm of the Bourgeoisie*(film, 1972) 참조.
4 REM, *Automatic for the People*(album/CD, 1992), Warner Bros. 참조.
5 Susan Strasser, *Waste and Want: A Social History of Trash*(New York: Henry Holt, 1999), p.101.
6 Loudon Wainwright III, "Dead Skunk," *Album III*(album, 1972), Columbia.

7   흰 상자 속에는 1달러 19센트짜리 새 붓도 들어 있었다.
8   Lars Eighner, *Traverls with Lizbeth*(New York: St.Martin's Press, 1993), p.121.
9   작자 미상, *Evasion*(Atlanta: CrimethInc., 2003), p.68.
10 Zoe Bake-Paterson, "The Art of Dumpster Diving," *Martlet This Week* 56, no.17(8 Jan. 2004)(www.martlet.ca).

3

1   책의 앞부분으로, 쪽번호가 없는 곳.
2   pp.90~91.
3   2002년 9월 초였다. 그날 자전거를 타고 한 바퀴 돌았을 때, 다른 물건들도 많이 구할 수 있었다. 부츠 관리제, 엉덩이 팩, 해군 스타일 벨트; *The Outdoorsman's Emergency Manual*, *Oklahoma on the Rocks*(암벽 등반 가이드북), *The wilderness Handbook*, J.fenimore Cooper의 *The Last of the Mohicans* 등이었다.
4   *St. Louis Post-dispatch* 10장 참조.
5   Jeff Ferrell, "Speed Kills," *Critical Criminology* 11(2003), pp.185~198; Jeff Ferrell, *Tearing Down the Streets*(New York: Palgrave/McMillan, 2002) 참조.
6   Susan Strasser, *Waste and Want*, pp.77~78.
7   Barbara Ann Kipfer, 편집, *Roget's 21st Century Thesaurus*(New York: Delacorte, 1992), p.739.
8   H. L. Mencken, *Supplement II*, *The American Language*(New York: Alfred A. Knopf, 1948), p.722, p.782.
9   Katherine L. Lipscomb and Virginia B. Chamberlain, 공동 편집, *Fort Worth Social Directory 1981~83*(Fort Worth, TX: Fort Worth Social Directory Association, 1981), pp.45~46, p.196. 모든 이름과 개인정보는 원본과 다르다.
10 '개인정보 수집'의 개념에 대해 알려준 Bob Young에게 감사한다.

4

1   Jeff Ferrell, "Degradation and Rehabilitation in Popular Culture," *Journal of Popular Culture* 24, no.3(1990), pp.89~100; Jeff Ferrell, "Dancing Backwards: Second-Hand Popular Culture and the Construction of Style"(North York, Ontario: Captus Press, 1990), pp.29~43.
2   Gregory Lee Cuellar, "Unheard Voice"(letter to the editor), *Fort Worth Star-*

Telegram, 9 July 2003, p.B10.
3   Bud Kennedy, "Church 'Shop' Given a Second Chance," *Fort Worth Star-Telegram*, 28 June 2003, p.B1, p.B13; Bud Kennedy, "Church Women Could Use a Little Grace from the City," *Fort Worth Star-Telegram*, 31 May 2003, p.B$_1$, p.B$_5$.
4   전화 인터뷰, 2004년 10월 29일. 교회 프로젝트의 이름은 교인인 '제나'라는 3세 여자아이에게서 따온 것이라고 한다. 이 아이의 소망은 교회가 계속해서 외국인을 대상으로 한 자선사업을 하는 것이라는 것도 더불어 알 수 있었다.
5   Howard S. becker, *Outsiders: Studies in the Sociology of Deviance*(New York: free Press, 1963).
6   예를 들어 Judy Attfield, *Wild Things: The Material Culture of Everyday Life*(Oxford, UK: Berg, 2000), pp.121~148.
7   *Evasion*, p.20.
8   Susan Strasser, *Waste and Want*, p.10.
9   Naomi Klein, *No Logo*(New York: Picador, 2000)(www.nologo.org); William Greider, *One World, Ready or Not: The Manic Logic of Global Capitalism*(New York: Simon and Schuster, 1997) 참조.
10 한번은 다른 사람이 길거리에서 모아놓은 물건들을 발견한 적도 있었다. 길가에 있던 엄청나게 많은 물건들 중에서 "임대합니다"라는 문구가 쓰인 것들은 나무로 만든 바구니에 들어 있었다. 아마도 다른 누군가가 여기저기서 모은 물건들을 한 곳에 둔 것으로 보였다. 물건에는 각 주와 사람, 각기 다른 날짜가 쓰여 있었다.
11 "How I Skipped Work and Found a Secret World," *The Times*(London), 18 Nov. 2004, pp.4~5; Thomas Barlett, "The Emperor of Scrounge," *Chronicle of Higher Education*, 26 Mar. 2004, p.A$_{10}$~A$_{12}$.
12 Charles Loring Brace, *The Cangerous Classes of New York*(New York: Wynkoop and Hallenbeck, 1872), pp.152~153.
13 포트워스 지방자치법, Sec. 11A~26, "Storage of Discarded, Used, and Broken Items"(Ord. No.12931,3-25-97).
14 "공공장소나 이웃 개인 소유지에서 지붕이나 현관에 둔 물건이 보이는 경우"도 처벌 대상이 된다.
15 Anna M. Tinsley, "City Code Watchers Are Hitting the Streets," *Fort Worth Star-Telegram*, 5 May 2004, p.,B, p.9B.
16 Tinsley 참조.
17 실명이 아님.
18 9·11 참사 희생자 가족 중 한 명이 어떻게 그렇게 빨리, 또 효율적으로 세계무역센터의 붕괴된 잔해를 쓰레기 매립장에 쓸어 담아버릴 수 있느냐며 분통을 터뜨렸다. 아무도 모르게 자동차 부품으로 쓰였을지도 모를 일이다.

19 Andrew Jacobs, "The Accidental Environmentalist," *New York Times*, 25 Sep. 2004, p.A24.

5

1 Peter Kropotkin, "Mutual Aid," *The Essential Kropotkin*(New York: Liveright, 1975), p.207.
2 쓰레기 수집가 레슬리 헴스트리트Leslie Hemstreet는 "집 앞에 평생 '무료' 상자를 둔다"고 했다. 부수적으로 물건을 찾아다닐 일도 없어졌다고 한다. 라스 아이그너도 다음과 같이 말했다. "쓰레기 수집가들은 모두 자기가 만진 것은 모두 가지려는 순간이 있다." *Travels with Lizbeth*(New York: Rawcett Clumbine, 1993), p.118.
3 Leslie Hemstreet, "Out of the Dumpster," 출판되지 않은 부분.
4 Anna M. Tinsley, "City Code Watchers Are Hitting the Street," *Fort Worth Star-Telegram*, 5 May 2004, p.1B.
5 "Fort Worth City Page," *Fort Worth Star-Telegram*, 13 Sep. 2004.
6 Tinsley, "City Code Watchers Are Hitting the Street," p.1B; "No Posting on City Poles," on the "Fort Worth City Page," *Fort Worth Star-Telegram*, 13 Sep. 2004.
7 Martha Deller, "Sign Fine Spurs Petition Plans in River Oaks, *Fort Worth Star-Telegram*, 11 June 2003, p.7B.
8 C. T. Lawrence Butler and Keith McHenry, *Food Not Bombs*, rev. ed.(Tucson, AZ: See Sharp Press, 2000), p.96와 쪽번호 없는 부분 참조.
9 Joshua bernstein, "Trash Clan,"(www.infoshop.org, 1 Mar. 2002); Chris Carlsson 편집, *Critical Mass: Bicycling's Defiant Celebration*(Oakland, CA: AK Press, 2002). Jeff Ferrell, *Tearing Down the Streets*, p.91~147 참조; Garth Batista 편집, *Bicycle Love*(Halcottsville, NY: Breakaway Books, 2004). 'Bikes not Bombs' 멤버들은 국경을 넘을 때 트럭에 자전거를 싣고 지나기보다 자전거를 직접 타고 한 사람씩 지나간다. 그래야 세금과 관련된 법에 저촉되지 않기 때문이다.
10 Aman Batheja, "Web Service Gives Altruists a Home Page," *Fort Worth Star-Telegram*, 7 Mar. 2004, p.1B, p.4B. 또 하와이의 무료 가게에 대한 정보를 준 메다 체스니-린드에게 감사한다.
11 Hemstreet, "Out of the Dumpster."
12 Neil Seldman and Mark Jackson, "Deconstruction: Deconstruction Shifts from Philosophy to Business,"(www.ilsr.org), 2000년 7월, p.1; Urban and Economic Development Division, U.S. Environmental Protection Agency, "Building Deconstruction and material Reuse in Washington, D.C.,"(www.smartgrowth,org, 6

Mar. 2003과 RIP, Jackie Derrida.
13 Karen Brophy, Joedy Isert, Michelle Kennedy, Becky Haskin, Mike Lee, "Zoning Puts Dent in Habitat Homes," *Fort Worth Star-Telegram*, 28 Mar. 2004, p.1B, p.9B.
14 Anna M. Tinsley, "Program Offers Incentives for Glass Bottles," *Fort Worth Star-Telegram*, 2 June 2003, p.1B, P.9B.
15 몇 달 후, 자금 사정으로 인해 프로그램은 문을 닫았다.
16 Jon Peter, "Scrap by Scrap, Argentines Scratch Out a Meager Living," *Washington Post*(www.mre.gov.br), 6 July 2003; Hector Tobar, "Scavengers Are Gauge of Rising Poverty," *Los Angeles Times*(www.latimes.com), 19 Nov. 2002.
17 오스카 와일드에게 죄송한 마음을 전한다.
18 빌리 스트레이혼에게 죄송한 마음을 전한다.
19 Hemstreet, "Out of the Dumpster."
20 Leah Ollman, "The Lives of Hannah Hock," *Art in America*, 1998년 4월, pp.101~105.
21 예를 들어 Raoul Vaneigem, *The Revolution of Everyday Life*(London: rebel Press, 2001[1967]); greil Marcus, *Lipstick Traces: A Secret History of the Twentieth Century*(Cambridge, MA: Harvard University Press, 1989) 참조.
22 Bill Donabue, "Roadside Relic," *Metropolis*(www.metropolis.com), 2002년 3월; Judith McWillie, "(Inter)Cultural (Inter)Connections," *Public Art Review* 4, no.1(1992), pp.14~15.
23 Lucy Lippard, *Mixed Blessings: New Art in a Multicultural America*(New York: Pantheon, 1990), p.66.
24 Greg Bottoms, "The Gospel According to James," *Utne reader* 110(2002), p.77~80; Lynda Roscoe Hartigan, "From Garage to Gallery: James Hapton's Capital Monument," *Public Art Review* 4, no.1(1992), p.20~21, p.26; Charlene Cerny, Suzanne Seriff, John Bigelow Taylor 공동 편집, *Recycled Re-Seen: Folk Art from the Global Scrap Heap*(New York: Harry Abrams, 1996).
25 David Biddle, "Dumpster Diving for Profit and Passion," *In Business Magazine*(www.jgpress.com), 1999년 5/6월호; Bernstein, "Trash Clan."
26 James Sullivan, "Trash Turns into Treasure as New Art form Evolves," *San Francisco Chronicle*, 22 April 2004, p.C17; Amy Nevala, "Welder Recycles Scrap into Bovine Pasture Art," *Seattle Post-Intelligencer*(http://seattlepi.nwsource.com), 15 Jan. 2000; Jim Powers(www.powersville.net); Robyn Hofman, "Farm Junk as Art," *American Profile*(www.americanprofile.com), pp.17~23 Mar. 2002. 최신의 재활용 예술에 대해서는 Ferrell, *Tearing Down the Street* 참조; Michael Wallis and Jack Parsons, *Heaven's Window*(Santa Fe: Graphic Arts Center Publishing, 2001), 로

스 알라모스의 재활용품 예술 참조.

27 Davy Rothbart, *Found*(New York: Fireside, 2004).
28 Hemstreet, "Out of the Dumpster."
29 Barry Shlachter, "Guitar Man," *Fort Worth Star-Telegram*, 28 July 2003, p.1C, p.8C. 슬프게도 셰퍼는 이제 미네소타에 산다.
30 Amber Nimocks, "Pet Projects," *Fort Worth Star-Telegram*, 26 July 2003, p.3E.
31 Bryon Okada, "Heavy Metal," *Fort Worth Star-Telegram*, 20 May 2003, p.12B.
32 론 드로윈과Ron Drouin의 인터뷰, 텍사스 포트워스 그린베이 교도소, 2003년 8월 5일, 인용구는 모두 그와의 인터뷰에서 론이 한 말이다. 제니스 존슨의 글 "'Junk' Turns to Earth Day Treasures," *The Shorthorn*(University of Texas at Arlington) (www.theshorthorn.com), 17 April 2002 참조.
33 Steve Earle, "Ellis Unit One," *Sidetracks*(Album/CD, 2002), E-Squared 참조.
34 Jason Lynch and Gabrielle Cosgriff, "Surreal Estate," *People*, 25 March 2002, pp.81~82; Dan Phillips, "Making the American Dream Affordable," *Fine Homebuilding* 136 (2001년 1월), pp.94~99.
35 텍사스 헌트빌에서 단 필립스Dan Phillps와의 인터뷰, 2002년 4월 10일, 인용된 부분은 인터뷰 때 단이 한 말이다.
36 필립스의 작업은 이제 헌트빌 시와의 공동작업인 "쓰레기를 쟁기로" 프로그램으로 확대되었다; Patricia Johnson, "Leftovers Good Enough to Live In," *Houston Chronicle Magazine*, 23 May 2004, p.8~11, p.15 참조.
37 Dan Phillips, "Do It Again, Leon" 출판되지 않은 글.
38 그러나 필립스는 헌트빌 시의 조례 위반 조사에서 무죄 판결을 받았다. "혐의가 항상 부인되는 것은 아니지만, 이번에는 그랬다." 이 문제에 관해 더 많은 정보를 원한다면 필립스의 웹사이트(www.phoenixcommotion.com) 참조.
39 John Dewey, *Art as Experience*(New York: Perigree, 1980[1934]).
40 Carl Sandburg, "Notes for a Preface," *The Complete Poems of Carl Sandburg* (New York: Harcourt Brace Jovanovich, 1969/1970), p.31; *Egg: The Arts Show* (PBS/WNET), 2001에 인용된 Vollis Simpson의 대화 참조.
41 Jeff Ferrell, *Crimes of Style: Urban Graffiti and the Politics of Criminality* (Boston: Northeastern University Press, 1996).
42 작자 미상, 탈출, pp.50~51에 나오는 다양한 작품 참조. 그는 또 8밀리미터 카메라를 가지고 "dump-umentary"를 찍었다. 나도 35밀리미터 카메라를 포함해 다양한 카메라를 구할 수 있었지만 "scroungementary"를 찍지는 못했다. 스텐실 작품과 관련해서는 Ferrell, *Crimes of Style*과 "The World Politics of Wall Painting", *cultural Criminology*(Boston: Northeastern University Press, 1995), pp.277~294 참조.

6

1 Thorstein Veblen, *The Theory of Leisure* Class(New York: New American Library, 1953[1899]).
2 Andrea Jares, "All Stored Up," *Fort Worth Star-Telegram*, 8 Aug. 2004, p.1F, p.6F.
3 Thorstein Veblen, *The Portable Veblen*, ed, Max Lerner(New York : Viking, 1970[1948]), p.112, p.116, p.117.
4 Snoop Doggy Dogg, *Doggy Style*(album/CD, reissue 2001), Death Row.
5 Richard Peterson, *Creating Country Music: Fabricating Authenticity*(Chicago: University of Chicago Press, 1997). 이 부분은 어쩔 수 없이 노동을 하는 사람들이 문화적 차이로 인해 "마술과 같은 추억"이 없다는 것을 말하고자 함은 아니다.
6 William Greider, "Those Dark Satanic Mills," in David Newman and Jodi O'Brien 공동 편집, *Sociology: Exploring the Architecture of Everyday Life*(Thousand Oaks, CA: Pine Forge, 2002), pp.320~331(인용 p.327). David Redmon's documentary film, *Mardi Gras: Made in China*(2004)도 참조. 2년 후, 나는 포장을 뜯지 않은 크리스마스 선물들을 발견했고 그중에는 마트로시카 인형도 있었다.
7 Lars Eighner, *Travels with Lizbeth*, p.119.
8 Jonathan Goldberg, "One Man's Trash," *American Prospect*, 30 Jan. 2004.
9 Anna Tinsley, "'Bottle Bounty' Funds Drying Up," *Fort Worth Star-Telegram*, 25 Sep. 2004, p.B$_{10}$.
10 Andrew Jacobs, "The Accidental Environmentalist," *New York Times*, 25 Sep. 2004, p.A$_{24}$.
11 Dick Hebdige, *Subculture: The Meaning of Style*(London: Methuen, 1979), p.102. 앨버트 코헨Albert Cohen의 하위문화에 관한 기본개념을 통해 내가 생각하는 길거리 세계의 문화를 정리할 수 있을 것이다. Albert Cohen, *Delinquent Boy*(New York: Free Press, 1955) 참조.
12 Leslie Hemstreet, "Out of the Dumpster" 출판되지 않은 부분.
13 Goldberg, "One Man's Trash."
14 Burkhard Bilger, "God Doesn't Need Ole Anthony," *New Yorker*, 6 Dec. 2004, pp.70~81, 마크 햄에게 감사를 전한다.
15 http://freegan.info/, 이 웹사이트를 통해 다양한 사진을 볼 수 있다. 또 Ferrell, *Tearing Down the Streets*를 통해 반권위주의, 동물보호 등과 관련된 내용 참조.
16 작자 미상, 탈출, p.79, pp.99~100.
17 Raoul Veneigem, *The Revolution of Everyday Life*(London: Rebel Press, 2001[1967]).
18 작자 미상, 탈출, 쪽번호 없는 곳.
19 작자 미상, 탈출, p.74; *Recipes for Disaster*(Olympia, WA: Crimeth Inc. Workers'

Collective, 2004), pp.219~228 참조. 쓰레기 수집에 관한 실제와 정치를 살펴볼 수 있다.

20 예를 들어 Clifford Shaw and Henry McKay, *Juvenile Delinquency in Urban Areas*(Chicago: University of Chicago Press, 1942); John Lea and Jock Young, "Relative Deprivation," in Eugene McLaughlin, John Muncie, Gordon Hughes 공동 편집, *Criminological Perspectives: Essential Readings*, 2nd ed.(London: Sage, 2003), pp.142~150 참조.

21 The Worldwatch Institute, *State of the World 2004*(New York: W.W. Norton, 2004), pp.15~16, p.19.

22 Ferrell, *Tearing Down the Streets* 참조. 'symbolic economy'의 개념은 Sharon Zukin, "Cultural Strategies of Economic Development and the Hegemony of Vision"을 통해 소개되고 있다. 이 글은 *The Urbanization of Injsitice*(New York: New York University Press, 1997)이며 pp.223~243 참조.

23 Whitehall의 경찰대장 윌리엄 슈미츠William Schmidt는 "누군가의 쓰레기가 다른 사람에게는 보물일 수 있다"고 말했다. *Pittsburgh Tribune-Review*(www.livesite.pittsburghlive.com), 2003년 9월 7일 자.

24 Anna Tinsley, "Garbage Bills Will Increase," *Fort Worth Star-Telegram*, 16 June 2002, p.1B, p.9B ; Anna Tinsley and April Marciszewski, "City Condisers Increasing Rate to Fund Trash Cleanup," *Fort Worth Star-Telegram*, 24 June 2002, p.11B. 도덕적 공황 상태에 대한 개념에 대해서는 Stanley Cohen, *Folks Devils and Moral Panics*, 3쇄. (London: Routledge, 2002) 참조.

25 Michael Grabell, "Panhandling Fines Do Little to Deter Long-term Homeless," *Dallas Morning News*, 11 November 2003, p.1A, p.14A, p.15A ; Kim Horner, "Losing Their Cart Blanche," *Dallas Morning News*(www.wfaa.com), 14 Jan. 2004.

26 Michael Garbell, "Homeless Find Ways to Roll with Shopping Cart Ban," *Dallas Morning News*, 8 Mar. 2004.

27 "Newark Targets 'Poachers' of Curbside Recyclable Trash," U.S. Water News(www.uswaternews.com), 1995년 10월호.

28 제이미 로자노Jaime Lozano가 게리 리스Gary Liss에게 보낸 이메일(http://greenyes.grrn.org), 3 July 2003.

29 Ferrell, *Tearing Down the Streets*, p.4; Randall Amster, *Street People and the Contested Realms of Public Space*(New York: LFB, 2004). 영국에서 반사회적 행동과 관련된 법, Decca Aitkenhead, "When Home's a Prison," *The Guardian*(UK), 24 July 2004 참조. 도시의 관련 제재들은 '부서진 창문의 법칙'을 기반으로 발전시키고 있다. 이에 대한 반박을 보려면 Ferrell, "The Aesthetics of Cultural Criminology," Bruce Arrigo and Chris Williams 공동 편집, *Philosophy, Crime, and*

Criminology(Champaign: University of Illinois Press, 2005) 참조.
30 Allan Turner, "'Civility' Push, Light Rail Tough on Panhandlers," *Houston Chronicle*(www.HoustonChronicle.com), 16 June 2002.
31 작자 미상, *Evasion*, p.61.
32 Jon Jeter, "Scrap by Scrap, Argentines Scratch Out a Meager Living," *Washington Post*(www.mre.gov.br), 6 July 2003; Hector Tobar, "Scavengers Are Gauge of Rising Poverty," *Los Angeles Times*(www.latimes.com), 19 Nov. 2002.
33 Michel de Certeau, *The Practice of Everyday Life*(Berkeley: University of California Press, 1984); Keith Hayward, *City Limits: Crime, Consumerism and the Urban Experience*(London: Glasshouse, 2004); Ferrell, *Tearing Down the Streets*, 3장 pp.221~246 참조.
34 Jock Young, "Merton with Energy, Katz with Structure: The Sociology of Vindictiveness and the Criminology of Transgression," *Theoretical Criminology* 7, no.3(2003), pp.389~414(인용 p.390).

7

1 Jeff Ferrell, "Degradation and Rehabilitation in Popular Culture," *Journal of Popular Culture 24*, no.3(1990), pp.89~100.
2 작자 미상, *Evasion*, p.80.
3 _____, *Evasion*, p.78; Raoul Vaneigem, *The Revolution of Everyday Life*(London: Rebel Press, 2001 [1967]), p.226.
4 사회적 식욕 이상에 대한 다른 예는 Jock Young, "Cannibalism and Bulimia: Patterns of Social Control in Late Modernity," *Theoretical Criminology* 3, no.4(1999), pp.387~407 참조. 베니이젬은 다음과 같이 말했다. "생산만 하는 도시는 마치 중심이 없는 것 같아서, 새로운 생산이란 도시의 장식일 뿐이다. 영원한 미래 앞에서 현재란 의미를 잃고 단지 어제의 기계적인 연장선상에 불가한 것으로 전락한다."(Raoul Vaneigem, "Totality for Kids," Dark Star 재편집, *Beneath the Paving Stones: Situationists and the Beach*, May 1968(Edinburgh: AK Press Europe, 2001[1962~1963]), pp.38~61(인용 p.59).
5 Chris Carlsson, "Cycling under the Radar: Assertive Desertion," *Chritical Mass: Bicycling's Defiant Celebration*(Oakland: AK Press, 2002), pp.75~82(인용 p.82).
6 Ferrell, *Crimes of Style: Urban Graffiti and the Politics of Criminality*(Boston: Northeastern University Press, 1996). 특정한 거주지가 없는 예술가이자 행동주의자인 밥 왈드마이어Bob Waldmire는 자신이 손으로 그린 포스터와 엽서에 "작은 것

은 아름답다, 오래된 것은 아름답다, 느린 것은 아름답다, 안전한 것은 아름답다"고 썼다.

7 Robert Levine, *A Geopraphy of Time*(New York: Basic Books, 1997); Carl Honore, *In Praise of Slowness*(San Francisco: HarperCollins, 2004); Jeff Ferrell, "Speed Kills," *Critical Criminology* 11, no.3(2003), pp.185~198.
8 Jack Kerouac, *On the Road*(New York: New American Library, 1955), p.172.
9 게리 스나이더Gary Snyder가 말했다. "불교식 관점으로 볼 때, 두려움과 갈망에 사로잡혀 있을 경우 무아지경에 이를 수 없다. …… 현대 미국은 결코 채워질 수 없는 욕망과 만족할 수 없는 성적 욕구를 자극하기 위한 최선의 환경을 갖추고 있다." Max Blechman 편집, "Buddhist Anarchism," *Drunken Boat(#2)*(Brooklyn, NY: Autonomedia/Left Bank Books, 1994), pp.168~170(인용 p.169). Trey Williams의 도시 탐색과 시간, 사회이론적 조언에 감사한다.
10 애리조나의 플래그스태프에서 비포장도로를 달린 적이 있었는데, 5~6킬로미터의 거리에 걸쳐 거의 완벽한 한 세트의 렌치 소켓을 주웠고 각 렌치는 수백 미터씩 떨어져 있었다.
11 Ferrell, *Crimes of Style*.
12 Harold Garfinkel, *Studies in Ethnomethodology*(Englewood Cliffs, NJ: Prentice Hall, 1967), p.37.
13 Hugh Mehan and Houston Wood, *The Reality of Ethnomethodolgy*(New York: John Wiley and Sons, 1975), p.117; 그들이 지적하듯이 '세련된 지식'이란 데이비드 서드나우David Sudnow가 처음 사용한 단어다. 또 가핀켈은 *Studies in Ethnomethodology*를 통해 "다음의 연구는 실제적인 삶, 환경, 사회학적 사유를 위한 것이며, 가장 흔한 장소에서 일어나는 매일의 삶을 통해 그들의 권리를 살펴보고자 한다."(p.1)
14 Michael Keith, "Street Sensibility? Negotiating the Political by Articulating the Spatial," Andy Merrifield and Erik Swyngedouw 공동 편집, *The Urbanization of Injustice*(New York: New York University Press, 1997), pp.137~160(인용 pp.143~144).
15 Michel de Certeau, *The Practice of Everyday Life*(Berkley: University of California Press, 1984), p.93, p.95, p.97. 미셸 드 세르토가 말하듯, "결론적으로 말하자면 공간이란 만들어지는 것이다. 지리학적으로 계획된 도시 공간은 그곳을 걷는 이들에 의해 재형성된다."(p.117) 스테파니 케인은 "지도는 역사를 거쳐 다듬어진 문화적 공간으로 다가갈 수 있는 창 역할을 한다. 그러나 매일을 살아가는 우리 자신이 그 공간을 다시 그리지 않는다면 아무런 의미가 없다." Stepahnie Kane, "The Unconventional Methods of Cultural Criminology," *Theoretical Criminology* 8, no.3(2004), pp.303~321(인용 p.307). Keith Hayward, *City Limits: Crime*,

Consumer, and the Urban Experience(London: Glasshouse, 2004).

16 예를 들어 Vaneigem, *The Revolution of Everyday life*; Guy Debord, *Society of the Spectacle*(Detroit: Black and Red, 1983); greil Marcus, *Lipstick Traces: A Secret History of the Twentieth Century*(Cambridge, MA: Harvard University Press, 1989); Ferrell, *Tearing Down the Streets* 참조.
17 Ivan Chteheglov, "Formulary for a New Urbanism," 1953. www.bopsecrets.orgd에 원본이 소개되어 있다.
18 Cuy Debord, "Theory of the *Derive*," 1958. www.bopsecrets.org에 원본이 소개되어 있다. 재미있는 사실은 기 드보르가 시카고 사회/범죄대의 연구를 인용하고 있다는 것이다.
19 Ferrell, *Tearing Down the Streets*, p.114; Carlsson, *Critical Mass* 참조.
20 인용문은 웹사이트 http://socialfiction.org/psychogeography 참조; Joseph Hart, "A New Way of Walking," *Utne Reader*(July~August 2004), pp.40~43(인용 p.41).《탈출》의 저자도 상황은 같지 않지만 '반대 절도'를 언급한 적이 있다. 그는 가죽 끈이 달린 손목시계를 훔친 것을 깨닫고 가게에 다시 되돌려놓았다(p.97). Dadie Plant, *The Most Radical Gesture*(London: Routledge, 1992) 참조. http://glowlab.blogs.com; *Year Zero One Forum Issue* #12-여름호: P*sychogeography-Space, Place, Perception*(www.year01.com/issue12.htm)도 참조.
21 Kane, "Unconventional Methods," p.317; Stephanie Kane, "Reversing the Ethnographic Gaze: Experiments in Cultural Criminology," Jeff Ferrell and Mark S. Hamm 공동 편집, *Ethnography at the Edge*(Boston: Northeastern University Press, 1998), pp.132~145(인용 p.143).
22 작자 미상, *Evasion*, p.12.
23 두유나 시리얼을 넣지 않는 한 그 사발은 우리 집 부엌 선반에 잘 보관되어 있다.
24 Vaneigem, *The Revolution of Everyday Life*, p.264: "하루는 해가 떨어질 무렵 친구와 함께 브뤼셀의 법원 주위를 돌아다녔다. 그 건물은 멋진 루이스 거리 위의 빈민구역을 가로질러 서 있었고 좀 기괴하게 생겼다. 언젠가 우리는 그곳을 숨 막히도록 아름다운 쓰레기 광장으로 만들고 말 것이다."《탈출》, p.120에도 비슷한 경험이 기록되어 있다. Ferrell, "Boredom, Crime, and Criminology," *Theoretical Criminology*, no.3(2004)도 참조.
25 Jack Katz, *Seductions of Crime*(New York: Basic Books, 1988).
26 Edward Soja, *Postmodern Geographies*(London: Verso, 1989), p.11; Ferrell, *Tearing Down the Streets*에 소개된 스케이트보드 및 다양한 도시의 불법적 활동들을 함께 보기 바란다. Hayward, *City Limits*도 살펴보라.
27 결국 도시 공간이란 도시를 기획한 사람과 경제적 요건은 물론 그 공간을 사용하는 사람들의 인식과 욕망에 의해 건설되는 것이 아닐까? 도시를 살아가는 우리가

도시를 그려가는 방법대로, 우리가 도시를 인식하는 방법대로, 우리가 느끼는 즐거움에 의해서, 가장 좋아하는 빌딩이나 길에 의해서 도시가 재구성되는 것은 아닐까? 그렇다면, 단순히 '깨진 창'의 법칙이나 경찰의 단속이 우리의 삶을 지배할 수는 없는 것이다.

28 Ferrell, "Criminological Verstehen: Inside the Immediacy of Crime," *Justice Quarterly* 14, no.1(1997), pp.3~23.

결론

1 Jock Young, "Searching for a New Criminology of Everyday Life: A Review of 'The Culture of Control,'" *British Journal of Criminology* 42(2002), pp.228~261; Mike Presdee, *Cultural Criminology and the Carnival of Crime*(London: Routledge, 2000); Sex Pistols, "God Save the Queen," *Never Mind the Bollocks Here's the Sex Pistols*(album, 1977), Warner Bros.
2 단 필립스와 제프 로즈에게 감사를 전한다.
3 문화 범죄, 재즈, 즉흥성 등에 관해서는 Jeff Ferrell, "Boredom, Crime, and Criminology," *Theoretical Criminology* 8, no.3(2004), pp.287~302; Jeff Ferrell, "The aesthetics of Cultural Criminology," Bruce Arrigo and Chris Williams 공동 편집, *Philosophy, Crime, and Criminology*(Champaign: University of Illinois Press, 2005) 참조. Howard Becker의 클래식 *Outsiders: Studies in the Sociology of Deviance*(New York: Free Press, 1963)도 참조.
4 Raoul vaneigem, *The Revolution of Everyday Life*(London: Rebel Press, 2001[1967]), p.195.